JN445176

군상담 이론과 실제

군상담 이렇게 하면 잘할 수 있다

이 책은 저작권법에 따라 보호받는 저작물이므로 무단전재와 무단복제를 금지하며, 이 책 내용의 전부 또는 일부를 이용하려면 반드시 저작권자와 동문사의 서면동의를 받아야 합니다. 무단전재나 무단복제 행위는 저작권법 제136조(벌칙)에 의거, 5년 이하의 징역 또는 5천만 원 이하의 벌금에 처하거나 이를 병과할 수 있습니다.

군상담 이론과 실제

군상담 이렇게 하면 잘할 수 있다

(사) 한국상담학회 군경소방상담학회
양종국 · 송경재 · 권소영 · 박명희 · 안희정 · 이인혁 · 차주환 · 정민선
공저

동문사

머리말

군상담은 군대라는 특수한 환경에서 생활하는 군인들을 대상으로 상담하기 때문에 군대라는 조직과 문화에 대한 이해를 바탕으로 개개인의 심리적 문제해결 및 잠재능력 개발을 통한 성장뿐만 아니라 군조직의 임무수행 능력을 높이는 목적을 갖습니다. 따라서 일반 상담에서 사용하는 이론 및 기법에 대한 이해는 물론 군대라는 조직특성을 이해하고, 구성원들의 심리와 군인들의 주요 문제영역에 대해 잘 알고 있어야 합니다.

우리나라는 세계 유일의 분단국가이기 때문에 군은 우리사회에 매우 중요한 역할을 수행하고 있습니다. 우리사회의 버팀목 역할 수행을 하고 있으면서도 사회 구성원들의 영향을 가장 많이 받고 있습니다. 우리나라 청년들은 모두 군에 입대해야 하는 국방의 의무를 수행하기 때문에 모든 사회구성원들이 군과 연계되어 있다고 할 수 있습니다. 이러한 특수한 상황으로 인해서 군조직도 사회환경에 적극적이고 능동적으로 대처하여 군조직의 목적을 달성하기 위해 다양한 접근을 하고 있으며, 그중에 상담을 전문적으로 수행할 수 있는 병영생활 전문상담관 제도를 운영하고 있어 군 전문 상담가의 양성이 매우 필요합니다. 군상담의 특수성과 다양한 상담기법에 대해 적절한 안내서가 부족하다 보니 현장에서 어려움을 겪는 많은 군상담자들을 보게 됩니다. 이에 (사) 한국군경소방상담학회에서는 군조직환경의 변화에 능동적으로 대처할 수 있는 전문상담자 교육 및 연구를 위한 다양한 사업들을 진행하고 있으며, 군상담의 기본에 해당되는 부분을 집필하게 되었습니다.

본 교재는 군상담의 특수성을 잘 이해하고 상담할 수 있도록 1부 군대를 이해하기, 2부 군인마음 이해하기, 3부 군인을 조력하기, 4부 군상담자 되기로 구성되어 있습니다. 특히 용사와 간부들의 주요 상담영역별 특징 및 상담개입을 소개하고 있으며, 군인을 효과적으로 조력하기 위해 다양한 상담기법, 집단상담 프로그램, 집단교육 프로그램을 소개하고 있어 현장에서 효과적으로 사용될 수 있습니다.

군경소방상담학회는 2006년에 군상담을 중심으로 창립되어 14년의 기간 동안 소방 및 경찰분야까지 확대되어 변화와 성장을 거듭해오고 있습니다. 군과 소방, 경찰 분야에서 상담이 절실한 내담자들을 돕기 위한 전문상담사 양성에 힘써 매년 상담인력이 늘고 있으며 현장중심, 맞춤형 상담서비스를 제공할 수 있도록 학회는 열심히 노력하고 있습니다. 본 교재가 그분들에게 조금이나마 도움이 되기를 소망하며, 올해 군상담을 시작으로 향후 소방상담자와 경찰상담자를 위한 전문서가 나올 수 있기를 기대해봅니다. 바쁘신 중에도 교재 집필에 흔쾌히 참여해주신 위원님들께 진심으로 감사의 말씀을 드리며, 앞으로 군상담과 관련한 더욱더 알찬 내용의 저서를 출판할 것을 약속하면서 동문사 이중수 사장과 편집에 고생하시는 직원들의 노고에 심심한 감사를 드립니다. 특히, 군상담의 발전을 위해서 독자들의 적극적인 관심과 격려, 지지를 바랍니다.

2021. 12

한국상담학회 군·경·소방상담학회장, 대표 저자 양종국

차례

PART 4 군상담자 되기

PART 1

군대를 이해하기

01
CHAPTER

군조직문화의 이해

문화는 그 구성원들이 공유하는 가치와 규범, 사고방식, 상징체계, 언어와 소통 양식 등의 요소로 구성되어 있다. 그리고 이러한 구성요소에 따라 문화 내 구성원들의 사고, 정서 및 행동 양식이 규정되며, 이렇게 규정된 양식은 다시 구성원들에게 내재화되고 공유되어 전승된다(송경재, 2011).

최근 군대 내에서 가장 빈번하게 사용하는 용어는 '혁신과 도약'이다. 전통적인 군대의 조직문화는 다른 일반사회와는 다르게 경직되고 수직적이며, 폐쇄적인 것으로 평가되었다. 하지만 21세기의 군대는 과거 지니고 있던 전통적 색채를 찾아보기 어려울 정도로 변화하였다. 오히려 군 외부에서 바라보는 전통적 평가를 군 내부에서 기억하지 못할 정도로, 우리나라 군대는 변화하였다.

군대문화에 대해 기술한 여러 문헌들이 전통적 군대를 묘사하였다. 최근 과거 문헌들의 군대문화에 대한 기술 내용들은 현재의 그것과 상이한 부분이 더 많아지고 있다. 하지만 군 고유의 조직적 특징이 있어 차별화된 문화는 존재한다. 이번 장에서는 군조직적 특성에 따른 군대의 문화적 특징을 살펴보자.

1. 군조직의 문화적 특성

군이 존재하는 이유는 외부의 군사적 위협과 침략으로부터 국가를 방위하는 데 있다. 그러므로 일반사회 조직과는 달리 군은 국가로부터 부여받은 사명과 임무를 완수하기 위해 명령이나 지시에 대한 절대적인 복종이 요구된다. 군은 전쟁의 불확실성과 극한 상황에서 일사불란한 지휘체계를 유지하기 위해 희생정신, 명령에 대한 복종심, 강한 전우애와 단결심, 공동체 의식 등을 함양해야 한다. 이와 같은 군조직 내 구성원의 심리적 환경과 생활환경, 문화적 환경을 일반사회 조직과 비교하면 다음과 같은 차이가 있다.

1) 집단주의적 관계성

대한민국 성인 남자들은 「헌법」 제39조 1항에 의거하여 국방의 의무를 수행하여야 한다. 징병제로 운영되는 한국 군대의 구성원 중 대부분인 용사들은 의무복무자로 충원되고 있어 자발적으로 입대한 것이 아니다. 이런 이유로 이들의 군 생활에 대한 태도는 간부들과는 달리 수동적이고 소극적인 성격을 띠고 있다. 입대 전 개인주의 가치관을 지니고 행동하던 용사들로서는 군 생활이 이질적이고 심리적으로 구속을 당하는 느낌을 갖게 된다. 따라서 용사들의 심리적인 구속감과 이로 인한 갈등과 마찰이 적절히 해소되지 않으면 군 생활에 적응하기 어렵다. 또한 군 생활을 자기 인생의 공백 기간이나 퇴보 기간으로 생각하는 피해의식을 갖게 될 수 있다. 군이 비록 규율과 규제가 엄격한 조직이기는 하지만 비슷한 연령과 사고방식 그리고 동료의식에 의해 집단적 성격이 강하게 드러나기도 한다. 특히 생활관 생활을 통해 새로운 인간관계를 형성함으로써 구성원 간 강한 친화력이 형성되기도 한다.

2) 가치관의 획일성

군조직의 임무는 국가 위기 시 국가 안보라는 국토방위와 국민의 생명과 재산을 보호하는 것이다. 이를 위해 군대문화는 장병들이 국가와 민족의식, 권위와 질서의 존중, 희생과 봉사 정신을 고양시킨다. 이러한 가치관의 추구는 성숙한 시민의식과 연결되어 긍정적 기능을 발휘한다. 그러나 이러한 가치관의 획일화는 통제적이고 형식주의적인 성향을 강요하는 부작용을 동반한다.

군조직의 가치관이 획일적인 이유는 간단하다. 그 존재 목적 자체가 위중하기 때문이다. '국가와 국민 수호'라는 단순한 목표는 그 목표를 달성하기 위해 형성시켜야 할 가치가 배타적일 수밖에 없다. 다양한 가치관의 협의가 어렵다. 목표를 달성하기 위해 충성, 명예, 단결, 희생 등의 가치와 규범을 중시한다. 이러한 가치관의 획일적 적용은 조직의 단결력과 응집력을 높인다.

3) 권위적 서열주의

군조직은 강력하고 철저한 권위적 위계질서에 기반한 명령체계에 의해 움직인다. 계급과 직책에 따라 권한과 책임이 부여되고, 조직의 임무 분배는 명확하다. 이러한 권위적 서열주의는 유사시 가장 신속하고 효율적인 의사결정과 전달을 가능하게 한다. 지휘관의 권위는 군 가치체계의 강제성과 규범성을 유지하게 한다. 군은 국가와 국민에 대한 이타적 희생과 무한한 헌신을 감수할 것을 그 구성원들에게 강하게 요구한다. 이러한 요구를 달성하기 위해 엄격한 위계질서를 중시하고, 개인보다는 조직을 강조하는 상명하복의 군율을 엄수하며, 명령에 절대복종을 필요로 한다. 실천적 전투준비와 교육훈련, 집단적 공동생활 속에서 군법과 규정 등 다양한 규범에 따른 강제력으로 조직의 질서를 유지하고 목표를 추구하는 조직이다.

의사결정을 신속하게 하고 결정된 내용의 즉각적 이행을 위해 강력한 서열을 강조한다. 자율적 의사표현과 선별적 실행을 제한하기 위해 위계적 서열을 강조할 수밖에 없다.

최근 군대는 종교적 이유로 인한 병역거부, 일과 이후 휴대전화 사용, 영창제도 폐지, 젠더 이슈 등 사회적으로 민감하게 논의되는 이슈와 제도 도입의 장이다. 이로 인해 군 내부의 분위기는 하루가 다르게 변화하고 있다. 군 인권의 도약적 변화와 개선으로 역기능적인 부분 또한 발생하고 있다. 예를 들어, 손해를 보지 않으려는 개인주의는 솔선수범이라는 가치가 사라지는 결과를 낳기도 하였다. 또한 엄격한 수직적 관계는 희미해지고, "형·동생"의 호칭이 빈번해지는 서열 파괴적 현상도 생성되고 있다. 군대문화가 성숙해지기 위해서는 변화 속에서 정착에 대한 논의도 동시에 이루어져야 할 것이다.

2. 군조직 구조적 특성

군조직의 구조는 국가의 군사적 목표를 달성하고 임무를 수행하도록 군사력을 체계적으로 조직하고 구조를 지칭하는 것을 의미한다. 우리나라 군조직의 구조적 특성은 다음과 같다.

수평적 복잡성

우리 군은 육군, 해군, 공군, 해병대로 나누어져 있다. 각 군 내에서도 기능의 유사성과 특수성에 따라 병과가 분류되며, 각기 다른 기능은 산하 조직이 분화하여 조직 임무에 따른 각각의 수단을 가지고 유기적으로 전쟁을 대비한다.

수직적 구조

군조직은 강력한 수직적 위계질서와 명령체계로 움직이는 조직이다. 계급과 직책에 권한과 책임이 부여되며, 조직이 부여받는 임무가 명확하다. 군조직은 위기 시 즉각적으로 조직적이고 유기적으로 움직여야 하기 때문에 수직적 명령체계를 구축하고 명령체계는 엄격하게 적용된다.

표준화

군조직은 수평적·수직적으로 복잡하고 다양하기 때문에 다양한 기준을 세우고 이에 따라 움직여야 한다. 군대에서 행하는 모든 행위는 표준화시켜 관리한다. 전 제대가 공통적으로 정하고 공유하며 적용하는 틀이 존재한다. 다양성과 각기 다른 특징을 강조하기보다는 정형화하고 기준에 따라 해석하는 체계를 강조하고 발달시켜 온 조직이다.

목적의 절대성

군대의 목적은 전쟁에서 승리하는 것이다. 군대의 목적 달성 여부는 국가 존폐를 결정한다. 절대성은 군의 목표달성에 중요한 요인이다.

높은 집권성

군대 내에서 이루어지는 의사결정권은 대부분 지휘관에게 있다. 심의 등 여러 의사결정기구를 두지만, 결국 결정 권한은 지휘관이 행사한다. 그 이유는 책임이 지휘관에게 집중되어 있기 때문이다. 특히 야전 전투부대일 경우 의사결정구조가 더욱 단순하고 지휘관의 결정에 따라 좌우된다. 빠른 의사결정이 더욱 기능적이기 때문이다. 책임의 외부적 표현은 군복의 양쪽 어깨 부분에 찬 녹색 견장으로 표시된다. 그래서 군 지휘관(commander)은 지도자(leader)와 개념적으로 상이하다. 제도화된 참모조직이 지휘관을 보좌하지만, 참모조직도 지휘관에게 의존되며, 지휘관의 의도를 구현하는 조직에 가깝다. 지휘관은 다양한 경로를 통해 예하 부대와 부하들의 의견을 수집하여 참모조직을 통해 구조화한다.

폐쇄적 자족성

군 장병들은 병영생활을 한다. 의식주를 병영생활로 해결하는 것이다. 임무수행과 일상생활이 병영에서 구별 없이 이루어진다. 간부들도 병영 내부 또는 가까운 곳에 관사 생활을 한다. 특히 부대의 위치는 전략적, 전술적으로 유리한 곳에 위치하기 때문에 인간적 삶의 편리성과 효율성을 우선시하지 않는다. 그래서 군조직은 임무수행에 필요할 정도의 자족성을 갖추고 있어 독립적으로 기능을 수행할 수 있도록 조직되어 있다. 부대의 규모에 따라 다소 상이하나, 의료, 사법, 운송, 정보 등의 기능을 자체적으로 보유하고 있다.

3. 병과와 특기의 이해

병과란 군의 고유 임무를 기능별로 분류한 것이다. 특기는 각 병과를 기능별로 세분화한 것이다. 용사들은 병과를 부여하지 않고 특기로 분류된다. 장교와 부사관은 각 개인의 병과와 특기가 있다. 군상담자들이 장병들의 병과와 특기를 이해하면, 그들이 주로 어떤 임무를 수행하는지 이해할 수 있으며, 무엇보다도 군의 특징을 쉽게 파악할 수 있다.

육군은 보병, 포병, 기갑, 공병, 정보통신, 항공, 방공 등의 전투병과와 군수(병기, 병참, 수송), 화생방 등의 기술병과, 의정, 군사경찰, 인사행정, 공보정훈, 재정 등 행정병과, 의무, 법무, 군의, 군종 등 특수병과로 구분된다.

해군은 항해, 기관, 항공 등의 전투병과와 정보통신, 병기 보급, 시설 등의 기술병과, 경리, 정훈, 교육 등의 행정병과, 의무, 법무, 군종 등 특수병과로 구분된다.

공군은 조종, 항공통제, 방공포병 등의 전투병과, 기상, 정보통신, 항공무기정비, 보급수송, 인사행정 등의 기술전문병과, 마찬가지로 법무, 군종, 의무 등의 특수병과로 분류하고 있다.

해병대는 국가전략기동부대로 상륙작전을 주 임무로 수행하며, 지상, 해상, 공중 어디서든 작전수행이 가능한 전천후 기동부대이다. 그 병과는 육군과 유사하다.

육군, 해군, 공군의 병과와 특기를 세부적으로 소개하면 다음과 같다.

1) 육군 병과 및 특기

육군은 장교와 부사관이 동일한 병과체계 내에서 임무수행하며, 부사관은 각 병과 내 주특기가 세분화 되어있다.

보병

육군에서 가장 많은 인원이 근무하는 병과로, 지상전투를 수행하는 주체이다. 주로 도보전투를 수행하도록 편성되고 훈련된 병과이다. 주사용 장비는 소총, 기관총, 박격포, 무반동총 등이다.

기갑

주로 전차와 장갑차의 우수한 화력과 기동력, 방호력을 바탕으로 전투 임무를 수행하는 병과로 육군의 핵심 전력 병과이다. 관련 특기로는 전차에 탑승하는 전차승무(전차장, 조종수, 포수, 탄약수), 장갑차에 탑승하는 조종수, K21 선임포수 임무를 수행하는 장갑차 승무 그리고 전차와 장갑차를 수리하는 정비 주특기가 있다.

포병

화력전투의 핵심 병과로 육군의 대포, 로켓, 유도탄 등을 사용하여 적의 전투력을 파괴하고, 제압, 무력화시키고, 아군의 기동을 지원하여 모든 화력을 합동 및 협동 작전에 통합하는 역할을 담당한다. 관련 특기로는 야전포병(견인포, 자주포 운용, 구난업무, 장비정비 업무 등), 로켓포병(다련장, MLRS, 현무 등 로켓 또는 미사일의 운용과 관리), 포병작전(포격 임무를 수행하기 위한 사격지휘와 측지 업무)이 있다.

방공

적 항공기나 미사일, 무인항공기 등 다양한 공중위협으로부터 우리군의 부대 또는 시설을 방호하는 임무를 수행하는 병과로, 방공무기운용, 방공무기정비의 관련 특기가 있다.

정보

적에 관한 정보와 지형, 기상에 관한 첩보를 수집하기 위해 신호, 영상, 무인항공기 등을 운용하고 분석하며 전파한다.

공병

전시에 적의 장애물 제거와 하천, 파괴된 교량 등의 간격을 극복하여 아군의 기동을 원활하게 보장하고, 반대로 장애물을 설치하여 적의 기동을 저지, 지연시킨다. 또한 진지 등 방호시설을 설치하여 아군의 생존성을 보장하고, 각종 군 시설과 병참선을 건설하고 유지하는 임무를 수행한다. 관련 특기로는 전투공병, 시설공병, 공병장비 운용/정비가 있다.

정보통신

정보화시대의 디지털화된 음성과 데이터를 전송시키는 업무를 담당하고, 주로 전산장비와 체계를 구축하고 운용한다. 컴퓨터 등 전산정보체계를 다루고 정보통신체계 개발, 획득과 전력화 지원 업무를 담당한다. 네트워크 지원을 통한 실시간 지휘통제 체계를 보장하고, 첨단 정보통신 기술의 군사적 활용을 주도하는 병과이다.

유무선 통신 등 정보통신망을 운용하는 전술통신과 C4I 및 네트워크 운용과 지원을 담당하는 정보체계 특기가 있다.

육군항공

육군에서 운용하는 항공장비를 이용하여 막강한 기동력과 화력을 자랑하는 병과이다. 공세적인 항공작전을 수행하고, 인원, 물자, 장비 등의 항공수송, 항공관제 및 정비 등의 임무를 수행한다. 항공운항, 항공정비, 항공관제 등 특기가 있다.

화생방

평시 화생방 테러에 대한 작전을 수행하고, 전시에는 화생방 정찰, 제독, 연막작전을 지원하고, 부대의 전투력을 보존하는 데 기여하는 병과이다.

화생방 위험예측, 화생방정찰장비 운용, 제독, 연막 등의 임무를 수행한다.

군수

군수는 병기, 병참, 수송병과가 통합된 병과이다. 병기는 육군의 모든 종류의 전투용 화기, 탄약, 장비, 수리부속, 공구에 대한 보급과 정비, 폐기를 담당한다. 병참은 식량, 연료, 물자 등의 청구, 수령, 저장, 분배와 처리, 목욕, 세탁 등 근무지원 업무를 수행한다. 수송은 군 내 모든 수송지원체계를 구축하여 군사전력을 적기에 필요한 곳으로 이동시키는 임무를 담당한다. 육로, 철로, 수로, 항공수송, 이동관리, 터미널 운용 등도 담당한다.

인사행정

전 병력의 입대부터 전역까지 인사관리와 처리를 담당하며, 각종 기록물 관리, 부대 행사, 도서관과 역사관 운영, 국가기술자격 검정 등 전반적 행정업무를 수행하는 병과이다.

군사경찰

군대 내 법과 규정을 집행하여 군기와 법 질서를 유지하고 전시 도로통제 등 전투부대의 작전지원을 주 임무로 수행하는 병과이다.

재정

부대에서 사용할 예산을 편성하고 편성된 예산에 따라 자금을 지출, 지급, 결산하고 관리하는 임무를 수행하는 병과이다.

공보정훈

장병 정신교육과 문화예술활동, 부대활동상 홍보, 공보업무를 통해 군무형전투력 향상에 기여하는 병과이다.

의무

전·평시 발생되는 전상자의 생명구호와 전투력 보존을 위해 군 의무시설의 운영에 필요한 군의, 치의, 수의, 간호, 의무행정의 고유 기능임무를 수행한다.

법무

군 사법업무를 수행하고, 군대에서 지휘관 및 참모장교들에게 법률자문과 교육, 장병 징계절차 제반업무를 담당한다.

군종

군대 내 종교와 관련된 군사특기로 각 종파별 종교지원, 교육, 선도, 신앙전력화 사업 등을 담당한다.

2) 해군 병과 및 특기(직별)

해군에 특화된 병과는 다음과 같다.

함정

함정, 즉 군함을 운용 및 정비하고, 해상·육상부대 지휘·참모 임무를 수행하고, 군사정보 수집·분석하며, 평가와 전파를 담당한다. 주로 해상경비작전과 연합작전을 수행하고 군수정책 수립과 집행 등 함정운용의 전반을 담당한다.

항공

해군이 운용하는 항공기를 조종하는 임무를 수행한다. 항공기 운용과

정비, 항공작전을 포함한 항공기를 지휘하고 참모역할을 한다. 해상·육상의 항공작전(수상함과 잠수함전, 특수전 등)과 연합 해상 항공작전을 수행하고, 산불진화, 환자이송 등 대민지원 임무도 수행한다.

조함

해군전력의 소요와 획득, 운용유지, 개조, 개장 등 수명주기 동안 함정기술 업무와 획득관리 업무를 수행한다. 함정 개념설계부터 함 인수까지 단계별로 함정 획득업무를 총괄한다.

기타 정보통신, 병기, 보급, 시설, 재정, 정훈, 헌병, 의무 등의 병과는 육군과 동일한 기능을 수행한다.

해군을 좀 더 이해하기 위해서는 해군 부사관의 직별(특기)을 이해할 필요가 있다.

갑판

갑판 부사관은 함정의 출입항과 관련된 각종 장비를 취급하고, 함정의 작전, 훈련업무를 수행하기 위하여 상륙함 운용법, 조난자 구조법, 함정예인과 해상보급법 등 각종 갑판기술을 습득하며, 행정업무로는 부대의 행사를 보좌하고 군기확립업무 등 부대 운용에 필요한 포괄적 업무를 담당한다.

조타

조타부사관은 함정의 안전한 항해를 좌우하는 역할을 한다. 이를 위해 국제 해상 충돌을 예방하고, 각종 항해술을 숙지하며, 항해장비를 운용하는 기술과 조타요령을 숙달하는 등 항해사로서의 함정을 조종하는 이론과 기술을 습득한다. 작전과 훈련 시 주변 항공기와 함정을 찾아내서 전투정보를 제공하고 기상관측 업무를 담당한다.

무장

무기를 담당하는 직별이다. 해상화기와 지상화기, 각종 탄약과 폭발물, 유도·수중무기, 화생방 물자와 장비, 이와 관련된 수리부속 등에 대한 운용과 정비에 관한 업무를 담당한다.

사통

사격을 통제하는 임무를 수행한다. 사격통제시스템, 전투시스템, 유도탄조사기, 이와 관련된 장비와 장치, 수리부속 등에 대한 운용과 정비에 관한 업무를 담당한다.

전탐

전술교서에 기술된 전투정보의 수립절차와 평가에 관한 지식을 토대로 함정의 전투정보 상황실에서 각종 레이더 및 탐지장비를 운용하고, 일반적인 항해나 선투 상황 또는 훈련 시 레이더로 파악된 정보를 수집하고 평가해서 지휘관을 보좌하는 업무를 담당한다.

음탐

음파를 이용하여 표적을 탐지하는 음탐기와 수중정보장비를 운용하고 정비하는 임무를 수행한다. 음파를 송신하여 잠수함과 기뢰를 탐지하는 능동음탐기와 수중에서 발생하는 소음을 파악하여 표적을 탐지하고 식별하는 수동 음탐기를 운용하여 각종 정보를 수집하고 분석하는 수중 음향 전문가이다. 대잠수함전, 대기뢰전 등에 있어 중추적 역할을 담당한다.

통정

각종 신호정보(유무선 통신, 음향, 전파 등)에 관한 해군 참모총장이 지시하는 특수 직무 업무를 담당한다.

추진기관

가스터빈, 내연기관 및 부속장치와 조작, 전기, 보일러 계통, 냉동 및 통풍장치 등에 대한 운용과 정비를 담당한다.

잠수

잠수부사관은 각종 해난구조 임무를 수행하며, 항만과 수로 상 장애물을 제거, 수중폭파 등 임무와 모든 잠수장비 등을 사용하여 정비, 유지하는 업무를 담당한다.

항공통제

해군이 보유하고 있는 군 공항에 배치되어 항공 관제업무(레이더, 관제탑 관제, 비행계획서 작성, 항공 고시보[1] 운용, 공항 시설물관리 및 항공기 운항관리) 등을 담당한다.

항공조작

항공기에 탑승하여 기동헬기, 대잠헬기, 대공표적예인기 P-3C기의 기관장비 조작과 탐지장비, 탑재된 무장 투하, 전자장비 수리 등의 조작 업무를 담당한다.

---

1) 조종사 등 항공 종사자들이 알아야 할 공항시설, 항공업무, 절차 등의 변경과 설정에 관한 정보사항을 고시한 문서

항공기관

고정익 및 회전익 항공기 엔진의 오일, 연료 시동계통의 점검과 엔진 모듈 분해 및 조립, 외주정비 엔진 점검 등의 업무를 담당한다.

항공기체

고정익 및 회전익 항공기에 대한 기체, 전기, 계기, 유압, 여압, 계통 등의 정비 업무를 담당한다.

항공전자

항공기에 탑재된 각종 전자장비의 정비와 군수품을 관리하고 정밀 측정장비의 관리·유지업무를 담당한다.

항공무장

해군에서 운용하는 항공기의 무장 장착과 탈착, 무장계통의 정비와 항공탄약의 관리·유지업무를 담당한다.

항공장비

항공기 부품에 대한 비파괴검사를 담당하고 항공기 판금과 특수용접 기술을 가지고 항공기 구조수리를 담당한다. 각종 지상지원장비의 지원과 정비, 항공기용 구명대, 구명정, 낙하산 등 장구류를 정비한다.

3) 공군 병과 및 특기

공군에 특화된 특기[2]는 다음과 같다.

조종

공군의 대표적인 전투병과로 영공 방위를 주 임무로 수행한다. 조종사는 크게 조종사, 선임조종사, 지휘조종사로 나뉜다.

운항관제

관제시설의 운영관리, 관제업무에 관한 대내외 협조, 항공기 이착륙 절차의 수립과 운용, 공역관리와 항공교통관제와 관련된 지역별 운영과 비행절차를 수립하는 임무를 수행한다.

방공통제

한국방공식별구역(KADIZ) 내 요격관제와 무기운영, 항법 보조임무를 수행한다. 비행안전을 위해 공중충돌방지를 위한 관제조언과 지시, 조종사의 정확한 상황인지를 위한 공중정보를 제공한다.

기상

각종 기상자교를 분석하여 예보를 생산하고, 생산된 예보를 바탕으로 기상브리핑을 실시하여 작전(비행) 기상을 지원업무를 수행한다.

항공무기정비

항공기 정비와 무장지원에 관한 운영과 관리를 담당한다.

---

2) 공군은 기술군으로, '병과'보다는 '특기'란 표현을 사용한다.

방공포병, 정보통신, 보급수송, 항공시설, 화학, 재정, 인사교육, 정훈, 정보, 헌병, 법무, 군종, 의무병과는 육군, 해군의 동종 병과와 유사한 기능을 수행한다.

위에서 알아본 바와 같이 군조직은 매우 다양하고 복잡하며, 분업화되어 있다. 또한 수평적 분화와 수직적 분화가 유기적으로 얽혀있다. 법무, 경찰 등 사법기관이 있고, 정보, 종교기관, 병원과 학교도 있다. 그 이유는 군대는 전시에 정부기관의 기능을 수행해야 하기 때문이다.

생각해 봅시다

1. 군조직문화의 특징에 대해 알아보고, 군의 조직문화와 유사한 조직에 대해 이야기해 봅시다.
2. 군조직의 구조적 특징에 대해 이야기해 봅시다.
3. 육군, 해군, 공군의 병과 특징을 이야기하고, 그 차이점에 대해 설명해 봅시다.

02

CHAPTER

군 구성원의 이해 및 심리적 특성

군은 국가방위라는 임무수행을 하기 위해서 지휘관을 중심으로 상명하복의 수직적 위계질서가 정립되어 있어야 한다. 군의 가치와 문화는 군조직 운용의 주체인 간부들에 의해 조직화되어 하향식으로 전파되고 확산된다. 각 신분별 책임과 권한의 한계가 분명하기 때문에 모든 계급체계의 가치관과 의식, 행동양식 등이 동일하기 어렵다.

군인의 정의는 「군인의 지위 및 복무에 관한 기본법」의 제2조(정의)의 1항에서 현역에 복무하는 상교·준사관·부사관 및 병(兵)이라고 규정되어 있다. 그리고 동법 제3조(적용범위)에서 사관생도·사관후보생·준사관후보생 및 부사관후보생, 소집되어 군에 복무하는 예비역 및 보충역, 군무원까지 군인에 준하여 적용한다고 규정한다.

이번 장에서는 군대를 구성하는 군인을 이해하기 위해 그들의 신분별 심리적 특징을 살펴보자.

1. 용사 이해하기

1) 용사(Soldier, 용맹스러운 사람)들의 특성

용사[3]는 과거 사병(士兵, 私兵)이란 용어의 의미 혼란 문제를 해결하고, 병사(兵士)로 불리던 일반 용사들의 지위와 자부심을 보호하기 위해 사용하는 부사관 아래 계급의 군인을 의미한다.

과거와는 달리 최근 용사들은 전반적으로 자유로운 사고방식과 행동양식을 추구한다. 획일성과 통일성을 강조하는 군대 내에서도 차별성과 개성을 추구하려는 경향이 강하며, 공정성과 평등을 요구한다.

송경재 외(2016)는 용사들의 이러한 특성을 군조직에 기능적 특성과 역기능적 특성으로 나누어 설명하였다.

기능적 특성

① 자부심이 강해 자신이 하고자 하는 일에 합리성과 당위성이 느껴지면 능동적으로 임무를 수행하고, 기존의 관행이나 틀에 얽매이는 것보다는 창의적인 방식으로 일을 추진하는 경향이 있다.

② 교육 수준의 향상으로 전문적 지식과 기술을 갖춘 자원이 많다.

③ 솔직하고 개방적인 성향은 조직이 당면한 문제점들을 신속하게 건의하고 해결하는 데 도움이 된다.

역기능적 특성

① 고도의 경제성장, 풍요로운 환경, 핵가족화된 환경에서 성장하여 개

---

3) 주로 육군에서 사용하는 용어이다. 해군에서는 '수병', 공군에서는 '병사'라는 용어를 사용한다.

인주의적 성향이 강하며, 힘든 일을 싫어하는 경향이 있다.

② 스마트폰 세대인 이들은 직접적인 대인관계보다 소셜네트워크의 가상공간에서 관계를 형성하고 정보를 공유하는 것에 익숙하다.

③ 자율성과 개성을 추구하는 경향이 있으며, 자신의 가치에 부합된다고 지각할 때에만 일을 추진하는 특성이 있다.

신세대 장병들은 높은 교육 수준으로 인해 군에서 요구하는 것 이상의 지식과 기술 능력을 갖추고 있다. 그래서 군에서 새롭게 맡는 업무도 충분하게 소화해 낼 수 있다. 책임감과 자부심으로 임무를 완수하기 위해 적극적으로 행동하기도 한다. 그 과정에서도 오래전의 관행이나 관습을 거부하고 합리적이라고 생각하는 방향으로 행동을 옮기는 등 창의적인 모습을 보인다. 제도를 개선시키기 위한 관심도 커서 불합리한 부분에 적극적으로 개입하여 변화를 요구하고, 수평적 사고방식으로 상하급자들 간 의사소통을 통해 전우애를 쌓으려고 한다.

반면에 개인적이고 이기적인 경향은 상급자나 주변 전우들에 대한 부정과 의견대립으로 이어져 갈등을 유발하기 쉽고, 수평적 관계 추구는 군조직의 일사불란한 의사결정 체계를 방해하여 군의 본질적 기능을 저해시키기도 한다. 또한 군의 본질적 가치인 희생정신을 희석시키는 결과를 초래하기도 한다.

신세대 용사들을 이해하기 위해 잊지 말아야 할 것은, 현재 기성세대도 과거에는 신세대 특성을 그대로 지니고 있었다는 점이다.

2. 군 간부 이해하기

군조직은 간부 중심의 관리조직이다. 군조직의 간부인 장교와 부사관은 조직관리를 위한 직무지식과 전문기술을 가지고 있다. 이를 바탕으로 교육훈련과 부대관리 등 전문적인 군조직관리를 담당한다. 군 간부들은 군대의 무력이 한 곳으로 집중할 수 있도록 강제력을 가지고 권한을 행사한다. 그래서 철저한 계급구조를 지니고 있고, 이 계급체계는 사회 계층적 차이가 아닌, 군 지휘체계 속 위계질서를 나타내는 상징이라 할 수 있다.

1) 장교

장교의 위치와 역할에 관한 내용은 국방부 「부대관리 훈령」에 명시되어 있다.

> 장교는 군대의 기간(基幹)이다. 그러므로 장교는 그 책임의 중대함을 자각하여 직무수행에 필요한 전문지식과 기술을 습득하고, 건전한 인격의 도야와 심신의 수련에 힘쓸 것이며, 처사를 공명정대히 하고, 법규를 준수하며, 솔선수범함으로써 부하로부터 존경과 신뢰를 받아 역경에 처하여서도 올바른 판단과 조치를 할 수 있는 통찰력과 권위를 갖추어야 한다.
>
> [국방부. 부대관리 훈령 제16조 제2호]

장교는 군대가 목표를 달성하기 위해 중추적 역할을 한다. 각급 부대의 지휘관과 참모업무를 수행하여 각종 의사결정을 하고, 전술과 작전을 담당하고 책임진다.

육·해·공군, 국군간호사관학교, 육군3사관학교와 일반 4년제 대학교 학군(ROTC) / 학사장교 후보생 등의 장교 양성과정을 통해 임관하며 장교의 초임계급은 소위이다. 장교의 계급은 위관(소위, 중위, 대위)장교, 영관(소령, 중령, 대령)장교, 장성급(준장, 소장, 중장, 대장) 장교의 계급체계로 분류된다.

그림 2-1 육군 장교의 계급구조와 지휘체계

모든 제대가 동일하지 않지만 육군을 기준으로 하여, 보통 소위와 중위는 소대장과 대대 참모 임무를, 대위는 중대장과 대대 및 연대 참모 임무를 수행한다. 소령은 사단과 군단 및 정책부서의 실무를 담당하고, 중령은 대대장과 사단급 이상 제대의 참모 및 과장 임무를 수행한다. 대령은 여단장 및 군단 참모, 정책부서 과장급 이상의 직책을 수행한다. 준장은 여단급 지휘관 및 부서장, 사단급 이상 부대의 참모장과 정책부대 처장급 직책을 수행한다. 소장은 사단장과 육군본부 부장급 직책을 수행한다. 중장은 군단장과 직할부대 사령관, 합참의 차장 및 본부장급 직책을 수행한다. 대장은 합참의장, 각 군 참모총장, 작전사령관 등의 직책을 수행한다.

장교들은 권한보다도 더 큰 책임감에 의해 직무 스트레스를 경험하고 있다. 곽정근(2019)의 연구에서 초급장교들의 업무량을 확인하기 위해, 일과 후 야근실태를 확인하였다. 응답자의 84% 정도가 1주일에 2~3일 이상 야근을 하고 있고, 그중에서 23%는 4~5일 이상 야근을 한다고 답변하였다. 이렇게 야근을 해야 할 정도로 업무가 많은 이유는 '상급부대의 지나친 현황 요구'가 전체의 57%를 차지하였다. 또한 상급부대의 문서가 그대로 예하 부대까지 내려와 '처리해야 할 문서와 수기로 정리해야 할 문서가 많아서'가 18%로 큰 비중을 차지하였다. 초급장교들이 이야기하는 야근에는, 평상시 군에서 주기적으로 이루어지고 있는 훈련, 당직근무, 경계근무와 같은 아예 퇴근할 수 없는 상황을 제외한 것으로, 이러한 훈련과 당직 등의 일정까지 고려한다면, 초급장교 80% 이상이 제대로 된 일과 이후의 휴식과 재충전의 기회를 보장받지 못한다는 것을 알 수 있다.

또한 '부대활동과 업무수행 간 힘들다고 느끼는 이유가 무엇인가?'라는 질문에 대해서는 '업무에 대한 자신감과 전문지식 부족'이 46%로 가장 높았고, 그다음으로 '상급부대의 지나친 간섭과 통제'가 36%로 나타났다. 초급장교는 대단히 높은 수준의 전문지식을 요구하는 집단이 아니다. 적게는 30명부터 많게는 120명의 부하를 지휘하면서 솔선수범하는 자세, 강인한 체력과 인내심 등 전문성보다는 리더십이 더욱 중요시되는 신분이다. 하지만 이들이 자신감을 잃고 또 자신의 능력이 부족하다고 생각한다면 부대를 지휘 통제하는데 커다란 문제가 야기될 수 있다.

곽정근(2019)은 이러한 초급장교들이 처한 문제를 해결하기 위해 다음과 같이 제언하였다.

첫째, 초급장교의 리더십 교육은 양성교육 과정부터 임관 이후 이루어지는 보수교육 과정과 야전에서 부대적응 교육의 전 과정에 걸쳐서 연계성을 갖고 실시되어야 한다. 초급장교들이 2~3년 차에 가장 많은 직무부담과 압박을 느끼고 있는 점을 고려할 때 재교육이 반드시 필요하다. 이를 위해 계층별·제대별 리더십 목표를 명확하게 설정할 필요가 있다. 리더십 목표 설정 과정에서도 기존의 상급지휘관 의도를 충족시키는 차원의 방식에서 벗어나 정확한 요구분석을 통해 초급장교에게 필요한 리더십 교육 목표가 무엇인지를 세부적이고 실무적인 차원에서 접근이 필요하다. 리더십 교육 내용도 개념적인 측면에서 탈피하여 실제 야전 현장에서 활용이 가능한 실천적이고 성과 지향적인 사항을 사례별로 포함할 때 이론과 실제 사이의 괴리감을 줄여줘 모호성을 해소할 수 있는 교육이 될 수 있을 것이다.

둘째, 직무수행에 명확한 권한과 책임의 한계를 설정해야 한다. 초급장교들은 자신이 어떠한 권한을 갖고 있는지 어느 면에서 책임을 부여받았는지에 대해 정확히 알지 못한다. 현재 초급장교들의 직무는 야전교범에 명시된 것 이외에는 없다. 야전교범은 직무를 판단하고 시행하는 기준은 되지만 반드시 지켜야 할 법규나 규정은 아니다. 따라서 초급장교의 직책별 권한과 책임을 명문화된 규정에 반영하고 이를 교육과정에서 교육할 필요가 있다. 포괄적이고 개념적인 수준의 권한과 책임은 오히려 초급장교들에게 직무에 부담만 가중시킬 뿐 아니라 역할 모호성을 키우는 결과만을 초래하게 된다.

셋째, 임무형 지휘를 활성화해야 한다. 임무형 지휘는 불확실성이 뚜렷한 전장에서 일선 지휘관에게 수단을 위임하고 행동에 대한 자율권을 부여하며 달성 가능한 임무를 제시함으로써 자유롭고 창의적인 전술 행동을 보장하는 지휘철학으로, 19세기 후반 독일군에서 처음 정립된 군의 지휘체계이다. 육군은 1999년 '임무형 지휘 개념서'를 발간하면서 임무는 상급지휘관이 제시하되 그 시행 방법은 최대한 위임하여 지휘관의 의도 범위 내에서 최대한 자율적·창의적으로 임무를 수행한다는 임무형 지휘를 표방하고 있다. 그러나 현실은 초급장교들이 상급부대의 지나친 통제와 간섭으로 인해 직무부담과 직무압박을 매우 심하게 받고 있고 자신감마저 잃고 있다. 초급장교의 상급자는 명확한 임무와 의도를 제시하고 초급장교들이 임무수행에 필요한 자원과 수단을 제공해 줌으로써 직무부담은 덜어주고 자율성을 높여주는 것이 필요하다.

넷째, 초급장교의 복무여건과 징계 제도 개선이 필요하다. 초급장교들도 용사들과 같은 세대를 살다가 군에 입대한 신세대이다. 군조직은 그 특징상 수직적 관계, 위계적 구조, 일방적 통제와 절대적 복종을 강조하면서 초급장교들도 동일한 통제의 대상으로 인식하고 있다. 그러나 이제는 더 이상 과거의 전통적이고 강압적인 규범만으로는 초급장교들의 지휘력 발휘를 기대할 수 없다. 먼저 초급장교들의 복무여건을 대폭 개선해야 한다. 용사들에게 일과 이후의 다양한 활동을 보장해 주는 제도를 시행하는 만큼 초급장교들에게도 일과 이후의 삶을 보장해 주어야 한다. 또한 일벌백계(一罰百戒)식의 무분별한 징계나 처벌을 용인해서는 안 된다. 초급이라는 단어에는 실수나 시행착오의 의미가 이미 내포되어 있다. 사소한 실수나 과오를 포용하고 관용을 베풀 때 실수로부터 배우는 경험이 바로 소중한 자산이 될 수 있다.

마지막으로 초급장교의 위상 제고이다. 실질적인 전투력 발휘 보장을 위한 지휘여건을 개선하고, 초급장교가 지휘하는 제대가 포함된 제대의 전반적인 운영체계를 개선해야 한다. 행정 때문에 바쁘고 힘든 부대에서 벗어나 강한 훈련을 하는 부대로 거듭나야 한다. 다음은 소부대 지휘통솔과 관련된 연구를 통해 자료를 축적하고 교육을 강화하여 실질적인 리더로서 성장할 수 있도록 지원해야 한다. 초급장교 시절에 배우고 익힌 경험은 고급장교로 성장하는 기틀이 되고 나아가 사회 발전의 원동력이 될 수 있다는 것에 주목할 필요가 있다.

2) 부사관

부사관의 위치와 역할에 관한 내용은 국방부 「부대관리 훈령」에 명시되어 있다.

> 부사관은 부대의 전통을 유지하고, 명예를 지키는 간부이다. 그러므로 맡은 바 직무에 정통하고, 모든 일에 솔선수범하며 병의 법규준수와 명령이행을 감독하고 교육훈련과 병영생활을 지도하여야 한다. 또한 병의 신상을 파악하여 선도하고, 안전사고를 예방하며, 각종 장비와 보급품 관리에 힘써야 한다.
>
> [국방부. 부대관리 훈령 제16조 제4호]

부사관은 장교와 용사의 중간 신분이다. 부대의 전통을 유지하고 명예를 지키며, 전투력 발휘의 중추이자 부대 운영의 최일선에 있는 간부이다. 또한 장교를 보좌하고 용사들의 교육훈련을 담당하며, 부대의 운영과 계획을 실질적으로 이행하는 중간 관리자로서의 역할과 임무를 수행한다.

통상 육군을 기준으로 하여 분·소대급 규모의 집단을 지휘하기도 하고, 보급과 정비, 행정 등 실질적 부대관리 업무를 담당한다. 숙련을 요하는 기술적 전문가로 각급 제대의 지휘관을 보좌하는 업무담당관 역할을 한다.

각 군과 협약되어 있는 부사관 정규 양성 고등학교를 졸업하거나, 학군단(RNTC : Reserve Non-commissioned officer's Training Corps, 학군부사관후보생)이 설치된 전문대학교의 부사관 후보생 등 다양한 방법과 과정을 통해 선발되어 일정 기간의 군사교육을 이수한 후 하사 계급으로 임관한다. 계급체계는 하사, 중사, 상사, 원사로 분류된다.

부사관들은 부대 내에서 중요한 역할을 수행하게 되는데 이에 따른 직무스트레스를 함께 경험하게 된다. 이연희(2016)는 초급부사관의 발달적 특성에 관해 다음과 같이 정리하였다. 초급부사관은 발달 단계상으로는 후기 청소년 시기에 해당하며, 이 시기는 부모로부터의 정신적, 경제적 독립을 시작하고 변화를 경험하는 시기이다. 일반 사회와는 다른 군대 안에서 자신이 수행해야 할 과업들을 수행하면서 여러 가지 난관에 직면하게 되는데 그 안에서 많은 혼란과 정신적 스트레스를 경험한다. 또한 부사관이 업무수행 면에서도 장교와 용사들 사이에서 책임과 역할이 모호한 경우가 있으며, 업무량에 비해서 인력이 부족하기 때문에 과중한 업무를 경험하게 된다. 최근 들어서 부사관 인력의 질이 향상되고 있지만 여전히 적지 않은 부사관들이 업무 전문성 면에서도 문제가 있다(권상조, 2011).

특히 군 복무중 용사들보다 초급간부인 부사관의 자살률이 4배 이상 높은 것으로 보고되고 있다(JTBC, 2016. 7. 1. 보도). 2015년 한 해 동안 용사의 자살자 수는 22명, 그런데 부사관의 경우 26명으로 더 많았다. 용사 45만 명과 부사관 11만 명을 감안하면 부사관의 자살률이 4배 이상 높은 것이다. 부사관 자살률은 2014년 이후 급격히 높아지고 있다.

박수진(2017)은 공군 부사관의 심리적 주인의식과 직무만족의 관계를 확인하였다. 부사관은 한 부대에서 지휘관과 용사들 사이를 연결하고 부대 운영을 맡은 중추적인 역할을 하면서도 장교의 명령을 따라야 하는 특수성을 가지고 있다. 부사관의 직무만족감에는 심리적 주인의식이 가장 큰 영향을 미치는 것으로 확인하였다. 또한 부사관들의 직무만족을 높이기 위해서는 심리적 주인의식을 높여야 하고, 동시에 공동체 의식을 같이 높여주어야 한다. 이러한 결과는 부사관들이 업무에서 군조직을 '자신의 것'으로 여기는 심리적 주인의식과 나와 더불어 다른 사람을 하나의 팀으로 간주하고, 모든 생각과 행동을 서로에게 맞춰가는 공동체 의식이 함께 높아진다면 직무만족도 높아진다는 것이다. 즉, 공동체 의식 함양 집단상담 프로그램이 부사관들 대상으로 이루어진다면 그들의 직무만족도를 매우 높일 수 있을 것임을 알 수 있다. 부사관들 사이에서 소통을 통해 상호간 어려움을 인식하여 긍정적 피드백을 서로 교환하고, 이를 통해 '우리'를 찾아 공동체 의식을 키울 수 있다. 마지막으로 부사관들이 다른 신분들과의 관계 속에서 형성되는 자기 긍정적 느낌을 갖도록 도와주어, 심리적 주인의식을 찾아주어야 한다(박수진, 2017).

3) 준사관

준사관의 계급은 준위, 한 계급만 있다. 부사관 최종 계급인 원사와 장교의 초임계급인 소위의 중간에 위치한다. 각 군 항공병과의 조종사, 수송 및 정비반장, 탄약관, 통·번역 등 주로 기술행정의 전문성이 요구되는 분야에서 임무를 수행한다.

준사관의 특징은 전문성과 직업적 안정성이다. 군대에서 한 분야의 베테랑(veteran)이라고 할 때 가장 먼저 떠오르는 신분과 계급이 준사관이며 준위이다.

준사관은 빠르면 24세 임관하여 55세에 전역하게 된다. 약 30년을 동일 계급에서 근무해야 한다. 물론 상사나 원사 계급에서 준사관으로 전환하는 경우도 많지만, 최근에는 민간자원에서 준사관을 선발하는 경우가 많아지고 있다. 준사관은 한 계급으로 오랜 기간을 군 복무하기 때문에 장교나 부사관에 비해 성취욕구나 동기부여 등은 상대적으로 저조하다. 또한 근무성적과 교육성적이 진로에 제도적인 영향을 미치지 않기 때문에 부대 업무나 각종 교육에 대해 소홀히 할 수 있다는 개연성이 있으며, 이는 상당히 실제적으로 인식되고 있다. 특히 동일 직책에 계속적으로 근무함으로써 사고의 정체 및 개인의 능력 발휘가 미흡할 수 있고, 교육기간 외에는 장교들처럼 진급에 따른 보직의 순환이 이루어지지 않기 때문에 정체적이다(이대희, 2001).

그러므로 준사관들에게는 그들의 사명감과 자부심을 인정하고 전문성에 합당한 예우를 제공하고, 끊임없이 자기 직무의 전문성 계발에 노력할 수 있도록 제도적 시스템을 구축해줘야 한다.

4) 군무원

군무원은 특정직 공무원이다. 국방부 직할기관 및 부대, 육해공군의 각급

부대에서 국방정책, 연구, 작전 등의 행정 분야, 장비, 보급, 수송 등의 군수지원 분야, 일반 전투 지원 분야의 업무를 담당한다.

군무원은 기술, 연구, 예비전력관리 또는 행정관리 분야에 대한 업무를 수행하는 일반군무원(1~9급), 교관, 연구, 간호 등 특수분야 업무를 수행하는 전문군무경력관(가군, 나군, 다군), 전문지식, 기술 및 특수성이 요구되어 일정기간 동안 근무하는 임기제일반군무원(1~9급)으로 구분된다.

군무원은 군조직을 구성하는 여러 신분 중 유일하게 군복을 입지 않는 민간인력이다. 이 부분이 이들의 정체성에 크게 영향을 미친다. 과거 군무원에 대한 법적기준과 인사체계가 미비하여, 현역 장병을 보완하는 단순 보조 개념으로 인식되기도 하였다. 하지만 지금은 비전투 분야의 기능이 세분화되고 그 역할이 증대되어 군무원의 수적, 기능적 역할이 확대되었다.

군무원과 관련된 연구는 최근 군대 내 군무원의 역할에 대한 중요성이 인식되면서 개인의 심리적 변인에 관해 연구(전경학, 2020; 전경학, 권소영, 2021)가 시도되고 있다. 전경학(2020)은 군무원의 긍정심리 자본에 관한 연구를 통해, 그들의 심리적 변인에 관심을 강조하였다. 군무원들의 안정된 주거와 같이 생활과 관련된 요인들이 주요 관심사였다면, 현재는 군인과 군무원에 대한 인식 차이에서 오는 차별, 불편감, 즉 심리적 요인이 주요한 관심사가 되어야 한다는 것이다. 따라서 부대 내 지휘관들은 군무원과 군인의 관계에 대한 교육, 주기적 간담회 등을 통해 군무원을 포함한 전 간부들이 서로 의사소통을 할 수 있는 자리를 마련해야 한다.

생각해 봅시다

1. 용사들의 기능적 특성과 역기능적 특성을 이야기해 봅시다.
2. 장교, 부사관, 준사관, 군무원의 역할을 정리해 봅시다.
3. 초급간부의 스트레스 요인을 설명하고, 그 해결방안을 제시해 봅시다.

03
CHAPTER

군상담이란

군대는 국가 외부의 군사적 위협과 침략으로부터 국가를 방위하는 조직이다. 군대는 평상시 전쟁을 억제하고 준비하며, 유사시 강력한 전투력을 동원하여 외부의 군사적 위협을 제거하는 무력 집단이다. 군조직이 수행하는 전쟁은 극한 폭력의 장이다. 세계 모든 군대는 적과 싸워 이기기 위해 군사력을 키우고 있다. 이러한 집단 속 구성원인 군인들은 극한 상황에서 일사불란한 지휘체계를 유지하기 위해 부단히 노력하고 있다. 군인들의 삶, 그 자체가 전쟁인 것이다.

우리나라 군인들은 대부분 청소년 또는 성인 초기 발달 단계부터 군 복무를 하게 된다. 육체적으로는 성장했을지 몰라도 정신적으로는 미성숙할 수 있다. 이러한 군 구성원들의 대다수를 차지하는 '용사'들은 사회와 격리된 단체생활을 한다. 이들의 단체생활에는 새로운 환경에 대한 적응, 새로운 인간관계 형성, 특수한 임무수행을 위한 훈련이라는 커다란 과제가 포함되어 있다. 부여된 과제를 수행하는 과정 속에서 심리적 손상이 발생하고, 심리적 손상의 해결은 군상담의 몫이 된다.

이번 장에서는 군상담이란 무엇이고, 일반 상담과 어떤 부분에서 차이가 있는지, 그 특수성과 목적에 대해 알아보자.

1. 일반 상담과 군상담

1) 일반 상담의 이해

군상담을 알아보기 전에 상담이 무엇인지 이해해야 한다.

"상담이란 무엇인가?"란 질문에 대한 답변은 그 학자의 수만큼 다양하다. 상담을 연구하는 학자들은 각자의 인간관과 학문적 배경, 경험 등에 따라 저마다의 방식으로 상담을 설명한다. 인간중심 상담이론의 창시자인 칼 로저스는 상담을 상담자와 내담자의 관계에서 내담자가 과거에 부정했던 경험을 재통합하여 새로운 자기로 변화하는 과정이라고 설명한다. 이장호(2005)는 상담이란 도움을 필요로 하는 사람(내담자)이 전문적 훈련을 받은 사람(상담자)과의 대면관계 속에서 여러 가지 생활 과제의 해결과 사고, 행동 및 감정 측면의 인간적 성장을 위해 노력하는 학습과정이라고 하였다. 이형득(1990)은 상담이란 도움을 필요로 하는 개인, 즉 상담자와 전문적 훈련을 쌓아 조력가로서의 자격을 갖춘 상담자와의 사이에서 이루어지는 하나의 조력관계의 과정으로 정의하였다. 칼 로저스는 내담자의 변화를 중심으로 상담을 정의하였고, 이장호는 상담을 인간적 성장을 위한 학습으로, 이형득은 상담자의 전문성을 강조한 정의로 볼 수 있다. 이 세 가지 상담에 대한 정의를 종합해보면, 상담은 상담전문가에 의해 이루어지는 내담자를 위한 조력활동이며, 내담자를 효과적으로 돕기 위해 상담자는 상담에 필요한 전문적, 인간적 자질을 갖추어야 함을 알 수 있다(송경재, 2011).

상담은 그 정의만으로 본질을 이해하기 어렵다. 그래서 학자마다 다양한 정의를 내리는 것일 수도 있다. 일반적으로 상담은 내담자(來談者, client)

의 개인적 문제를 상담자(相談者, counselor)와 대화를 통해 해결하는 것이다. 개인적 문제는 삶에서 일어나는 사소한 갈등에서부터 심리 내적 문제에 이르기까지 매우 다양하다. 우리는 문제가 발생하면 혼자서 해결하려고 노력할 수도 있고, 누군가의 도움을 받기를 원할 수도 있다. 이것은 문제의 경중에 따라서 대처방식이 달라질 수도 있고, 개인적 특성에 따라 그 방법을 달리할 수도 있다. 개인적 문제를 해결하기 위한 수준도 다양하다. 단순한 면담으로 해결될 수 있고, 전문적 개입과 치료를 통해 해결할 수도 있다.

일반적으로 상담이라는 말은, 도움을 필요로 한 사람이 어떠한 도움을 받고자 할 때, 반대로 누군가를 위해 도움을 주고자 할 때 사용한다. 방법은 여러 가지이다. 해결방법을 직접적으로 가르쳐 줄 수 있다. 직접적 해결방법을 제시하기 어려우면 방법을 함께 모색해주기도 한다. 갈등이 일어날 수 있는 원인을 제거하기도 하고, 문제의 당사자들을 훈계 또는 교육을 하여 문제를 해결하기도 한다.

앞에서 이야기한 상남 방법들은 매우 직접적이고 지시적이다. 상담자는 적극적 개입을 하고 내담자는 수동적으로 상담자의 조언을 수용하게 된다. 하지만 전문적인 상담심리학에서 말하는 상담은 조금 다르다. 우리가 경험적으로 알 수 있듯이 많은 조언과 해결책 제시가 우리의 삶을 크게 변화시키지 못한다. 무언가 시원한 방법이 될 수 있을 것만 같은 해결책도, 막상 행위로 옮기고 나면 마음처럼 내 삶이 변화하지 않는 것을 알 수 있다.

심리학에서 말하는 상담은 앞서 제시한 지시적이고 직접적 방식을 해결책을 제시하는 과정이 아니다. 어쩌면 목표 자체도 다를 수 있다. 전문적 방식의 상담은 상담자가 내담자의 문제에 개입하여 해결책을 제시하거나 도움을 주면, 내담자가 자신의 문제를 해결할 수 있다는 기대를 하지 않는다. 어쩌면 상담자가 내담자의 문제에 대해 개입을 최소화함으로써 내담자의 더 나은 독립과 통찰을 이루게 한다. 여기서 중요한 것은 내담자가 겪고 있는 삶의 갈등과 문제가 초점이 아니라는 것이다. 내담자, 즉 사람이 초점이 되어야 한다는 의미이다. 즉, 상담은 어떤 고충을 해결하는 것이 목적이 아니라 내담자를 심리적으로 성장시켜 현재 겪고 있는 문제와 연결되어 있는 과거, 현재, 미래의 모든 일에 대해 기능적으로 대처할 수 있게 돕는 것이 목적이다. 만약 상담자가 내담자에게 매우 직접적이고 해결중심적인 해결책을 제시해서, 그 문제가 단번에 쉽게 해결이 됐다고 치자. 그와 동일하거나 유사한 일이 다시는 발생하지 않는다는 보장도 없고, 문제가 발생할 때마다 상담자는 내담자에게 해결책을 제시해야 하며, 내담자는 상담자에게 의존해야 한다. 또한 어떤 상담자가 인간의 모든 삶의 문제에 명쾌한 해답을 제공할 수 있단 말인가?

상담은 매우 개별적 원리를 지니고 있다. 이 세상의 모든 내담자들이 호소하는 문제들은 제3자에 의해 유사한 내용끼리 유목화할 수는 있겠지만, 그 질량은 개인마다 각각 다르기 때문이다. 일란성 쌍둥이라 하더라도 어머니의 배 속부터 존재하는 위치도 다르고, 세상으로 나오는 순서도 다르며, 그 첫 손길의 촉감도 달라서 개인이 매 순간 경험하는 모든 장면에 따라 개인의 형성과정이 다를 수밖에 없다. 즉, 우리 개개인은 각각의 우주이다. 그래서 상담은 매우 개인적일 수밖에 없다. 멋지고 명쾌한 해결책이라는 것은 제시하는 사람의 주관적 세상에서 일어났던 일에 불과하다. 그 방법을 비슷해 보이는 문제를 겪는 다른 사람에게 제시한다면, 매우 적은 확률로 그 방법이 도움이 될 수도 있겠지만, 대부분 기능이 없다.

우리는 몸이 아프면 병원에 간다. 병원에서는 의사가 환자에게 매우 지시적인 방법으로 해결책을 제시한다. "운동을 열심히 하시고, 술과 담배를 끊으세요." 제시된 해결책은 매우 간단하다. 운동, 금주, 금연. 너무나도 명쾌해도 듣는 사람이 있고, 안 지키는 사람도 있다. 법적인 문제가 생겼을 때, 이를 해결하기 위해 변호사를 찾아간다. 변호사는 전문적 법률지식을 내담자에게 제시한다. 그래도 소송에서 이길 수도 있지만 질 수도 있다. 앞서 의사와 변호사의 예를 들었다. 이들이 제시하는 명쾌한 답변은 심리학에서 말하는 상담이 아니다. 의사와 환자, 변호사와 의뢰인 사이에서 일어나는 일은 엄밀히 말하면 자문, 즉 컨설팅(consulting)이다. 상담(counseling)이 아니다. 컨설팅은 해당 분야 전문가가 자신의 전문적 지식을 활용하여 전문적 지식이 없거나 부족한 사람을 돕는 행위이다. 컨설팅의 주체는 전문가이다. 상담의 주체는 내담자이다. 내담자의 주 호소문제는 일상적인 갈등처럼 보이지만, 매우 정서적이고 개별적인 문제이다. 내담자의 부적응 문제는 몰라서 해결하지 못한다기보다는 알지만 할 수 없기 때문에 해결이 어려운 일들이다. 예를 들어, 애인이 변심한 용사는 탈영이 중대한 군범죄임을 알면서도 탈영을 감행하게 된다. 이것은 지적인 문제가 아닌 감정과 정서의 통제 또는 현상을 바라보는 관점, 사건의 충격을 감내하는 내적 강도의 문제이다. 즉, 문제해결의 초점이 내담자 내부에 있는 것이다. 그래서 상담자가 개입하여 내담자의 문제를 고치는 것이 아닌, 내담자가 자신을 객관적으로 바라보고 음미하여 문제의 근원을 발견하도록 돕는 활동이 상담이다.

이런 전문적 상담을 통해 얻을 수 있는 것은 명쾌한 해결이 아니다. 상담을 통해 180도 바뀐 삶을 기대하는 것은 꿈에서 본 복권 번호가 현실에서 당첨되길 바라는 마음일 것이다. 내담자는 상담자와 관계를 통해 바라보게 된 본질적인 자신을 발견하고, 내적 통찰과 에너지를 얻게 된다. 즉, 상담을 통해 나를 힘들게 만드는 현실로 다시 돌아가 살아야 할 힘을 얻게 되는 것이지, 바뀐 세상을 얻게 되는 것이 아니다. 상담을 통해 얻은 힘을 통해 이전에 나를 힘들게 한 삶에 대한 태도를 바꾸어 가는 것, 그조차도 아주 조금씩 변화되는 자신을 발견하여 스스로 내적 강점을 키워나가는 과정, 이것이 상담의 효과이다. 더 나아가 내가 바뀌었다고 해서 나를 둘러싸고 있는 환경과 주변 사람들이 바뀌는 것이 아니라는 것을 인식하고 주변 사람들의 모습을 있는 그대로 수용할 수 있게 되는 단계까지가 상담의 역할이다.

2) 군상담의 이해

군상담(Military Counseling)이란 개념은 자문(consulting)과 상담(counseling)이 혼재된 개념이다. 현역 군인들의 인식 속 상담은 컨설팅, 즉 자문의 비중이 크고, 군에 종사하는 민간 상담자들은 철저히 카운슬링을 상담으로 이해하고 있다. 현역 군인들은 군상담을 자문으로 여기기 때문에, 자신의 군 경험을 중시하고 매우 지시적이며 단기 문제해결적으로 상담을 접근한다. 그래서 모든 정보는 지휘체계에 의해 공유(보고)되어야 한다고 믿는다. 반면에 군에 종사하는 민간 상담자들은 군상담을 카운슬링으로 여기기 때문에 충분한 내담자와의 관계를 중시하고, 심리 내적 탐색과 통찰을 중요시하며, 내담자의 비밀보장을 우선시한다. 상담에 대한 이 두 가지 상반된 관점은 현역 군인과 민간 상담자들 간의 의사소통을 매우 어렵게 만든다. 군상담을 공부하는 사람들은 이 두 가지 관점의 차이를 이해할 필요가 있다. 그래야 군상담의 정의가 내려질 수 있다.

현역 군인들의 입장에서 본 상담의 정의는 "상담이란 부하들의 심리적 갈등이나 애로사항 등에 대하여 지휘통솔자가 문제의 원인과 핵심을 파악하고 해결방안을 찾아 도와주어 임무를 효과적으로 수행해 나갈 수 있으며, 이를 통해 다른 통솔 요소와 같이 부대 전투력 향상을 위한 하나의 방법이자 수단"이다(야전교범 6-0-1 지휘통솔, 2004). 또한 야전교범 10-1 「병영상담」에서는 군상담을 병영상담이라는 용어를 사용하여, 병영상담이란 인격적 만남을 통해서 변화에 도움을 주는 활동을 의미하며, 이를 토대로 전투력 발휘를 목적으로 부하들의 문제해결과 잠재능력 개발을 도와주는 활동으로 정의하고 있다.

이처럼 현역 군인들의 인식이 반영된 군상담은 상급자가 도움이 필요한 부하들을 대상으로 이들의 문제를 해결하도록 조력하거나 부대 생활에 잘 적응할 수 있도록 돕는 생활지도, 지휘조치를 하여 군조직의 임무수행에 문제가 없도록 하는 관리적 측면이 강조된다.

이와는 조금 다르게, 군에서 상담분야에 종사하는 민간 상담전문가들의 입장에서 본 군상담의 정의는, 군 집단 내 용사 개개인의 행동과 그들 사이의 관계를 개선하여, 나아가 그들의 훈련이나 업무 수행 등 근무 능률을 향상시키기 위한 목적으로, 문제가 있는 개인이 그 문제를 스스로 해결하도록 다른 사람이 도와주는 일련의 과정으로 정의한다(김대운, 성경윤, 1980). 또한 김완일(2008)은 군대 장면에서 상담교육을 받은 상관이 부하와의 관계에서 전문적인 조력활동을 통해 부하로 하여금 스스로 문제해결을 하도록 돕는 과정으로 정의하고 있다.

이처럼 외부 전문가의 관점에서 군상담을 정의하면, 개개인의 자발적 변화를 조력하여 잠재력 계발의 측면이 강조된다.

군상담은 군대라는 특수한 환경에서 이루어지는 심리적 조력과정으로 위의 두 가지 다른 접근방식을 아우르는 개념적 정의가 이루어져야 한다. 군대에서 1차적인 상담자는 지휘관(자)이고, 지휘관은 조직에서 일어나는 모든 일에 대해 책임을 지는 사람이기 때문에 조직의 목표와 부하 관리적 측면을 고려하지 않을 수 없다. 동시에 부하의 내적 성장이라는 상담의 본질도 고려하여 군상담의 개념이 구성되어야 한다. 이러한 점에서 군상담이란, 상담 능력을 지닌 군상담자가 군의 조직적 특수성과 구성원들의 특성을 고려하여, 내담자인 장병들이 지니고 있는 환경적, 심리적 문제를 의사소통을 통해 조력하고, 장병의 심리적 성장을 촉진하여 조직의 무형전력 향상에 기여하는 과정이다.

2. 군상담의 제한적 특징과 해결방안

일반 상담의 정의에서 설명한 것처럼 고충해결식 접근방법은 큰 의미가 없다. 그렇다면 비지시적이고 개별적인 상담, 즉 Counseling의 토대 내에서 군상담의 정의를 규정하는 것이 바람직할 것이다. 상담자와 내담자 사이에서 촉진적 의사소통 과정을 통해 내담자의 인격적 성장과 심리적 성숙을 돕는 것은 일반 상담과 군상담이 크게 다르지 않다. 그러나 조직의 특수성을 고려한다면, 일반 상담과의 개념적 차이가 분명히 존재할 수밖에 없다. 상담자의 역할과 기능이 다를 수 있고, 상담자와 내담자의 관계, 내담자의 특성, 환경적 특수성, 상담 기간이나 장소, 문제해결 방법 등에 있어 차별화된다. 그 특징을 살펴보면 다음과 같다(송경재 외, 2016).

1) 비밀보장의 어려움

> "일단 비밀이 안 지켜질 수밖에 없는 구조입니다. 제 개인적 문제를 해결하려면 누군가에게 보고해야 하기 때문에 모든 이야기를 털어놓기 꺼려집니다."
>
> "소대장님은 저를 조용히 불러서 상담하지 않습니다. 그래서 상담을 하고 나면 동기들과 주변 사람들이 무엇을 물어봤는지, 무슨 이야기가 오고 갔는지 질문을 합니다. 그리고 잦은 상담은 선임들로부터 좋지 않은 시선으로 이어집니다."
>
> "익명성 보장이 어렵습니다. 더 나아가 통제의 변화로도 이어지는 경우도 있고, 문제가 되는 인원에 대해 간부들의 관찰이 눈에 띄게 늘어서 다른 동기들로부터 좋지 않은 시선을 받게 되기도 합니다."
>
> '비밀보장'에 대한 용사들 인터뷰 내용

상담 내용에 대한 비밀보장이 어렵다는 점은 가장 큰 문제이다. 조직관리 차원에서 지휘체계에 의한 조치는 필수적이기 때문에 보고과정에서 상담 내용의 비밀보장이 어렵게 된다. 이것은 내담자들의 현실적인 문제를 해결하기 위한 노력, 즉 군의 철저한 보고체계를 의식해서 자신의 마음을 솔직하게 털어놓고 이야기하기 어려우며, 상담자의 역할을 수행하는 지휘관 역시 상담 내용에 대한 완전한 비밀을 보장해 주기 어렵다는 것을 의미한다.

이 문제는 상담 시작 전 내담자에게 비밀보장의 한계와 책임을 설명해 줌으로써 문제를 최소화시킬 수 있다. 상담 시작 시, 상담자가 내담자에게 비밀보장의 원칙을 분명하게 설명해 주고, 서로 이러한 원칙을 깨지 않겠다고 약속하는 것은 일종의 의식이며 상징적 의미가 담겨있다. 비밀보장은 안전하고 신뢰로운 상담 분위기를 조성하는데 매우 필수적인 부분이다.

비밀보장의 한계에 대해서 분명히 설명해 주어야 한다. 상담의 구조화를 통해, 내담자의 상담 내용이 누군가를 해치려는 의도가 있거나, 내담자의 자살 시도 가능성이 높은 내용, 심각한 정신적 문제로 외부 전문가의 도움이 필요한 경우, 군사 보안에 치명적 문제를 야기할 수 있는 내용에 대해서는 지휘보고가 이루어질 수 있다는 것을 사전에 알려주어야 한다. 군조직체계에 치명적인 문제가 일어날 소지가 있는 상담 내용에 대해서는 내담자에게 그 법적인 문제점을 알려주고, 지휘조치를 받을 수 있음을 고지해야 한다. 상담 시작 전에 이러한 비밀보장의 한계를 설명해주어야 내담자는 호소내용에 대해 주도적 선택을 할 수 있다. 이는 내담자를 위한 적절한 지휘조치를 통해 내담자를 보호하려는 목적을 지닌다. 그러나 무엇보다도 중요한 것은 개인적 삶의 문제는 비밀보장을 철저히 지켜주어야 한다는 것이다.

2) 이중관계

"훈련할 때나 작업할 때는 무섭게 호통치던 사람이 상담실에서 갑자기 나한테 잘해주면 기분이 이상합니다. 어떤 것이 진짜 중대장님의 모습인지 헷갈립니다."

"저는 여자 친구와 헤어졌을 때, 정말 너무 힘들었습니다. 그런데 내가 지금 있는 곳이 군대고 사실상 중대장님께서 저에게 해줄 수 있는 게 없잖습니까. 너무 힘들어서 상담요청을 하긴 했었는데, 아무런 조치를 받지도 못하고, 오히려 나에게 무슨 일이 생기지는 않을지 감시받는 느낌만 받게 되었습니다."

"상담할 때는 최대한 스트레스 받지 않게 해주겠다고 하셨는데, 막상 아무것도 변한 것은 없었습니다."

'이중관계'에 대한 용사들 인터뷰 내용

군상담은 군상담자와 내담자의 관계가 기본적으로 이중관계에 놓인다. 이중관계란 상담자와 내담자 관계 이외에 또 다른 관계를 맺고 있는 상태를 의미한다. 군상담에서 이중관계는 상담자와 내담자라는 수평적 관계와 상관과 부하라는 수직적 관계가 동시에 작용하는 배타적 관계이다. 이는 군상담의 한계점으로 종종 지적되는 부분이다. 군상담자는 내담자로 직속상관이 될 가능성이 크다. 즉, 관리자이면서 상담자의 역할을 해야 하는 문제를 내포한다. 상담자와 내담자의 관계는 수평적일 때 기능적이다. 하지만 군대에서는 그 위치가 수직적 관계가 되어 인간적이고 친밀한 관계를 형성하는 것이 제한적일 수 있다. 자칫 상담이 상담자와 내담자의 상호작용이 원활하지 못할 수 있다. 특히 내담자인 부하 입장에서는 상담자가 직속상관일 경우 군 생활 전반에 미칠 영향을 무시할 수 없다. 특히 군조직은 엄격한 위계질서에 의한 명령체계를 기본으로 하여, 내담자가 하급자일 경우, 내담자는 상급자의 권위를 의식하지 않을 수 없다. 이러한 한계를 극복하기 위해서는 평소 상급자와 하급자, 즉 상담자와 내담자는 신뢰관계와 친밀감 형성이 매우 중요하다.

이중관계라는 군상담의 제한사항은 해결하기 쉽지 않다. 근본적으로 군이 막대한 예산을 확보하여 민간인 전문상담자를 선발하고 배치하기 전까지는 고민해야 할 문제이다. 앞서 제시한 것처럼 "평소 리더와 부하 간 신뢰관계와 친밀감 형성이 매우 중요하다"는 말은 근본적 해결방안이 되지 못한다. 군 간부들에 대한 교육적 효과도 없다. 이를 해결하기 위한 방법으로 송경재 외(2016)는 '우리성'을 바탕으로 한 '부하 맞춤형 의례성' 관계 형성을 제시하였다.

이는 최상진(2000)의 한국인들의 문화 특수적 인간관계를 토대로 제시된 방법으로, 한국 사람들의 독특한 인간관계 양상인 '우리성'과 '의례성'을 기반으로 신뢰관계를 구축해야 한다는 것이다. 한국사람들의 인간관계는 서양의 개별적이며 독립적인 자기관에 기초한 인간관계와는 달리, 매우 협조적이고 관계 중심적인 자기관에 입각한 심정(心情)을 교류하는 관계이다. 여기서 '우리성'이란 가족중심적이며, '나'와 '너'가 분리된 단위가 아닌 통일된 존재로서, 독특한 한국적인 집단 정체성을 내포한 관계를 의미한다. 예를 들어, "우리가 남인가?"라는 말은 '모든 것을 공유할 수 있는 특별한 관계'를 의미한다. '의례성'은 구체적 대인관계 상황맥락에서 보편적으로 이루어지는 언행의 형식으로, 일종의 상황적 언행 스크립트(대본)를 의미한다. 예를 들어, 길을 가다가 우연히 친구를 만났을 때 "너 어디 가니?"라고 묻는 것은 실제로 어디를 가는지 궁금해서 물어본 질문이 아니며, 구체적인 답변을 요구하는 것도 아닌 의례적인 인사말이다. 마찬가지로 "우리 언제 시간 될 때, 식사 한번 하자"는 말은 실제로 식사 약속을 잡자는 의미가 아니다. 이 질문은 다만 상대에 대한 관심을 표명하는 기능을 하고 있으며, 한국 사람들은 이러한 '의례성' 스크립트를 이용하여 '우리'라는 관계를 유지한다는 것이다. 즉, 의례성은 상대에 대한 관심과 배려를 내포하고 있으며, 특별한 인간적 애정을 표현하는 기능을 한다.

군상담 장면에서 '상급자와 하급자', '상담자와 내담자'라는 이중관계를 해결하기 위해서는 평소 리더들이 '부하 맞춤형 의례성'을 계발하고 활용하여 부하와 관계를 형성해야 한다. 부하 맞춤형 의례성이란 개별 부하(하급자)가 겪고 있는 개인적 상황 맥락에 맞춰진 인사말을 의미한다. 군대에서 자주 사용하는 의례적 인사로는 "별일 없지?", "잘 지내지?", "수고 많다."라는 의례적 스크립트를 많이 사용한다. 그러나 이는 일반적인 인사의 기능밖에 할 수 없다.

부하 맞춤형 의례성 스크립트는 다음과 같다.

부모님이 편찮으신 용사에게는 "부모님은 좀 어떠시니?"

애인과 관계가 소원해진 용사에게는 "지난번 애인과는 연락이 잘 되고 있니?"

금연을 결심한 용사에게는 "지금까지도 금연 잘 지키고 있니? 많이 힘들 텐데."

검열 준비로 수고하고 있는 용사에게는 "요즘 검열 준비로 수고가 많지? 네 덕분에 검열을 잘 받을 수 있을 것 같아."

이처럼 해당 부하에게 맞추어진 인사말을 해야 한다. 수직관계에 있는 상급자가 자신에게 개인적 관심과 배려를 보이면, 해당 용사는 자신이 관심을 받고 있고, 특별한 사람으로 여겨진다는 느낌을 받게 된다. 이렇게 상급자는 평상시 부하에게 맞춤형 의례성을 통한 관계를 형성해야 하며, 이것이 '신뢰관계와 친밀감 형성'으로 이어지는 것이다. '맞춤형 의례성' 인사가 가능하려면 무엇보다도 부하에 대한 큰 관심과 사랑이 바탕이 되어야 가능하고, 진정성과 세심한 관심이 포함된 표현으로, 한국 문화적 특수성이 고려된 이중관계 해결방안이라 할 수 있다.

3) 비자발적 내담자

"저는 상담을 원하지도 않았는데 방송으로 내 이름을 부르면서 호출을 했습니다. 그리고 상담을 하는데 거기서 제가 무슨 말을 하겠습니까. 그냥 아무 문제 없다, 잘 지내고 있다고만 했습니다."

"방송으로 제 이름을 불러서 상담을 하면, 내가 무슨 말을 하고 싶겠습니까. 정말로 저를 위한 상담이 아닌 게 느껴졌습니다."

'비자발적 상담'에 대한 용사들 인터뷰 내용

군 장병들의 내담경로는 대부분 비자발적 동기에 의해 이루어진다. 자발적으로 상담을 요청하는 장병도 있지만 대부분 비자발적 내담자이다. 군의 모든 구성원들은 지휘체계 내에 속해 있기 때문에 도움을 필요로 하는 장병의 1차 상급 지휘관 또는 부서 담당자들의 요청과 의뢰로 상담이 시작된다. 군상담자가 지휘관일 경우 병력관리의 일환으로 필수적으로 상담을 진행한다. 지휘관의 입장에서는 부대 내 부적응 용사가 식별되었을 경우에 즉시 상담 및 지휘조치를 취해야 한다. 따라서 지휘관은 특정 장병이 자발적으로 상담을 요청할 때까지 기다리기보다는 먼저 찾아가는 상담을 해야 한다.

군 내담자들이 적극적 상담요청을 하지 않는 이유는 상담을 받는 것이 마치 자신에게 큰 문제가 있거나 잘못이 있어서 상담이 이루어지는 것으로 인식되고, 다른 동료전우들이 자신을 부적응 또는 문제가 있는 장병으로 낙인찍히는 것을 우려하기 때문이다. 그러므로 비자발적 내담자일수록 첫 만남에서 상담을 진행하는 목적과 이유를 자발적으로 말할 수 있게끔 도와줘야 한다. 즉, 군상담자는 비자발적 내담자의 자발화 과정을 촉진시킬 수 있어야 한다.

'비자발적 내담자'의 '자발화' 예시

소대장(상담자) : 나는 네가 어떻게 여기에 오게 되었는지 잘 모르겠구나. 누가 가보라고 해서 왔는지, 아니면 스스로 고민이 있어 온 것인지.
김일병(내담자) : (시큰둥하게) 저도 잘 모르겠습니다. 그냥 분대장이 가보라고 해서…
소대장(상담자) : 그렇구나. 분대장이 가보라고 해서… 그냥 왔구나.
김일병(내담자) : 음… 네
소대장(상담자) : 그럼… 너는 너에게 아무 문제가 없다고 생각하는구나?
김일병(내담자) : (침묵) 음… 아니… 아무 문제가 없는 것만은 아니고…
소대장(상담자) : 그럼 한 가지만 말할게. 만일 너에게 어떤 힘든 일이 있어서 그 문제를 해결하는데 내가 도움을 줄 수 있다면, 나는 최선을 다해 너를 도울 거야. 하지만 너 스스로가 별문제가 없는데 어쩔 수 없이 상담을 받아야 한다고 생각할 필요는 없어. 중요한 것은 네가 나에게 도움받고 싶은 부분이 있는지, 나는 그게 궁금해. 그 부분에 대해 이야기해 줄 수 있겠니?
김일병(내담자) : (침묵) 네… 사실… 요즘… 좀… (침묵)
소대장(상담자) : 그래 말하기 어렵지. 괜찮으니까 편하게 말할 준비가 되었을 때, 천천히 말해주면 좋겠어.

4) 현역 군상담자의 비전문성

"제 말은 들어주지도 않으면서, 자꾸 제가 문제가 있다고 하십니다. 누가 몰라서 그러는 것도 아니고…"

"저는 군대에 적응을 남들보다 조금 늦게 할 뿐이었는데, 간부들은 저를 자주 불렀습니다. 그래서 동기들이나 선임들이 날 안 좋은 시선으로 보는 것 같았습니다. 음… 오히려 문제를 키우는 것 같다고 해야 하나…"

"제가 훈련병 때, 그냥 심적으로 힘들었는데 그때 상담을 해주셨던 간부가, 내가 답답해하는 문제를 들어주기만 했는데도 위로가 되는 느낌이었습니다. 조치를 받거나 한 것도 아니었는데 그냥 개운했습니다.

'군상담자의 비전문성'에 대한 용사들 인터뷰 내용

군상담자의 비전문성 문제이다. 일부 군인들, 아니 거의 모든 현역 군인들은 상담을 고충해결로 접근한다. 누군가가 자신에게 도움을 요청하면,

자신이 경험한 군 생활을 토대로 명쾌한 답변을 제시해주려고 한다. 그렇게 제시된 명쾌한 답변은 사실 현실적이지 못하다. 그 이유는 그 방법들은 자기 반추에 의해 긍정적으로 의미가 부여된 방법일 가능성이 크기 때문이다.

현역 군상담자들은 민간 전문상담자들에 비해 체계적인 상담 훈련을 받지 못해 전문적 상담능력을 갖추고 있지 않다. 전문적 상담 수련을 받지 못한 상태에서 부하 장병들과 대면하여 실제적이고 효과적인 상담을 수행한다는 것은 매우 어려운 일이다. 자문은 가능하겠지만 전문적 심리상담은 어렵다. 현재 야전부대에 배치되는 초급간부들은 부하들을 관리하는데 가장 중요한 리더십 역량으로 '효과적 상담능력'을 인식하고 있다. 하지만 전문적 상담을 절실하게 필요로 하는 장병들이 많이 있지만, 주변에 마땅히 상담을 의뢰할, 즉 상담받고 싶은 사람이 없어서 혼자 속으로 감내하는 경우도 많다. 이들이 자신의 지휘관 또는 담당 간부들에게 상담받는 것을 주저하는 이유는 상담의 효과성에 대한 확신이 부족하기 때문일 것이다.

이 문제는 군대뿐만 아니라 거의 모든 조직의 관리자들이 고민하는 문제이다. 전문적 상담 능력을 키우기 위해서는 많은 시간과 경험이 필요하다. 특히 상담 수련 시간과 경험이 필요하다. 이 문제는 군 간부 양성과정과 정책부서에서 해결해야 할 문제이다. 그렇다고 해서 초급 간부들이 모른 척해야 할 문제도 아니며, 해결 방법이 전혀 없는 문제도 아니다.

일단 상담장면에서 현역 간부들의 문제는 자신이 말을 많이 하려고 한다는 것이다. 경험에 입각한 다양한 해결책을 제시하려고 노력하기 때문이다. 그렇게 많은 해결책을 제시해야 부하들이 자신을 신뢰할 것이라는 비합리적 믿음이 강하기 때문이다. 도움을 필요로 하는 부하가 한 마디를 말하면, 군 간부들은 즉시 시원한 해결책을 제시해야 한다고 느끼고, 더 나아가 부하를 설득하거나 비난하는 결과를 초래한다. 이 현상은 전문적 훈련을 받은 초보 상담자들도 많이 겪는 문제이다. 상담자가 부담감과 두려움을 느끼기 때문에 발생하는 일이다. 그러므로 좋은 말을 많이 해주어야 한다는 부담을 버리고 차라리 말 수를 줄이고 부하의 이야기를 끝까지 들어보려고 노력해야 한다. 극단적인 예로, 부하가 말없이 침묵하고 있으면 상담자는 내담자의 침묵을 버텨내야 한다.

또한 대부분의 군상담자들은 질문을 통해 문제를 파악하려고 한다. "왜 그랬냐?", "누가 그랬냐?", "너는 그게 가능하다고 생각하냐?" 등 질문을 계속한다. 이 또한 상담장면에서 대화가 끊어지면 상담자 자신의 상담능력이 부족해서 상담이 잘못 진행되는 것으로 스스로 느끼기 때문에 발생하는 현상이다.

물론 질문은 현상을 파악하기 위한 의사소통 방법이지만, 부적응과 갈등을 경험하고 있는 장병들의 입장에서는 취조를 당하는 느낌을 받을 수 있고, 심리적으로 더욱 위축되어 방어적으로 만든다. 그러므로 현역 군상담자들은 평소 기초 상담기법 또는 의사소통 교재 등에 제시된 말(스크립트, 대사)을 육성으로 연습하는 노력을 기울여야 한다. 동시에 스스로 상담이 당황스럽고 어렵다고 느껴지면, 병영생활 전문상담관이나 부대 주변 정신보건센터, 대학교 학생생활연구소 등의 기관에 협조를 구해 부하의 문제를 의뢰하고 도움을 받을 수 있도록 시스템을 구축해야 한다. 군 초급 간부들은 새로운 보직에 부임할 때, 가장 먼저 부하들의 심리적 어려움에 대해 도움을 받을 수 있는 전문가와 기관을 확인해야 한다.

앞서 제시된 네 가지 군상담의 특징과 그 제한사항을 해결하기 위한 방법에서 가장 중요한 것은, '나의 상관은 내 편이구나.', '이 분은 나를 소중하게 생각해 주는구나.', '내 마음을 이해해 주는구나.' 즉 계급체계에 의한 것이 아닌 인간 대 인간의 관계로 이해받아야 상담의 효과가 있다는 것이다.

3. 군상담의 기능

군대의 장병, 특히 용사들 대부분은 우리나라의 급격한 경제성장 환경 속에서 성장하여, 높은 수준의 교육과 경제적 풍요를 경험한 후 군에 입대하였다. 이러한 경험은 군대가 추구하는 권위적이고 수직적인 위계질서에 취약하다. 특히 그들이 통제된 군대 환경과 위계적 계급 구조라는 특수한 업무환경에 갑자기 노출되면 쉽게 적응하기 힘들다. 계급 간의 갈등, 업무상 갈등 그리고 구성원들 간 인간관계에 기인하는 갈등 등 여러 가지 적응 문제를 경험하게 된다. 이러한 부적응 문제는 폭행, 군무이탈, 자살 및 자해, 총기난사 등의 사고로 이어진다. 이러한 문제는 용사 개인적으로나 군 조직적으로, 더 나아가 사회적으로도 치명적인 결과를 야기하게 된다.

군대는 그 주축 구성원인 용사들이 군조직의 가치와 행동양식을 내면화할 수 있도록 훈육과 적응에 많은 노력을 기울이고 있다. 동시에 이렇게 새사회화된 용사들을 건강한 모습으로 다시 가정과 사회로 돌려보내는 것도 군조직이 감당해야 할 중요한 의무이다. 이러한 군대의 특수성으로 인해 야기되는 구성원들 간의 갈등과 심리적 손상을 회복하는 데 군상담이 필요하다. 용사들은 자신이 원하지 않는 곳에 비자발적 동기로 입대하였기 때문에 외부 환경에 압도되어 자기 통제력을 잃어버리는 것이다. 이런 부적응 용사는 주변에 아무도 자신을 진심으로 이해해 주는 사람이 없다고 느낄 때 좌절감과 소외감을 느낄 수 있다. 따라서 군상담자는 내담자 장병들에게 관심을 두고 그들의 이야기를 경청하여 내담자 자신과 타인 그리고 주변 환경에 대한 새로운 조망을 갖게 해야 한다. 즉, 장병들의 인간적 성숙을 촉진시켜 건강한 사회의 구성원으로 만드는 기능을 해야 한다.

군상담 활동의 궁극적 목적은 병력을 효율적으로 관리하여 전투력 향상에 기여하는 것이다. 이것은 상담의 목적 자체가 다름을 의미한다. 일반 상담이 개인의 행복과 성장을 목표로 한다면, 군상담의 기능은 전투력 향상에 기여한다는 것이다. 이것은 군조직의 존재 이유와도 같다. 군대는 강력한 전투력을 보유해야 기능하는 조직이기 때문이다. 국민이 자국의 군대에 바라는 바가 강력함이다. 인간이 만든 여러 조직 중 가장 강력한 폭력성을 내재한 조직이 군대이다. 군대를 이루는 구성원들의 개인 내적 부적응과 갈등은 단 한 사람의 부적응으로 끝나지 않는다. 집단적 조직체계 속에서 단 한 명의 구성원으로 인해 커다란 조직이 기능하지 못할 수 있고, 이는 국가의 존폐와도 직결되는 문제이기 때문에 군상담은 개인의 행복이 아니라 조직의 전투력 향상에 기여해야 한다.

4. 군상담 제도

1) 군상담 제도의 필요성

상담은 군대에서 지속적으로 이루어져 왔다. 하지만 그 내용은 상급자에 의한 고충상담에 불과하였다. 상담이 정책적으로 반영되고 확대된 계기는 2005년 육군훈련소 인분사건과 GP 총기난사 사건이다. 2005년 1월 육군훈련소에서 중대장이 훈련병 192명에게 인분을 먹이는 사고가 발생하고, 같은 해 6월 경기도 연천의 한 부대 GP에서 부적응 용사의 총기난사 사건으로 인해 부대원 8명이 사망하는 사고가 발생하였다. 이를 계기로 군은 장병들의 심리적 측면에 관심을 갖게 되고, 이를 위한 정책과 제도를 만들게 된다. 동시에 부적응 용사들에 대한 심리상담 제도를 정책적으로 확대하고, 간부들에게 전문적 상담능력을 교육하기 시작했다. 특히 기존의 병영생활 고충 상담관을 대신한 장병 기본권 전문상담실을 설치하고, 2008년 국방부 주도로 42명의 기본권 전문상담관을 선발, 운용하였다.

그러나 2014년, 군대에서 사회적으로 큰 이슈가 된 사건이 발생하게 된다. 이른바 윤일병 사건으로 알려진 연천 후임병 폭행사건과 동부전선 GOP 총기난사 사건이다. 이 두 사건은 우리 국민들에게 커다란 충격을 안겨주었다. 윤일병 사건은 전형적인 군대 내 부조리인 집단 괴롭힘 사건이다. 같은 생활관 선임병 4명과 초급간부의 가혹행위가 수 개월간 지속적으로 이어졌고, 윤일병은 안타까운 죽음을 맞이하게 된다. 이 사건으로 국민들의 대 군 신뢰도는 크게 악화되었다. 군 입대 반대 여론까지 일자 육군참모총장과 해당 부대 군단장은 사퇴하였고, 사단장도 보직해임 되었다. 그리고 가해자들은 상해치사죄로 무기징역 등 중형이 선고되었다.

계속되는 병영 내 비전투손실로 인한 장병들의 사기저하와 지휘 부담을 해소하기 위해 군에서 가장 치중하는 노력은 민간 전문 상담인력의 도입이다.

2) 병영생활 전문상담관

2005년 병영생활 전문상담관 제도를 도입하여 운영하고 있는 군은 해마다 인원을 충원하고 있다. 연도별 각 군의 병영생활 전문상담관 운영 현황은 **표 3-1**과 같다.

표 3-1 병영생활 전문상담관 운영 현황

구분	2005~2006	2007	2008	2009	2010	2011	2012	2013	2014	2015	2016	2017
계	8	20	42	105	106	95	148	207	246	297	346	383
육군	6	16	30	74	75	65	99	142	172	211	246	271
해군·해병대	2	4	8	19	19	19	25	35	37	45	53	57
공군	0	0	4	12	12	11	17	20	22	25	28	32
국방부 직할	0	0	0	0	0	0	7	10	15	16	19	23

출처 : 2018년 국방통계연보. 국방부

국방부의 2018년 국방통계연보에 따르면 병영생활 전문상담관 제도는 2005년 7월 8명 선발을 시작으로, 2008년에는 육·해·공군 및 해병대 등 각 군에 총 42명(민간경력자 23명, 군 경력자 19명)으로 확충되었고, 2009년에는 총 105명이 운용되었다. 20013년에는 207명으로 대폭 충원되었으며, 2016년 346명, 2017년 383명이 배치되어 임무수행을 하고 있다. 2020년 현재는 549명으로 15년 전 제도의 시작 당시보다 약 70배 이상을 선발·운용하고 있다. 국방부는 2020년 연말까지 대대급 부대에 병영생활 전문상담관을 1명씩 배치할 목적으로 총 660명을 확대할 계획이다. 또한 성고충 전문상담관은 군대 내 성희롱, 성폭력 예방과 피해자 보호, 장병들의 성인지 감수성 향상 임무를 수행한다. 2013년 24명으로 시작한 성고충 전문상담관은 현재 48명이 군의 양성평등에 앞장서고 있다.

이들의 노력으로 2018년 일반 국민 자살률이 26.6명(10만 명 기준)인 반면, 군대 내 자살률은 8.7명으로 3분의 1에 불과하다. 하지만 2020년 국가인권위원회는 군 초급간부의 자살 예방을 위해 병영생활 전문상담관 운영 및 상담 관련 예산 확대 등 예방 조치를 강구하도록 국방부에 권고하였다. 특히 군 초급간부들의 자살이 지속적으로 이루어지고 있다. 인권위의 조사 결과에 따르면, 2015년부터 2019년까지 발생한 군대 내 사망사건 총 421건 중 자살 사건이 280건으로 전체 66.5% 수준이다. 이 중 초급간부(하사, 중사, 소위, 중위)의 자살 사고는 91건으로 조사됐다. 주된 원인은 과중한 업무나 스트레스, 선임·상관의 폭언·폭행 또는 징계절차 진행 중의 신변비관 등이었다.

초급간부는 대부분 20대 중반의 나이로, 용사에 대한 지휘 책임이 있고 상명하복과 업무에 시달리는 이중적 지위이다. 집중적 관심과 돌봄이 필요하면서 동시에 또래 부하들에 대한 관리책임도 지는 것이다. 그러므로 병영생활 전문상담관의 상담자 역할은 용사뿐만 아니라 전 장병, 특히 초급간부들에 대한 상담 지원까지 이루어져야 한다.

병영생활 전문상담관이 되기 위한 조건은 다음과 같다.

순수 상담경력으로는 5년 이상의 상담경험이 있으면 지원할 수 있다. 그 외 학력에 따라 요구되는 경력은 줄어든다. 심리학 등 상담 및 사회복지 학사학위를 소지하고, 3년 이상의 상담경력, 심리학 등 상담 및 사회복지 석사학위를 소지하고, 2년 이상의 상담경력 또는 10년 이상 군 경력(군종장교는 1년 이상)과 상담 관련 자격증을 소지하면 병영생활 전문상담관을 지원할 수 있다.

3) 병영생활 전문상담관의 역할

병영생활 전문상담관의 역할에 대해 김향란(2020)은 다음과 같이 설명하고 있다. 병영생활 전문상담관의 주요 임무는 「군인의 지위 및 복무에 관한 기본법」 제41조 제1항 각 호의 사항으로, 고충을 호소하는 군인 및 장기복무 군인가족에 대한 전문적인 심리 상담과 그 밖에 상담과 관련하여 지휘관이 부여한 업무를 수행한다. 복무부적응을 겪고 있는 장병이 상담실

방문 시 대면상담을 하거나, 기동(출장)상담, 심리검사 및 각종 집단상담 프로그램 등을 실시하고, 상담 역량의 구비가 필요한 간부와 용사들에게 상담 관련 교육을 시행 또는 지도를 해야 한다. 또한 각종 심리검사 및 심리상담 결과에 대해 분석하여 건전한 병영문화 조성을 위해서 제도적 보완사항 등을 건의한다. 그리고 슈퍼바이저로 지정된 상담관은 상담관들의 직무역량 강화, 고충 수렴 및 제도적 발전을 위한 제언 등의 활동이 가능하다. 그밖에 제18조 상담관 임무와 관련하여 운영부대장 또는 직접운영부대장이 부여한 업무를 수행한다.

병영생활 전문상담관은 부적응 장병을 조기에 식별하고 적시적으로 관리하기 위해 다음의 절차를 준수하여야 한다.

첫째, 상담관은 신병교육부대 지휘관으로부터 예측되는 용사의 인성검사결과를 통보받은 후 그 결과를 신병교육기관의 지휘관 및 장병 배치부대의 상담관에게 통보하여야 한다. 둘째, 상담관은 장병 배치부대의 지휘관으로부터 부적응이 예측되는 용사의 자체 인성검사 및 신상파악 결과를 통보받은 경우 인성검사 결과를 분석 및 평가하고 대상 용사에 대한 상담을 실시한 후, 그 결과를 대대급 이상 지휘관에게 제공한다. 셋째, 상담관은 사전에 계획된 일정에 따라 상담을 실시한다. 다만, 위기상담 소요가 발생하였을 경우에는 가능한 범위 내에서 우선적으로 상담할 수 있도록 계획을 조정한다.

「병영생활 전문상담과 운영에 관한 훈령」 제22조에는 상담내용에 대해 비밀보장에 대하여 규정하고 있다. 병영생활 전문상담관은 상담내용에 대해 비밀을 보장하는 것을 원칙으로 하고 있으나, 군의 특수성으로 상담 중 자해, 자살의도, 탈영, 상습구타, 성추행 등과 같은 장병기본권 침해와 복무 부적응 사례를 인지한 경우는 대대급 이상 지휘관에게 보고하여야 한다.

또한 병영생활 전문상담관은 최초 2년 계약 체결 후 매년 평가에 의해

1년 단위 재계약을 하게 되어 있다. 상담관의 복무성과는 근무성적평가(700점), 교육평가(300점) 등의 점수를 계량화하여 종합평가하고, 그 결과는 재계약 등의 심의자료로 활용할 수 있다. 직접운영부대장은 상담관의 근무실적에 대하여 매분기별 근무성적을 평가하고, 분기별 평가결과를 각 군 참모총장 또는 직할부대장에게 보고하여야 하며, 각 군 참모총장 또는 직할부대장은 평가결과를 종합, 서열화하여 채용계약 등의 인사자료로 활용할 수 있다.

이 밖에 운영부대장의 정당한 지시에 불응하거나 직위를 이용하여 포교행위를 한 경우, 병영부조리를 용인하는 발언이나 병영부조리와 관련한 사실을 은폐 또는 불고지 등 부대관리훈령에 위배되는 언행을 한 경우, 지휘권 침해 및 장병 대상 폭언 또는 욕설을 한 경우, 정당한 사유 없이 상담관 미배치 부대의 상담지원 요청에 불응한 경우 등은 징계처분을 받을 수 있다. 특히 업무수행 능률이 현저히 저하되어 불성실 이행자로 판정되거나 근무성적 평가결과 종합평점이 최하위인 '미흡'을 2년 이내 2회 이상 받은 경우, 정당한 사유 없이 월 2회(연간 4회) 이상 무단결근 또는 월 3회(연간 5회) 이상 근무시간을 미준수(지각, 조기퇴근 등)한 경우, 부대원 및 동료상담관과 반복 갈등으로 물의 야기 시 또는 훈령에서 정하는 경우 이외의 민간 상담 관련 학회의 상담윤리규정 위반 등과 같은 상담관의 업무불성실로 계약해지 사유가 발생한 경우, 운영부대장은 각 군 참모총장에게 보고하여 계약해지 심의위원회의 의결을 거쳐 계약을 해지할 수 있다(김향란, 2020).

생각해 봅시다

1. 상담(counseling)과 자문(consulting)의 차이를 생각해 봅시다.
2. 군상담과 일반 상담의 차이에 대해 논의해 봅시다.
3. 군상담의 필요성, 문제점, 해결방안을 생각해 봅시다.
4. 군상담이 가지고 있는 제한사항을 해결할 수 있는 방안을 제시해 봅시다.
5. 이중관계를 해결할 수 있는 방안에 대해 생각해 봅시다.
6. 군에서 상담 내용의 비밀보장이 어려운 점에 대해 생각해 보고, 비밀보장 문제를 해결한 방안에 대해 이야기해 봅시다.
7. 군상담이 전문적으로 이루어지기 위해 군과 사회가 노력해야 할 점을 이야기해 봅시다.
8. 초급간부들이 병영생활 전문상담관에게 도움을 요청해야 할 상황에 대해 이야기해 봅시다.

PART 2

군인마음 이해하기

04
CHAPTER

용사들의 주요 상담영역

우리나라에서 자신의 선택과 상관없이 군에 입대해야 하는 사람들은 지금까지 함께 살아온 부모나 가까운 친구와의 이별, 학교생활이나 직장생활의 중단, 단체생활에서 오는 신체적 자유의 상실, 낯선 상황에 놓이게 되는 두려움 등 다양한 경험을 하게 된다. 이러한 상황에서 개인은 군 생활 적응을 위해 변화에 능동적으로 참여하고 그들이 속한 사회에 수용되고 스스로도 만족할 수 있도록 노력한다(차주환 외, 2010).

그러나 군 생활에 어려움을 경험하는 용사들은 군 입대 전부터 심리적으로 취약성을 드러냈거나 군 입대 후 새로운 환경에 적응하지 못한 경우가 대부분이다. 상담자는 이들을 효과적으로 돕기 위해 내담자가 처한 상황이 어떠하며, 발달과정에서 구체적인 어려움이 무엇인지, 그리고 현재 내담자의 주 호소 문제와 어떻게 연결되는지 등을 충분하게 파악해야 한다. 이를 위해서 상담자는 군 생활 중 나타나게 되는 내담자의 주요 상담 이슈에 대한 전문적인 교육과 슈퍼비전을 병행해야 한다.

이 장에서는 용사들에게 주로 나타나는 대인관계, 우울, 자살·자해 등 정신건강, 중독, 분노조절을 주제로 개념, 원인, 증상, 상담적 개입방안에 관해 살펴보고자 한다.

1. 대인관계

1) 대인관계의 개념 및 유형

대인관계는 사회학분야에서 사회적 상호작용이라는 주제로 연구되어 오다가 1950년 이후 심리학의 새로운 영역으로 연구되기 시작하였다. 대인관계는 개인적, 사회적 적응에 매우 중요한 부분으로 대인관계의 개념에 대한 견해도 이론에 따라 다른 시각으로 설명하고 있다. 형태심리학에서는 타인의 행동에 대한 개인의 지각으로 설명한다. 즉, 개인이 타인에 대해 어떻게 생각하고, 느끼고, 어떤 행동을 하는지와 타인이 어떻게 생각하고 행동하기를 기대하는지, 타인의 행동에 어떻게 반응하는지의 여부를 대인관계라고 정의하였다(Heider, 1964).

상징적 상호주의 학파는 대인관계를 사회적 소산으로, 타인들과 의사소통 과정을 통해 형성된다고 설명한다(James, 1918). 인본주의적 학파는 자신과 타인을 믿을만한 존재로 파악될 때 대인관계가 고양되는 것으로 보고 자기노출을 강조하였고, 효과적인 의사소통을 대인관계의 관건으로 보았다.

신프로이트 학파는 대인관계를 문화적 소산으로 보고, 불안으로부터 도피 혹은 불안을 감소시켜 안전한 상태에 이르는 것을 대인관계의 동기로 본다. 특히 인간은 태어나면서부터 어머니와 대인접촉을 하게 되므로 모자관계가 이후의 대인관계에 중요한 영향을 미친다는 것이다(Leary, 1957). 따라서 부모의 양육태도가 대인관계의 성향을 결정짓는 중요한 요소가 된다.

대인관계모형 또한 다양하게 발달되어 왔다. 그중 키슬러(Kiesler, 1983)의 대인관계원형 모델은 리어리(Leary, 1957)의 연구를 기초로 최근까지 가장 종합적이며 체계적이라고 할 수 있는 연구모형으로 대표적인 8가지 대인관계 유형을 밝혀냈다.

첫째, 지배형(domineering)으로 주도권을 행사하려 하며 남을 지배·조정하고 공격적이다.

둘째, 보복 변명형(vindictive)으로 경계심이 많고 자기 이익에 우선하며 타인을 비난하고 싸움이 잦다.

셋째, 냉정형(cold)으로 타인에 냉정·무관심하며 다른 사람과 융화가 어렵다.

넷째, 사회 회피형(socially avoidance)으로 다른 사람과 어울리기 어렵고 남에게 자신의 감정표현을 잘못하며 혼자 하는 일을 좋아한다.

다섯째, 비주장형(nonassertive)으로 다른 사람의 의견에 잘 따르고 자기주장을 못하며 윗사람 역할이 어렵다.

여섯째, 이용당하는 형(exploitable)으로 다른 사람에게 자기표현을 하는 것이 어렵고, 화를 잘 못 내며 설득당하기 쉽다.

일곱째, 과잉 친절형(overly nurser)으로 타인을 비난하지 못하며 남을 위해 노력하고 타인에게 관대하며 자기희생적이다.

여덟째, 참견형(intrusive)으로 혼자 시간을 보내는 것을 싫어하고 다른 사람 일에 관심이 많아 참견하고 해결해주려 하는 데 책임감을 느끼며 다른 사람의 시선을 끌기 좋아한다.

2) 군생활과 대인관계

군에는 군대문화가 존재한다. 군대문화는 군조직이라는 특수한 사회체계 안에서 조직 구성원이 조직의 생활양식을 통해서 사회화하는 과정으로 군조직 고유의 가치관과 사고방식, 태도, 신념체계 등을 말한다(이상현, 2001). 군은 조직 목적의 절대성 아래 목표달성을 위한 강제력이 정당화되고 계급과 서열이 절대적인 권위를 가지며 통제와 복종을 강요하는 상명하복의 위계질서가 있다. 개인보다 집단의 목표와 이익을 중시하며 단체행동과 일체감을 강요한다.

군조직은 그 특수성으로 인해 다양한 대인관계의 저해요소가 있다. 우선 수직적인 계급구조로 인해 수직적인 명령구조와 지휘계통을 갖게 되고 상급자의 명령과 지시에 의한 임무를 수행하게 된다. 따라서 하급자들의 행동은 수동적이며 상·하급자 간에 수직적이고 일방적인 소통이 원만한 대인관계를 저해한다. 그리고 군 복무에 대한 의무로 인한 불만이 군생활을 수동적인 태도로 변하게 만들며 소극적인 대인관계 성향을 만들 수 있다. 또한 군 복무의 의무성으로 인해 자율성은 제한되고 통제성이 강조되면서 군대에 대한 부정적 생각을 갖게 할 뿐만 아니라 창의적 사고가 제한되고 경직된 분위기가 유지됨에 따라 용사들의 대인관계 또한 경직적일 수밖에 없다(고현종, 2012).

용사는 입대하면서부터 다양한 대인관계를 맺게 되고 그 관계 속에서 군복무가 시작된다. 어쩌면 용사의 주요한 과제는 다양한 사람들과 갈등 없이 친밀하고 협조적인 대인관계를 형성하는 일일 것이다. 그러나 군조직의 대인관계는 매우 복잡해서 대부분의 용사들은 대인관계 문제로 고민하게 된다. 용사의 심리적 갈등과 고통의 대부분은 대인관계 문제에서 파생되는 경우가 많다(허재영, 2010). 이러한 군의 대인관계 문제는 각종 사고의 위험성이 될 수 있고, 군의 궁극적인 목표인 국가방위와 전쟁에서의 승리를 달성함에 있어 걸림돌로 작용할 수 있다(조재문, 2010).

실제로 우리 군에서 대인관계 악화로 인해 사고들이 발생하는 것을 종종 볼 수 있다. 사고 모두 여러 가지 원인이 있었지만 근본적인 원인은 선·후임병과의 관계 악화로 인한 대인관계 문제와 인권 문제였다(고현종, 2012). 또한 군대생활의 가장 큰 갈등요인으로 나타난 것이 대인관계에서의 갈등으로 나타났다(심덕규, 1997).

최근의 연구에 따르면 대인관계 문제가 낮을수록(김주희, 2013), 성격특성의 외향성과 친화성, 개방성과 성실성이 높을수록(김영애, 문승태, 2014) 용사들의 군생활은 적응적이었다. 또한 부대원과의 관계형성이 긍정적일수록(오명자, 박희현, 이주희, 권재환, 2013), 용사들이 지각하는 상관의 공감능력과 친밀도가 좋을수록(최명선, 구남웅, 2008) 적응적이었고, 군생활 적응과 대인관계 능력은 정적인 상관이 있었다(강준기, 2014). 즉, 군 생활 적응은 상호의존하는 대인관계의 연속이라 할 수 있으며 대인관계는 군적응에 매우 중요한 요인이라 할 수 있다.

3) 대인관계 문제의 영역 및 증상

키슬러(Kiesler, 1983)의 대인관계원형 모델에 기반하여 대인관계의 문제영역을 분류해보면 **표 4-1**과 같다.

표 4-1 8가지 대인관계 문제영역

대인관계 문제영역	내 용	예
지배성 (Domineering)	자신의 의견이나 신념을 분명히 밝히는 자신감을 나타내지만, 지나치면 타인의 행동을 통제 및 조종하려 하며 공격성을 표현한다.	나는 다른 사람들을 내 뜻대로 하고 싶어 하는 경향이 강하다.
보복성 (Vindictive)	자신의 독립성을 강조하는 성향으로, 지나치면 타인을 불신하고 의심하며 다른 사람의 필요나 행복을 돌아볼 줄 아는 능력이 부족하다.	나는 다른 사람들을 믿기가 어렵다.
냉담성 (Cold)	애정을 표현하는 데 서투르고 쉽게 친밀감을 느끼지 못하고, 타인과의 관계를 장기적으로 유지하는 것을 어려워하며, 타인과 잘 어울리지 못하고 타인을 용서하는데 너그럽지 못하다.	다른 사람들에게 별로 애정이 느껴지지 않는다.
회피성 (Socially avoidant)	다른 사람들 앞에서 불안해하고 당황해하며, 먼저 감정을 표현한다거나 다가가는 데에 어려움이 있고, 사회적 접촉을 피한다.	나는 집단에서 여러 사람들과 어울리는 것이 어렵다.
비주장성 (Nonassertive)	자신의 주장을 관철시키지 못하고, 자신의 욕구를 타인에게 표현하는 데 어려움이 있으며, 권위적인 역할을	내가 확고한 태도를 취해야 할 때라도 그렇게 행

대인관계 문제영역	내 용	예
	맡는 것을 불편해하고 다른 사람들에게 자신을 효과적으로 이해시키지 못한다.	동하는 것이 어렵다.
피착취성 (Exploitable)	자신의 내적 감정과 분노를 표현하는 데 어려움이 있고 다른 사람에게 쉽게 설득당할 수 있으며, 지나치면 다른 사람들이 자신을 기만하고 이용한다고 믿는다.	나는 다른 사람에게 쉽게 설득당한다.
헌신성 (Overly nurturant)	자신의 이익을 챙기기보다 다른 사람들을 먼저 배려하고 기쁘게 하려고 애쓰는 사람으로, 타인을 잘 믿고 순종적이며 지나치면 자신의 적절한 경계를 설정하지 못한다.	나는 다른 사람들에게 너무 신경을 써서 배려하는 편이다.
간섭성 (Intrusive)	타인에게 많은 관심을 기울이면서 부적절한 자기 노출도 많이 하는 문제를 보이며 혼자 있는 시간을 힘들어하고 다른 사람들과의 관계에서 주목받기를 원하며 참견을 지나치게 많이 한다.	나는 내 문제에 대해 다른 사람들에게 너무 개방적이다.

대인관계는 개인의 발달에 근원이 되며 인간은 대인관계를 통해서 만족과 안정을 찾고(Sullivan, 1953), 한 개인의 삶의 질은 그 사람이 유지하고 있는 대인관계의 질에 의해 좌우된다(Havighurst, 1980). 따라서 원만한 대인관계는 정체감 확립과 건강한 성격 발달은 물론 자아성취감과 행복감으로 이어지지만 대인관계 욕구가 충족되지 않으면 불안과 우울, 소외 등 정신적인 병리로 이어질 수 있다(권석만, 1997). 또한 대인관계의 실패로 불안, 고독감, 불행감을 느끼고 신경증에 시달릴 수 있다(유자경, 2005).

청소년 및 대학생들의 스트레스도 대인관계 문제가 가장 높은 것으로 나타났다(원호택, 박현순, 1999). 대인관계 문제를 겪는 사람들은 다른 사람들이 지켜볼 수 있는 하나 이상의 사회적 행동 수행 상황에서 현저하고 지속적인 두려움을 보이며, 그런 상황에서 창피하거나 당황스러운 행동을 할까 봐 두려워하고 그런 불편함을 조절하기 위해 대인관계를 회피한다. 또한 대인관계 성향에서 수줍음과 불안, 부적절감, 사회적 고립 및 위축, 소극적 비주장적 행동, 불필요한 공격적 행동 등도 보이게 된다(박은경, 1993).

사회적 동물인 인간이 타인과의 원만한 소통의 기회를 얻지 못하게 되면 그로 인하여 만족스럽고 생산적인 대인관계를 발달시키지 못하게 되어, 스스로 좌절하고 고민하게 되며, 그러한 개인의 불만은 단순히 개인적 차원에서 끝나지 않고 사회적인 문제를 야기하게 된다(박지연, 2008).

대인관계는 자살생각을 유발하는 강력한 요인이며 자살생각을 예측하는 것으로 나타났다(Davidson et al., 2009). 대인관계에서 좌절을 경험하면 자살생각 및 비자살적 자해를 할 위험성이 높아지고(임경희, 2019), 대인관계 스트레스가 자살생각을 가져오는 것으로 보고되었다(임지영, 2015). 한편 대인관계에서 외로움을 느끼면 문제성 인터넷 중독에 빠질 위험이 높은 것으로 나타났다(이현승, 2019). 한편 용사 10명 중 1명 이상이 대인관계와 관련된 편집증, 적대감, 신체화, 대인 민감성 등의 정신적 문제를 안고 있는 것으로 나타났다(서현숙, 2015 재인용). 따라서 대인관계 문제는 우울, 불안, 소외, 고립, 위축, 신체화 등의 신경증적 증상과 불필요한 공격과 편집 등의 성격적 문제를 야기하고, 인터넷 중독, 자살생각, 비자살적 자해 등의 심각한 문제로 이어질 가능성이 높다.

4) 대인관계 문제의 원인

대인관계 문제는 긍정적인 대인관계를 형성하거나 유지하는 데 어려움을 겪거나, 부정적인 대인관계를 다루지 못하고 피해자가 되는 현상을 말한다(박경애, 이재규, 권해수, 1998). 즉, 소수 또는 두 사람 사이에 맺어지는 대인관계의 상호작용과정에서 상호만족을 추구하는 관계를 형성하지 못하거나, 그런 관계를 유지하고 발전시켜 나가는 데 필요한 지식이나 기술의 부재, 결함 혹은 왜곡을 의미한다(최임정, 심혜숙, 2009).

대인관계 문제는 인지·행동·정서적 측면에서 나타날 수 있다. 인지적 요소는 대인관계에 대한 왜곡된 지식이나 사고를 말하며, 행동적 요소는 시간, 대상, 상황에 맞지 않는 행동을 하는 경우이며, 정서적 요소는 부적응적인 대인관계 상황에서 느껴지는 정서들을 일컫는다. 이러한 여러 가지 요소들의 상호작용에 의해 대인관계 문제는 형성된다(류진혜, 2002).

인간은 계속적으로 타인과의 관계를 유지하는 것이 기본적인 생존의 욕구이며, 적응적인 욕구의 결과로 타인과의 상호작용에 대한 내적 작동 모델을 발달시키게 된다(Bowlby, 1988). 내적 작동 모델은 애착대상과의 상호작용으로부터 추상화된 자기와 타인의 관계에 의한 일반화된 표상으로 타인과의 관계를 유지하고 예측하도록 하는 기능을 하며, 성인기까지 이어지는 애착의 연속성과 성인기의 심리사회적 기능에 대한 설명을 제공한다.

애착과 대인관계 간의 관계를 밝히고 있는 여러 선행연구 결과들은 대부분 안정 애착유형일수록 대인관계의 다양한 영역에서 보다 기능한다고 밝히고 있다(Kirkpatrick & Davis, 1994). 안정형은 친밀감과 독립성 모든 차원에 대해서 편안하게 느끼며 양자 간의 균형을 추구한다고 볼 수 있다(Bartholomew & Horowitz, 1991). 반면 회피유형은 보다 적대적이고 부정적이며 불신감을 가지고 타인과의 친밀감을 회피하는 것으로 나타났다(Feeny & Noller, 1990). 이들은 대인관계에서 개인적 정보의 노출을 꺼리고(Bartholomew & Horowitz, 1991; Feeny & Noller, 1990), 그들이 맺고 있는 관계에 덜 만족하는 편이다(Kirkpatrick & Davis, 1994).

애착유형에 따른 대인관계에서의 문제점을 살펴보기 위해 8개의 하위영역으로 구성된 표준화된 설문(Bartholomew와 Horowitz, 1991)에 따르면 안정적 애착유형은 대인관계 문제 전 영역에서 문제 수준이 낮은 것으로 나타난 반면, 불안정 애착유형 중 거부형은 보복성, 냉담성, 회피성 영역이 매우 높았으며, 몰두형의 경우 간섭성, 헌신성 영역이 매우 높았으며 지배성과 보복성 영역도 다소 높았다. 두려움형은 회피성, 비주장성, 피착취성 영역이 높은 것으로 나타났다(문혜정, 2004).

한편 대인관계의 유능성 및 자율성, 관계성에 감사성향이 영향을 미치는 것으로 나타났다(송립엽, 2015; 소은희, 신희천, 2011).

5) 대인관계 문제의 개입

대인관계의 좌절은 자살생각이나 자해와 정적 상관이 있으므로 군대 내 대인관계 문제의 적절한 상담적 개입은 궁극적으로는 군대 내 자살위험을 예방할 수 있다. 따라서 상담자는 용사들의 대인관계를 가볍게 보지 않고 적극적으로 개입해야 할 것이다. 이를 위해 용사들의 대인관계 문제 유형과 그 원인을 탐색하고, 대인관계의 어려움이 인지적, 정서적, 행동적 문제로 어떻게 나타나는지 파악해야 할 것이다. 그리고 대인관계는 애착과 매우 관련이 깊기 때문에 양육 과정에서 좌절된 애착경험을 탐색하고 상담자가 충분히 담아주어 안정적인 관계 경험의 대상이 되어주어야 한다. 나아가 왜곡된 인지에 대한 수정을 통하여 정서적, 행동적 문제를 해결해야 한다. 또한 감사성향을 향상시켜 대인관계의 유능성, 자율성, 관계성을 높일 수 있게 도와주어야 할 것이다.

한편 대인관계를 향상시키는 방안으로 집단상담을 고려해 볼 수 있다. 집단상담은 하나의 작은 사회로 대인관계 기술을 실험해 볼 수 있는 장이 될 수 있으므로 집단상담이 대인관계 능력을 향상시키는 좋은 방안이 될 수 있다. 대인관계 능력의 구성요소로 만족감, 의사소통, 신뢰감, 친근감, 민감성, 개방성, 이해성(Schlein & Guerney, 1971; 문선모, 1980; 고현종, 2012; 선명순, 2012 재인용), 관계형성, 대인의사소통, 대인이해(전명순, 2012) 등을 들 수 있는데, 이러한 구성요소를 바탕으로 집단상담 프로그램을 구안 실행할 것을 제안한다.

이 책에서는 대인관계에 관한 개인상담의 실제와 집단상담의 실제에서 직접적인 개입방안을 고민해보고자 한다.

생각해 봅시다

1. 자신의 대인관계 유형은 어디에 해당되는지, 그 원인은 무엇일지 생각해 봅시다.

2. 우울, 자살, 자해

군 복무 중인 용사나 간부들 중에서는 자살생각으로 괴로워하다가 결국 자해나 자살을 시도하는 경우가 있다. 군대의 계급구조와 상명하복의 구조 그리고 집단생활과 통제된 환경은 군 구성원들에게 어려움으로 다가올 수 있다. 물론 **표 4-2**에서 보는 것처럼 일반 국민 자살자에 비해 군 자살자의 수는 훨씬 적은 편이다. 하지만 군대는 유사시 적과 싸워 이기기 위해 존재하는 목적집단이다. 군대 내에서의 자해나 자살은 한 개인의 행위를 넘어서 조직 내 구성원들의 사기저하와 응집력 약화를 초래한다. 또한 국민을 지키기 위해 존재하는 군대가, 국민으로부터 신뢰를 잃는 결과를 가져올 수도 있다. 결국 군의 존재 목적인 강한 군대는 군대 구성원의 자살이나 자해로 무너질 수도 있기 때문에 군조직 내에서의 자살과 자해를 예방하는 것은 매우 중요한 일이다. 그런데 자살과 자해의 중요 원인 중 하나가 우울이다. 따라서 우울, 자살 및 자해의 원인을 알아보고 어떠한 증상으로 나타나는지 그리고 상담적 개입은 어떻게 하는지 알아보도록 한다.

표 4-2 일반 국민 자살자와 군 자살자 비교 현황

단위: 인원(명)

구분	군 자살자		일반 국민 자살자(20~29세)	
	연간	10만 명당	연간	10만 명당
'19년	62	9.7	772	21.6
'18년	56	8.8	767	21.5
'17년	51	8.1	741	20.8
'16년	54	8.2	702	19.2
'15년	57	8.7	709	20.3
'14년	67	10.2	754	21.8
'13년	79	12.2	720	20.9

출처: 국방부 '21년 병영문화혁신팀 통계청 자료

1) 우울, 자살, 자해의 원인

자살과 관련된 행동을 이해하기 위해서는 어느 한 가지 이론만으로 접근하기는 어렵다. 유전적 취약성이 원인이 되기도 하고, 공격성과 충동성과 같은 기질이 원인이 되기도 한다. 심리적인 괴로움이 원인이 되기도 하고, 사회적인 고립, 학대 경험 등 사회적 요인이 원인이 되기도 한다.

20세기부터 자살 원인에 대한 관점은 유전적인 취약성과 연관 지어 설명하는 생물학적 관점, 프로이트의 정신분석을 포함한 심리학적 관점, 뒤르켐이 주장한 사회학적 관점이 큰 흐름이다. 자살을 설명하는 다양한 이론이 있지만, 이 책에서는 이 세 가지 관점으로 원인을 설명하고자 한다.

① 생물학적 관점

자살은 유전적으로 가지고 태어난 취약성과 관련이 있다. 생물학적 관점에서 보면 자살은 뇌에서 작용하는 신경전달물질의 대사에 문제가 있는 것으로 본다. 정신병이나 심한 우울 상태에서는 뇌의 뉴런체계에 변화가

일어나며 도파민, 세로토닌과 같은 신경전달물질의 부족이나 과다분비로 불균형 상태가 될 때 자살충동을 억제하기 어렵다고 한다(심윤기 외, 2020). 우울에 취약한 유전자를 갖고 태어난 사람은 그렇지 않은 사람보다 훨씬 더 자살의 위험이 크다는 것이 여러 연구(Sadock & Sadock, 2003; Kring et al., 2008)에서 밝혀졌다. 이후 연구에서 세로토닌 수준이 낮은 것이 우울증과 관련된 것으로 나타나면서 세로토닌은 우울, 자살, 충동성 간에 관련성이 있는 것으로 확인되었다. 또한 이용구(2005)의 연구에서는 쌍둥이를 연구한 결과 이란성 쌍둥이보다 일란성 쌍둥이에게서 자살행동에 대한 상관이 유의미하게 나타났다. 외국의 연구결과를 보면, 덴마크에서 유전적 취약요인이 있는 일란성 쌍둥이와 유전적 취약요인이 없는 일란성 쌍둥이를 입양한 가족을 찾아 연구한 결과, 유전적 취약요인이 있는 일란성 쌍둥이를 입양한 가족에게서 우울증은 8배, 자살률은 15배 높게 나타났다. 오스트리아에서 실시된 연구에서도 일란성 쌍둥이의 자살위험이 이란성 쌍둥이나 일반 형제들보다 17배 높게 나타났다. 자살의 유전적 요인을 알아본 이홍식 외(2009)의 연구에서 유전적 요인은 자살행동의 43% 정도를 차지하는 것으로 설명한다.

자살 성공자들에게서 세로토닌의 주요 대사산물인 5-HIAA의 수준이 낮았으며, 우울증이나 조현병과 같은 성격장애를 진단받은 경우가 보고되었다(Brown & Goodwin, 1986; van Praag, 1990; Kring et al., 2008). 자살의 원인에 대해서는 그동안 심리적·사회적 원인이 전통적으로 지지를 받아왔으나 21세기에 들어오면서 유전적 요인이 자살의 원인이라는 연구결과가 계속 보고되는 추세이다.

② 심리학적 관점

자살에 관한 대표적인 심리학적 관점은 프로이트의 정신역동 관점이다. 프로이트 이후 정신역동적 관점에서는 자살을 우울의 연장으로 이해한다.

'사랑하는 사람을 잃은 경험은 고통과 분노를 야기하고 사랑하는 이를 계속 자기 곁에 유지하려는 마음이 그와 자신을 동일시하게 만든다. 이러한 동일시의 결과는 자신의 일부로 내재된 사랑하는 이에 대한 죽음이 강한 우울감을 주게 되고, 그가 세상에 없다는 강력한 분노는 자신을 공격하여 자살하게 된다'고 프로이트는 생각했다. 프로이트는 인간이 가지고 있는 자기파괴적인 죽음의 본능인 공격성이 극단적으로 표출된 것이 자살이라는 것이다. 프로이트는 자살행동이 정상인의 심리적인 기제로 보았다.

메닝거는 프로이트가 말한 죽음의 본능이란 관점에서 자살을 구체화하였다. 자기파괴적 행위는 인간의 본성으로 세 가지 심리적 요소를 가진다. 첫째, 자기에 대한 살인, 둘째, 죽임을 당하고 싶다는 기대, 셋째, 죽고 싶다는 바람이 그것이다. 자살은 인간의 기본적 본능 중 하나인 죽음에 대한 열망이 누군가 자신을 죽여주었으면 하는 바람에 영향을 미치고, 자신을 직접 죽이는 자살로 이어진다는 것이다.

인지행동적 관점은 자살행동이 비적응적인 인지, 행동, 감정을 반영하는 잘못된 학습경험에서 기인한 것이라고 보는 것이다. 자살행동은 이미 학습된 부적응적 인지, 행동, 정서적 반응들이 환경적인 스트레스와 만날 때 상호작용을 하면서 일어나게 된다. 처음 접하는 낯선 환경, 집단생활, 상명하복의 체계, 그 안에서의 대인갈등으로부터 오는 스트레스와 같은 생활사건이나 정신과적 증상의 악화는 군 장병들에게 자살위기를 촉발시킬 수 있다. 이런 촉발요인을 인지적으로 처리하는 과정에서 왜곡된 생각이 생겨나며, 인지오류, 자신과 미래에 대한 부정적 예측을 초래하여 자살생각이나 자살계획과 같은 자살행동으로 이어질 수 있다.

③ 사회학적 관점

사회학자인 뒤르켐은 자살을 자기중심적 자살, 이타적 자살, 정신동요적 자살이라는 세 가지 종류로 구분했다.

2) 자살 및 자해의 증상

자살은 '한 사람이 스스로 목숨을 끊었다'라는 말로만 표현되기는 힘들다. 자살은 한 개인의 행위이자 사건이기도 하지만, 다원적이고 복잡하며 예측이 힘든 사회적인 개념이다(이동훈 등, 2013). 자살은 우울이 중요한 위험 요인이며 두 문제의 원인과 행동패턴이 비슷하기 때문에 부대 내에서 우울감을 호소하거나, 우울해 보이는 군 구성원을 발견하면 빠른 상담적 개입을 해야 한다.

자살에 대해 논의하려면 자살뿐 아니라 자살시도와 자살생각까지 포함해야 하며, 후기 청소년기로 볼 수 있는 용사들을 포함하는 군 구성원의 자살행동은 '아동에서 성인으로 변화하는 과정에서 작용하는 생물학적, 심리적, 사회적, 문화적인 힘의 상호작용에서 일어나는 어려움의 결과'로서 자살생각, 자살계획, 자살시도, 자살사망의 네 가지 차원에서 구분한다. 자살의 논의는 한국상담학회 상담학 총서『정신건강과 상담』제5장의 자살행동과 상담 부분을 일부 재인용하였고, 국방부에서 현재 자살예방교육 프로그램으로 활용하고 있는 '보고 듣고 말하기'의 일부를 인용한다.

- 자살생각(suicidal ideation): 죽음에 대한 일반적인 생각으로부터 자살을 하는 수단에 대한 생각까지를 포함
- 자살계획(suicidal plan): 자살생각을 넘어서는 행동적 차원을 포함하지만 자해적 행동에는 이르지 않은 유서 작성, 소지품 정리, 인터넷 등을 통한 자살 관련 정보수집을 포함. 자살의도(suicidal intent)라고도 함
- 자살시도(suicidal attempt): 고의적이고 실제적인 자해 등을 포함
- 자살사망(suicidal completion): 자살실행으로 죽음에 이르는 실제적 자살

군에서 자살생각을 하는 사람이 있다는 것은 그 부대가 병영 내 상담에

서 실패했다고 해도 과언이 아니다. 병영에서 상담이 원활하게 진행된다면 자살생각을 하는 단계까지 넘어가지 않을 수 있기 때문이다. 이것이 바로 간부 및 병영 내 상담관들이 군상담을 잘하고 평소에 공감과 소통이 분위기를 만들어야 하는 이유이다. 부대 내 한 사람이 자살생각을 하게 된다면 자살에 대해 생각하는 시간은 길고, 아직은 위험도가 높지 않다. 하지만 자살계획을 세우기 시작하면 위험도는 더 높아지고 자살시도 단계로 넘어가는 것은 가속화가 된다. 따라서 평소에 군내 구성원들에 대한 전우애로 항상 관심과 사랑을 가지고 그들과 소통해야 한다. 여기서는 자살생각을 하는 군 구성원들이 어떤 모습을 보이는지 그들의 신호에 대해 언어적, 행동적, 상황적 신호로 나누어서 알아보고자 한다.

언어적 신호

▸죽고 싶다는 직접적 표현이나 암시
"차라리 죽었으면 좋겠어.", "정말 죽고 싶어.", "자살하는 사람들의 심정을 알 것 같아.", "모든 걸 포기하고 그만 쉬고 싶어."

▸신체적 불편감 호소
"요즘 계속 잠을 못 자, 입맛도 없고 밥을 먹을 수가 없어.", "나의 이 아픔이 빨리 끝났으면 좋겠어."

▸절망감과 죄책감 표현
"내가 없어지는 것이 훨씬 낫겠어.", "나는 아무짝에도 쓸모없어.", "내가 사라지면 모든 것이 해결될 거야."

▸SNS에 자살을 암시
- 트위터·카카오톡·페이스북 등 프로필 문구에 자살을 암시
- 프로필을 변경한다.

▸감정의 변화
"짜증이 나고 화가 나서 견딜 수 없어.", "모든 게 귀찮고 너무 외로워.", "세상에 나 혼자밖에 없는 것 같아.", "내가 너무 가치 없는 사람 같아."

행동적 신호

▸자살을 준비하는 행동
- 약을 사 모으거나 다른 사람의 자살 방법에 관심을 가짐
- 자살사이트에 가입하거나 자살방법을 검색하고 유서를 작성
- 주변을 정리하고 선물을 나눠줌

▸자해흔적
- 손목이나 목에 상처 등이 보이기 시작함

▸이전에 없는 행동들
- 알코올 사용의 갑작스러운 증가
- 우울과 관련된 증상: 불면, 불안, 슬픔, 의욕저하, 대인관계기피, 감정기복, 의학적으로 설명되지 않는 신체 증상, 분노·불안 등 감정 조절의 어려움

▸외모의 변화
- 지나친 피곤·우울·불안한 표정·외모에 대한 관심 감소
- 식욕과 체중의 변화

▸일상생활 능력의 저하
- 업무수행능력 저하
- 대인관계의 악화 또는 기피
- 집중력 저하

상황적 신호

▸군 생활의 극심한 스트레스
- 복무부적응
- 언어폭력
- 처벌의 두려움
- 장기 및 진급 누락

▸경제적인 어려움
- 빚 독촉 등

▸가정불화
- 잦은 야근이나 훈련, 주말부부로 인한 문제
- 잦은 이사로 인한 어려움(아이들 전학)

▸만성질환, 신체적 장애, 예후가 좋지 않은 질환자

▸인간관계에서 오는 상실감
- 가족이나 사랑하는 사람을 잃은 상실감
- 이성친구와의 이별

이처럼 주변 전우 중에서 언어적, 행동적, 상황적 신호를 보이는 전우를 발견하면 바로 상담적 개입을 해야 한다.

3) 자살의 상담적 개입

자살을 시도하려는 부하에 대한 일반적인 상담적인 개입은 다음과 같다.

- [관계형성과 감정 정화] 자살하려는 심정을 비판 없이 들어주고, 공감해 준다.
- [자살방법 확인] 자살의 방법을 구체적으로 생각해 봤는지 확인한다.
- [결과 통찰] 자살 후 세상에 남아있을, 자신을 아끼는 사람들의 반응을 생각해 보도록 한다.
- [관점 전환] 현재 어려운 상황과 자신의 문제를 제3자적 관점에서 생각해 보도록 한다. 자신의 문제 객관화
- [비합리적, 부정적 사고 교정] 자살하려는 마음에 내포된 비합리적 신념이나 사고 논박을 통해 바꿔준다.

현재 국방부에서는 자살예방을 위하여 '보고 듣고 말하기' 프로그램을 통해 전군에 자살예방교육을 실시하고 있으며, 이를 통해 게이트키퍼를 양성 중이다. '보고 듣고 말하기' 표준프로그램은 동일하지만 프로그램 안

에 삽입된 동영상은 육·해·공 각 군의 특성에 맞게 제작되어 교육받는 대상자들의 공감대 형성과 이해를 돕는다.

보고 듣고 말하기는 상담의 순서이다.

- 보기: 보기 단계는 앞에서 제시한 내담자 식별이다.

언어적, 행동적, 상황적 신호를 보고 자살 우려자를 찾아내는 것이다. 하지만 앞서 설명한 것처럼 전우에 대한 사랑이 없으면 그 신호는 보이지 않을 수도 있다. 유심히 살펴보아 자살우려자가 식별되면 그다음 순서는 듣기이다.

- 듣기: 듣기 단계는 실제 자살생각을 묻고 죽음의 이유와 삶의 이유를 적극적으로 듣는 단계이다.

듣기의 방법은 먼저 자살에 대한 생각을 묻고, 죽으려는 이유를 적극적으로 경청하며, 삶의 이유를 탐색하여 희망을 갖도록 도와준다.

표 4-3 자살생각 묻는 방법

- "자살에 대한 생각을 하고 있습니까?" - "요즘 출근하면 업무에 집중도 못 하고, 표정도 어둡고, 말도 없어지고, 점심도 잘 안 먹고… 정말 많이 힘들어 보여서 걱정이 됩니다. 이렇게 힘들어하는 경우 많은 사람들이 자살을 하기도 한다는데 혹시 지금 자살을 생각하고 있습니까?" - "차라리 죽는 게 낫겠다!라고 생각한 적이 있나요?" - "나만 없어지면 모두 편해질 텐데 하는 생각이 든 적이 있나요?"

"너만 힘든 게 아니야."라든가, '왜 나한테 이런 얘길 하지?'하는 문제의 축소나 회피, 비난이나 비판, 죽음은 나쁜 거라며 화를 내거나 충고하는 말투, 섣부른 해결책의 제시는 도움이 되지 않는 듣기로, 자살이란 부정적 생각을 지니고 있는 내담자에게 오히려 자살을 가속화시킬 수도 있다는 것을 명심해야 한다.

먼저 들을 수 있는 상황을 만들고 적극적 경청의 표현을 하면서 내담자의 말을 들어주는 것이 필요하다. 적극적 경청의 표현을 제시하면 다음과 같다.

표 4-4 적극적 경청 표현

- "많이 힘들었구나! 혹시 자살하겠다는 생각을 갖고 있는 거야?" - "힘들었을 텐데, 내게 말해줘서 고마워." - "언제부터 자살에 대한 생각을 갖고 있었던 거야?" - "그래도 죽지 않고 살아야 할 이유도 있지 않을까?"

자살을 생각하는 사람은 죽음만 생각하는 것이 아니라, 삶과 죽음의 양가감정을 가지고 있다. 즉, '죽고 싶다. 나는 다른 사람들에게 피해만 주고 있고 내가 죽어야 이 상황이 끝난다.'라고 생각하지만 한편으로는 '살고 싶다. 제발 누군가 나를 도와주었으면 좋겠다.'는 생각도 한다는 것이다. 따라서 전우애를 가지고 주변의 전우들을 유심히 관찰한 후 어려움이 식별되면 지살에 대해 생각하는지 직접적으로 물어보는 것이 좋다. 그리고 질문 후에는 적극적 경청으로 양가감정 중 부정적인 감정을 줄일 수 있다. 또한 경청 속에서 자살생각을 하는 전우의 살아야 할 이유를 찾을 수 있다.

- 말하기: 안전점검목록을 확인하고 전문가에게 도움을 의뢰한다. 안전점검목록은, 첫째, 이전 자살시도 유무, 둘째, 정신과 질환의 유무(우울증), 셋째, 알코올 남용 여부 확인, 넷째, 자살방법의 준비 여부와 구체성, 다섯째, 인적 네트워크 및 지지자원의 유무이다.

첫째, 상담자는 먼저 이전에 자살시도를 한 적이 있는지 확인한다. "전에도 자살을 시도한 적이 있나요?"와 같이 질문할 수 있다. 이전에 자살을 시도한 적이 있었다는 것은 심리적으로 어려운 고통에 지속적으로 노출되어 있음을 의미하며, 자살시도를 통해 실패한 경험은 다음 시도 때는 실제 죽음에 이르게 할 수도 있다. 따라서 이전에 자살시도를 한 적이 있다고 한다면 더욱 관심을 가져야 한다.

둘째, 정신과 질환의 유무를 확인해야 하는지, 특히 군대 내에서는 우울증이 자살과 연관이 많다는 연구결과에 따라 우울증의 핵심증상을 알아본다. **표 4-5**와 같이 우울증은 기분 및 인지증상과 신체증상으로 크게 식별할 수 있다. 지속적인 우울감이 2주 이상 지속되면서 흥미나 즐거움이 없어진다. 집중력이 저하되고 문제해결능력이 감소하며 과도한 죄책감이나 절망감을 느낀다. 이와 더불어 식욕과 수면에서 문제를 일으키며 피로함이 지속되고 다양한 신체적인 불편감을 호소한다. 우울증은 반복적으로 기능이 저하된 것을 경험하고 만성적인 기능저하를 느끼게 한다. 따라서 개인의 능력을 발휘하지 못하여 생산성이 저하되고 부대 내의 부적응 문제를 유발하게 하여 심각한 경우 자살까지 이르게 하는 것이다.

표 4-5 우울증의 핵심 증상

기분, 인지 증상	신체 증상
• 지속적인 우울감(2주 이상) • 흥미나 즐거움 소실 • 집중력 저하, 문제해결능력 감소 • 과도한 죄책감, 절망감	• 불면 혹은 과수면 • 식욕 감소 혹은 과식 • 피로, 전신 쇠약 • 다양한 신체적 불편감: 두통, 통증, 소화불량, 심계항진

육군의 야전교범『병영상담』에서는 우울증을 다음과 같이 기술하고 있다. 우울감이 강하게 지속되어 우울한 마음을 떨쳐버릴 수 없는 상태를 의미하며, 주요 증상으로는 좌절감, 죄책감, 고독감, 허무감, 절망감을 동반한다. 지나친 무표정, 무감각한 정서, 분노감정, 짜증, 무의미한 정서, 부정적, 비관적 생각의 증가, 죽음과 자살에 대한 생각, 주의집중 저하, 죽음과

자살에 대한 생각, 주의집중 저하 및 기억력 저하, 결정능력 저하, 수면장애, 신체생리적 변화를 동반하기도 한다.

셋째, 알코올 남용 여부 확인을 한다. 한국자살예방협회의 응급실을 내원한 자살기도자의 자살기도 원인 및 유발요인에 관한 연구에서 살펴보면 자살기도자의 응급실 내원 시 40.4%가 음주상태였다. 자살생각을 하더라도 바로 시도하기는 쉽지 않다. 하지만 알코올 남용을 하게 되면 충동적으로 자살을 시도할 수 있다. 따라서 알코올을 남용한다면 자살을 시도할 가능성이 있으므로 반드시 알코올 남용 여부를 확인해야 한다.

넷째, 자살 방법의 준비 여부와 구체성에 대해 확인한다. "어떤 방법으로 자살할지 생각해 봤나요?", "언제 자살할지도 생각해 봤나요?"라고 질문한다. 만약 자살 방법이 준비되었고, 자살하고자 하는 시간까지 결정했다면 매우 위험한 상황이라 볼 수 있다. '자살하고 싶다' 혹은 '자살해야지'는 막연한 생각이라 볼 수 있다. 하지만 어떠한 방법을 통해 언제 자살해야지를 정해 놨다는 것은 매우 구체적이다. 예를 들어, 오랜만에 만난 친구에게 "언제 밥 한번 먹자."라고 말했다면, 그 친구와 식사를 같이 할 확률은 떨어진다. 어쩌면 인사치레에 불과할지도 모른다. 하지만 "우리 이번 주 금요일 지녁 7시 ○○식당에서 밥 먹자."라고 했다면 그 둘은 특별한 사정이 없는 이상 금요일 저녁 7시에 만날 것이다. 이처럼 자살에 대한 계획도 방법의 준비가 구체적이면 구체적일수록 자신이 정해놓은 방법대로 자살을 실행할 가능성이 높아진다.

다섯째, 인적 네트워크 및 지지자원의 유무이다. 인적 네트워크 및 지지자원이 많을수록 보호요인이 되지만, 주변에 인적 네트워크나 지지자원이 없다면 보다 더 위험에 노출됐다고 볼 수 있다. 인적 자원은 가족, 친구, 군대 내에 있는 동료들이 될 수 있고(김재엽, 성신명, 장건호, 2016), 지지자원으로는 의료 및 행정자원과 지역자원으로 구분할 수 있는데, 의료 및 행정자원은 군 병원, 부대 내 병영생활 상담실, 국방콜센터, 부대 당직실 등이 될 수 있고, 지역자원으로는 정신건강증진센터나 자살예방센터, 지역 종교 단체 등으로 볼 수 있다. 하지만 가장 중요한 인적 네트워크는 자살생각을 하고 있는 발견자를 식별한 자기 자신이 됨을 잊지 말아야 한다.

생각해 봅시다

1. 자살생각을 가진 부대원을 식별하는 방법을 생각해 봅시다.
2. 보고-듣고-말하기 각 단계별로 중요한 사항을 정리해 봅시다.

3. 중독

현재 군은 4차 산업시대에 발맞추어 첨단화 군대로 거듭나기 위한 최선의 노력을 다하고 있다. 또한 훈련에는 최선을 다하지만 훈련 후에는 편하게 휴식할 수 있는 워라밸(Work-life balance)이 있는 병영문화 정착을 위해서도 끊임없이 노력하고 있다. 워라밸의 일환으로 과거에는 불가능했던 평일 일과 이후에 외출이 허용되고, 용사들의 휴대폰 사용도 허용하였다. 이러한 변화는 신세대 장병들의 특성을 고려한 것이며, 현 시대의 변화에 걸맞은 혁신적 군의 변화이다. 하지만 한편으로는 군대 내 미디어 중독과 같은 문제를 야기할 수도 있다. 여기에서는 중독에 대해 알아보고, 중독을 예방하기 위한 상담적 개입을 알아보도록 한다.

중독(Addiction)은 자신의 권리를 남에게 양도하는 'addicene'에서 유래한 것으로, 특정 대상을 탐닉하거나 특정 대상에 몰두한다는 뜻이다. 중독은 충동조절 장애와 물질사용 장애의 두 가지 범주를 포함하고 있어서 의학사전에는 약물에 대해 강한 의존성을 나타내는 상태로, 정신적 의존성과 육체적 의존까지 모두 생긴 상태를 중독이라 정의하고 있다(심윤기 외, 2020). 중독에는 크게 물질 중독과 행위 중독이 있다. 물질 중독은 알코올 중독과 마약류 중독, 니코틴 중독, 카페인 중독 등을 말한다. 그리고 행위 중독은 인터넷 중독, 스마트폰 중독, 도박 중독, 운동 중독 등 다양한 행위에 중독되는 것을 의미한다. 군조직은 일과가 정해져 있고, 약물이나 알코올 중독 등에 빠질 수 있는 환경적 여건을 조성하는 것을 쉽지 않다는 전제하에 행위 중독 중에서도 미디어 중독으로 한정한다. 미디어란 정보를 축적할 수 있는 매체로 여기서는 군에서 접할 수 있는 인터넷과 스마트폰으로 한정한다.

1) 중독의 원인

중독의 원인은 다양하다. 발달 단계에서 특히 청소년기는 중독에 빠지기 쉬운 특성을 갖고 있다. 군에 입대하는 용사들의 경우 후기 청소년기로 이들 역시 중독에 빠지기 쉬운 특성을 지니고 있다. 청소년기의 미디어 중독은 우울증상과 낮은 자존감, 자기통제력 저하 등과 같은 심리적인 요인과 관계가 된다. 또한 중독은 자살이나 부대 내 폭력적 행동 등에도 영향을 미칠 수 있다(이동훈 등, 2013).

중독은 하나의 질병으로 보아야 하며, 중독의 핵심은 자기조절력의 부족이다. 중독자는 개인의 건강이나 사회적인 기능에 장애가 있음에도 중독행위를 조절하지 못하는 경향을 보인다. 중독자의 또 다른 특성 중 하나는 자기문제를 부인하는 방어기제를 주로 사용하며, 자신의 문제를 잘 모르거나 문제를 맞닥뜨리면 그 사실을 잘 받아들이지 못한다.

중독에는 다양한 원인이 있지만 일과 이후나 퇴근 후 등 한정된 시간에만 폰을 사용할 수 있는 군조직의 특성을 고려하여 개인 특성 위주로 기술하도록 한다. 군조직 내에서 미디어 중독에 대해서는 심윤기 외(2020)가 군

조직을 대상으로 연구하여 쓴 군 위기상담의 이해에서 일부 발췌하여 재구성하였다. 미디어 중독에 노출되는 사람은 외로움에 민감한 사람, 외부로 비치는 자신의 이미지에 민감한 사람이다. 충동성이 높으며, 자기조절 수준이 낮을수록 스마트폰 중독률은 더 높은 것으로 보고되고 있다.

① 외로움

외로움이란 한 개인이 사회적 관계나 인간관계가 질적으로나 양적으로 부족할 때 발생하는 불쾌한 감정이다(Peplau & Perlman, 1982). 외로움은 인간이면, 누구나 가지고 있는 보편적인 감정이지만, 외로움의 경험이 지속되면 심리적인 고통이 된다. 특히 군조직의 특성상 내향적 성격을 가진 사람이라면 집단 속에서 외로움을 느낄 가능성이 높기 때문에 스마트폰이나 인터넷 중독에 빠질 가능성이 높다.

② 자기조절력

자기조절력은 충동성과 반대되는 개념이다. 자기통제력이 높은 사람은 현실 속에서 맞이하는 상황에서 자신의 인지, 정서, 행동을 스스로 잘 조절한다. 이를 통해 대인관계를 원활히 지속시키고, 조직 내에서 자신의 효능감을 높여 현실에 충실하게 생활한다. 반면 자기통제력이 낮은 사람은 현실 속에서의 어려움을 조절하지 못한다. 인지적으로 조절하지 못하고 부정정서를 자주 겪으며 공격적 행동으로 표출되거나 자신을 해하는 수동공격으로 나타나기도 한다. 따라서 자기통제력이 낮은 사람은 현실에 부적응을 할 확률이 높고 가상공간에서의 즉각만족에 집착할 확률이 높다. 현실에서 체험하지 못하는 성공경험이나 만족감도 즉각 주어지기 때문에 더욱 미디어에 집착할 수 있다.

③ 충동성

충동성은 행위의 결과를 거의 고려하지 않고, 내적 충동에 의해 갑작스럽게 행동하려는 성향을 의미한다. 따라서 충동성이 높은 사람은 자극에 반응하는 시간이 매우 빠르고, 행동을 통제하는 데 어려움을 겪는다. 또한 미래에 대한 계획을 세우는데도 어려움을 겪는다. 충동성이 높으면 해야 하는 일의 우선순위를 정하지 못하고 자극에 바로 반응하려는 성향 때문에 판단능력이 저하되어 미디어의 유혹에 빠지기 쉽다.

④ 자기감시

자기감시는 사회 적응을 위해 자신을 끊임없이 관찰하고, 자기행동을 조절하며 교정해 나가는 것을 의미한다. 자기감시 경향이 높은 사람은 고의적이고 의식적으로 자신의 행동을 조정하며 자신의 공개적인 모습에 대해 타인의 의견을 얻기 위해 노력한다. 따라서 자기감시 경향이 높은 사람은 자신이 처한 상황에서 요구되는 조건을 충실히 이행하기 위해 노력한다. 그러나 대인관계를 고려하기 때문에 타인에게 잘 보이고자 하는 욕구로 인해 자신의 이미지에 기초한 행동변화를 많이 일으킨다. 반면 자기감시 능력이 낮은 사람은 타인의 반응에 대한 의식이 높지 않기 때문에 자신이 느끼는 그대로 행동한다. 이처럼 자기감시가 높은 사람은 투사되는 자신의 이미지에 민감한 관계로 미디어 중독 위험이 높다.

2) 중독의 증상

중독 증상을 이해하기 위해서 중독 상태를 나타내는 특징과 그것이 가지는 공통 주제를 아는 것이 중요하다. 메이(may, 2007)는 중독된 영역과 그렇지 않은 영역을 다음과 같이 설명했다.

① 내성

내성은 자극이 일정 수준 이상이 되면 익숙해져서 더 큰 만족감을 느끼기 위해 중동행위나 중독 대상을 더 필요로 하는 현상을 의미한다. 현재 내가 갖고 있는 스마트폰 활용 시간이나 인터넷 게임 레벨에 만족하지 못하고 '조금 더 하고 싶다.', '조금 더 인터넷을 하고 싶다.', '게임 레벨을 조금 더 올리고 싶다.'라고 느끼는 주관적인 감정이다. 일정한 양에 익숙해지면 만족감은 사라지고, 더 많은 중독 행위나 대상을 필요로 한다.

② 금단현상

중독된 행동을 중단하면 두 가지 유형의 금단증상이 나타난다. 첫째는 스트레스 반응이다. 금단현상 시 스트레스는 심한 긴장을 느끼거나 불안을 느끼는 일반적인 증상부터, 극도의 공포감을 보이거나 두려움을 보이기도 하며, 심한 경우에는 호흡곤란까지 오는 등 사람마다 매우 다양한 양상을 보인다. 둘째, 유형의 금단 증상은 반동 혹은 역행 반응이다. 자극제의 금단 현상으로 나타나는 무기력증, 우울증, 졸음 등이 그 예라고 할 수 있다.

③ 자기기만

자기기만은 자신의 중독된 행동을 지속하지 못하도록 하고, 중독된 행동을 제어하려는 시도를 없애기 위한 방편 중 하나이다. 자기기만에는 정신분석의 방어기제인 부정, 합리화, 치환 등이 포함되며, 다양한 속임수들이 이에 속한다. 예를 들어, 흡연을 하면 긴장이 해소되어 일에 더 집중을 잘할 수 있고, 대인관계에서도 윤활유 역할을 한다고 주장하는 것이 이에 해당한다.

④ 의지력 상실

의지력 상실은 충동행동을 멈추기 위한 시도의 실패를 의미한다. 의지의 대부분은 중독으로부터 탈출하기를 원하나 또 다른 측면은 중독된 행동을 계속하기를 원하는 양가감정을 가지고 있다. 충동행동이 지속되는 이유는 중독으로부터 해방되기보다는 지속하기를 원하는 마음이 더 강하기 때문이라고 설명한다.

⑤ 주의력 왜곡

주의력 왜곡은 중독물질과 중독행위 외의 다른 일에 대해 주의력이 결핍된 것을 의미한다. 스마트폰 중독자의 경우 온통 개인의 주의력이 스마트폰과 관련된 것에만 쏠려 상대적으로 다른 것들에게는 주의를 기울이지 못하는 특징이 있다.

3) 중독의 상담적 개입

군 입대 전에 인터넷이나 스마트폰 등 미디어에 중독된 경험이 있다면, 군 복무기간이라고 해도 자연스럽게 치료되기는 힘들다. 따라서 중독된 장병을 발견하였다면 병영생활 전문상담관이나 지역 전문기관을 통해 전문적인 상담을 받을 수 있도록 조력해 주는 것이 필요하다. 미디어에 중독된 장병은 자신의 업무 집중을 힘들어 할 수 있으며, 타인과의 관계도 원활하지 못할 수 있다. 이들을 위한 상담적 개입을 알아보겠다. 중독 성향을 보이는 구성원들끼리 병영생활 전문상담관이 집단상담을 하는 방법이 있을 수 있다. 하지만 여기서는 개인상담 위주로 기술하도록 한다. **표 4-6**은 중독의 상담적 개입을 하는 상담자가 일반적으로 중시해야 할 사항이다. 중독의 상담적 개입을 하는 상담자는 일반적으로 **표 4-6**과 같은 사항을 명심하고 '자기지도능력의 향상', '온라인 접속시간 확인', '미디어 과도 사용의 원인 규명'을 해야 한다.

표 4-6 중독의 상담적 개입을 하는 상담자가 일반적으로 중시해야 할 사항

- 온정, 존중, 진실성, 구체성, 공감을 특징으로 하는 도움관계를 확립하기
- 치료 및 회복 과정에 대한 내담자의 개입을 촉진시키기
- 회복 및 회복 유지와 일치되는 방향으로 현실적이고 성취 가능한 목표를 내담자와 함께 수립하기
- 중독행동을 줄이는 데 도움이 되는 내담자의 지식, 기술 및 태도 증진시키기
- 치료 목표를 향해 나아가는데 이득이 되는 내담자의 행동을 격려하고 강화하기
- 치료 목표에 역행하는 모든 행동을 내담자가 인식하고 억제할 수 있도록 내담자와 협력 작업하기
- 회복과 관련된 기본 기술 및 생활 기술의 발달 촉진시키기
- 상담 전략을 내담자의 특성에 맞추기: 성별, 발달 단계, 문화, 연령, 건강상태 등
- 내담자의 행동이 회복 목표와 불일치할 때 건설적으로 치료적 반응하기
- 지속적인 치료 경과와 재발 예방에 필요한 지식, 기술 및 태도를 유지하는 데 도움이 되는 전략들을 내담자가 확인하고 선택하여, 실행하도록 촉진시키기

① 자기지도능력 향상

미디어 중독자들의 상담을 위해서는 무엇보다 군 입대 전과 입대 후의 인터넷 사용시간을 파악하는 것이 중요하다. 인터넷을 과다하게 사용하여 나타났던 상황을 모두 글로 적게 하고 등급을 보여주는 것이 중요하다. 그런 다음 미디어가 중요한지, 미디어로 인해 하지 못한 일이 중요한지를 평가해 보도록 한다. 미디어의 과다한 사용으로 잃어버린 것이 무엇인지, 깊이 생각하도록 하고 조력한다. 자신도 모르는 허비하던 시간이 자기 삶에 부정적 영향을 미칠 것이라 판단하면, 즉시 자기지도능력을 향상시키는 방법을 상담을 통해 숙달시켜 나간다.

② 온라인 접속시간 점검

미디어를 접속하다 보면 자신이 생각한 것보다 훨씬 더 많은 시간 동안 사용하고 있었다는 것을 뒤늦게 알게 된다. 그러므로 미디어를 자유롭게 사용 가능한 간부나 휴가 가는 장병은 인터넷 사용시간을 통제할 필요가 있다. 개인별 컴퓨터에 사용일지 작성 후 준비해 가서 하루 동안 인터넷

사용시간을 작성해 보는 것이 도움이 된다.

③ 미디어 과도 사용의 원인 규명

장병들이 부대생활이 힘들거나, 전우와 대인관계 갈등 등 스트레스나 우울감이 심한 상태인데도 부대 내에 도움을 요청하지 않고 인터넷이나 스마트폰만 바라보고 있다면 스스로 원인을 찾아보게 할 필요가 있다. 외로움은 인터넷을 과다활용하게 한다. 인터넷 사용이 자신에게 필요한 것인지 스스로 물어보고, 기분 전환 혹은 오락용으로 사용하는 것은 아닌지 스스로 인식할 필요가 있다. 만약 스트레스를 풀기 위해 습관적으로 사용한다면, 그것은 인터넷 중독의 일반적 패턴이라는 것을 스스로 깨닫도록 조력하는 것이 필요하다.

생각해 봅시다

1. 인터넷 중독을 갖고 있는 부하를 찾는 방법을 생각해 봅시다.
2. 미디어 중독 증상을 보이는 부하를 상담할 때 어떤 마음가짐을 가져야 할지 생각해 봅시다.

4. 분노조절

1) 분노의 개념

최근 뉴스에서는 분노감정을 적절히 다스리지 못해서 발생하는 각종 범죄사건을 심심치 않게 볼 수 있다. 특히 경찰청에서 발행하는 2019 범죄통계에 따르면 2018년 전체 폭력범죄 34만 6,561건 가운데 '우발적 동기'가

41.2%나 되었다. 또한 우발적 동기에 의한 폭력범죄는 2011년 이후 꾸준히 40% 이상을 유지하는 것으로 나타났다. 이러한 결과는 분노를 어떻게 다루고 표현해야 하는지에 대한 중요한 시사점을 제공한다.

분노(anger)의 사전적 의미는 분개하여 크게 화(노여움)로 표현되는 하나의 감정으로서, 인간이라면 누구나 자연스럽게 느끼게 되는 감정이다. 일반적으로 외부사건에서 촉발된 강한 불쾌감이 특징적으로 나타나는 부정적인 정서경험 상태로 정의된다(조숙, 2013). 그러나 분노를 설명하는 관점은 학자마다 다양하며, 그 관점에 따라 정의도 달라진다.

분노를 생리적인 차원에서 접근한 노바코(Novaco, 1979)는 분노는 스트레스에 대한 생리적인 반응으로 위험한 상황이 닥쳤을 때, 생리적으로 일어나는 신체반응으로, 이때 느끼는 분노는 신체로 하여금 통제감을 유발시켜 상황에 대처하도록 작용한다고 보았다. 또한 스피엘버거(Spielberger, 1980)는 분노는 긴장되고 격분되고 화가 나는 주관적인 느낌과 자율신경계의 활성화에 의하여 나타나는 감정으로 설명하였으며, 크로켄버그(Crockenberg, 1981)는 분노는 스트레스와 좌절에 대한 자연적인 반응으로 위협이나 공격에 대한 자연적인 반응이자 자신을 지키기 위한 감정으로, 그 자체가 선하거나 악한 것은 아니라고 강조하고 있다. 즉, 분노는 공격적인 행동들과 구분되는 개념으로서 스트레스를 유발하는 사건에 대한 정서적인 반응이다.

이러한 분노는 적절한 조절과 건전한 방식으로 표현되어야 하는데, 스피엘버거(Spielberger)와 동료들(1988)은 분노를 지배·관리하는 것을 분노조절이라고 하였다. 또한 분노에 대한 건전한 방식의 표현이란 상대에게 해를 끼치거나 사물에 손상을 주지 않고도 분노로 인한 신체적·심리적 불균형 상태로부터 다시 평안을 회복하고 분노상황에서 자신이 진정으로 원했던 것을 달성하게 하는 반응이다(Alschuler & Alschuler, 1984). 따라서 분노조절은 자신의 분노를 인식하고 관리하여 타인에게 해를 주지 않는 방식으로 표현하는 것이라고 할 수 있다.

2) 분노의 원인

일반적으로 분노가 발생하는 원인은 크게 세 가지로 설명할 수 있다(Izard, 1977). 첫째, 자신이 바라던 것을 심리적으로 좌절당하거나 신체적으로 제지당했을 때, 둘째, 자신 또는 자신에게 중요하다고 생각하는 것에 대해서 평가절하의 공격을 당했을 때, 셋째, 만성적으로 해결되지 않는 강하고 지속적인 스트레스를 경험하게 되었을 때 나타난다. 이외에도 소음과 같은 물리적 자극이나 불유쾌한 상황이 분노유발 자극이 될 수 있다(Berkowitz, 1990).

분노의 원인을 살펴보기 위해서는 학자마다 분노를 설명하는 관점을 이해하는 것이 필요하다. 첫째, 생물학적인 관점에서 분노는 호르몬의 분비에 따른 생리적 반응과 대뇌변연계(limbic system)의 활성화로 인해 나타나는 것으로 설명한다. 먼저 분노와 관련된 대표적인 호르몬은 프로락틴(prolactin)이 있는데, 프로락틴의 수치가 높은 여성을 대상으로 실험한 결과 그렇지 않은 여성보다 적대감 점수가 높은 것으로 나타났으며, 적대감 점수가 높은 여성들에게 프로락틴의 수치를 낮추는 약물을 투여했을 때 명백하게 감소하는 것으로 드러났다(Konner, 1962). 또한 코너(Konner, 1962)는 감옥에 수감 중인 남성 범죄자를 대상으로 한 연구에서 테스토스테론(testosterone)이 높은 범죄자가 그렇지 않은 범죄자에 비해 더 어린 나이에 수감되었음을 밝혀냈다.

다음으로 대뇌변연계는 편도체(amygdala)와 시상하부(hypothalamus)를 포함하며, 분노와 관련되어 있지만 직선적인 관계는 아니다. 즉, 변연계가 곧 분노를 일으키지는 않는다. 이는 편도체 안에 공격적인 행동을 하고 분노를 발작적으로 표현하는 행동이 미리 프로그램화되어 있다고 볼 수 없다.

다시 말하면, 편도체는 외부로부터의 자극이 생명을 위협하는 자극인지, 생명을 유지시키는 자극인지를 인지적 평가를 하는 역할을 하고 이 판단의 결과를 시상하부에 있는 분노 프로그램에 전달하여 행동으로 나타나는 것이다. 따라서 편도체에 들어오는 자극은 우리 정신의 의식적인 부분의 인지적 판단을 거친 이후에 분노반응을 결정한다. 여기서 인지적 판단의 역할이 중요하고 이러한 인지적 판단은 모든 자극은 과거의 기억과 비교되고 반응, 기대, 해석들에 의해 비교하여 조절되는 것이다(민성길, 2003 재인용).

둘째, 정신분석의 관점으로, 분노를 생리적인 유전의 일부로 간주하고 인간의 분노와 공격성을 설명함에 있어 리비도에 강조점을 둔다. 리비도, 즉 분노 에너지가 사회적인 제약에 의해 표현되지 못하고 억제되면 결국 폭력적인 격노로 발전하기 때문에 카타르시스가 억제된 분노의 치료법이라고 하였다(임소영, 2000).

셋째, 사회 학습적 관점을 들 수 있다. 분노는 사회적인 학습의 결과로 생겨나는 감정적인 반응이라고 보는 입장이다. 분노는 다른 사람들의 행동을 관찰하여 학습된 결과로 생겨난다(Fernandez, 1986). 이 관점은 부모와 자녀의 관계에서 아동이 부모의 분노에 대한 반응을 학습함으로써 생겨난다고 보는 입장이다. 이 입장은 분노란 사회적으로 구성된 감정적인 반응이며 사회적인 구성은 가족과 학교 등 주요한 위치에서 영향을 미치는 사람들을 의미하고 있다.

넷째, 인지-정서 상호작용적 관점을 들 수 있다. 분노는 인지적인 생각과 정서와의 상호작용에 의해 생겨나는 현상으로 이해된다(Fiendler & Ecton, 1986). 분노는 인지적인 기대의 좌절로 인한 감정적인 반응의 산물이며 인지적인 기대의 강도에 따라서 분노의 양이 결정된다고 본다. 분노는 인지적인 기대와 관련이 있으며 인지적인 기대가 충족되지 않을 때 생기는 현상으로 보며, 감정적인 반응인 분노는 인지적인 구조의 일차적인 반응으로 인해서 생겨나는 이차적인 산물이라는 것이다. 최근의 학자들은 분노를 인지-행동적인 관점에서 이해(Spielberger, Jacobs & Crane, 1983)하고 있으며, 분노는 인지, 감정뿐 아니라 행동 충동을 포함한 개념으로 이해하고 있다.

리네한(Linehan, 1993)은 분노유발 상황을 다음과 같이 10가지로 제시하고 있다.

① 권력을 잃은 상황
② 지위를 잃은 상황
③ 존경을 잃은 상황
④ 모욕감을 받은 상황
⑤ 자신이 기대한 대로 일이 성취되지 않은 상황
⑥ 신체적 고통을 겪는 상황
⑦ 정서적 고통을 겪는 상황
⑧ 누군가 또는 무언가에 의해서 신체적, 정서적 고통이 수반되는 위협을 받는 상황
⑨ 중요하고 즐거운 활동이 방해받거나 지연되거나 중단되는 상황
⑩ 자신이 원하는 무언가를 얻지 못하는 상황

이와 같이 분노를 유발하는 부정적인 상황이 전개되었을 때, 다음과 같은 단계에 맞춰 분노과정을 탐색하는 것이 도움이 된다. 첫째, 화가 날 때 일단 멈추고 아무것도 하지 않는다(止, stop). 둘째, 현재 어떤 상황인지 내 마음에는 어떠한 변화가 나타나고 있는지 관찰한다(觀, observe). 셋째, 이러한 상황에서 스쳐 지나가는 생각이 무엇인지 탐색한다(思, think). 넷째, 생각의 결과로 느껴지는 감정을 음미한다(感, feel). 다섯째, 이 상황에서 자신에게 적절한 행동이 무엇인지 선택한 후 실천한다(行, behave).

3) 분노의 증상

분노가 일어나는 양상은 너무나 다양하고 복잡하다. 즉, 분노는 외부 사건뿐만 아니라 개인 내적 심리적 불편감이나 기억에 의해서도 유발되며, 분노를 경험하는 동안 사람들은 신체적(생리적), 인지적, 정서적 반응을 경험하게 된다.

(1) 신체적 반응

분노에 대한 생리적인 이론들을 살펴보면, 분노의 원인이 유전인자의 구조, 두뇌질환, 프로락틴이나 테스토스테론과 같은 다양한 호르몬으로 인해 생리적 반응과 신체적 변화가 일어난다. 또한 디펜바처와 멕케이(Deffenbacher & Mckay, 2000)는 분노를 초래할 수 있는 생리적, 신체적 반응으로 심장 박동의 증가, 속이 거북해짐, 소화가 잘 안 됨, 두통, 어지러움, 손에 땀이 남, 입술이나 손, 몸이 떨림, 얼굴이 붉어짐, 어깨가 뻐근해짐, 입을 꽉 다물게 됨, 얼굴 표정이 굳음, 목소리가 커짐 등이 나타나는 것으로 설명하였다. 고도의 긴장된 상황에서 우리의 몸은 행동을 촉진하게끔 반응하며 때로는 강한 신체적 힘을 동반하게 된다. 그러나 긴장을 주는 상황이 끝나면 우리의 몸은 다시 정상적으로 기능할 수 있는 상태로 돌아간다. 즉, 우리의 몸은 어떠한 스트레스를 경험하였든 간에 자동적인 신체반응을 보이며, 스트레스에 의한 손상을 막기 위해 뇌와 몸은 상호작용하는데, 뇌에서는 디-스트레스(계속된 스트레스 경험으로 인한 심리적 고통)에 대응하기 위해 화학적인 호르몬이 계속 발생하게 되고, 몸에서는 끊임없는 긴장을 유지하게 된다.

(2) 인지적 반응

인지는 분노가 발생하는 과정이나 분노를 경험하는 동안 반드시 수반되는 경험으로, 인지적 관점에서의 이론들은 개인의 분노 유발상황에 대한 인지적 평가와 해석과정을 강조한다(Beck, 2000). 분노를 경험할 때 사람들이 보이는 인지적 반응은 다음과 같다.

① 상대의 행동은 잘못되었다. 부당하다.
② 날 화나게 한 사람은 비난받아 마땅하다.
③ 나의 분노는 정당하고 적절하다.
④ 상대가 의도적으로 그렇게 행동했다.
⑤ 분노를 일으켰다고 생각하는 대상에 대한 저주나 보복과 관련된 장면을 상상하거나 이와 관련된 생각에 몰두한다.
⑥ 분노를 일으킨 사건에 대해 반복적으로 생각한다.

(3) 정서적 반응

고혈압과 동맥질환과 같은 분노의 생리학적인 영향을 아주 분명하게 드러나지만, 정서의 영향은 매우 복잡하다. 분노를 경험할 때 사람들은 대인관계에서 어려움을 많이 느끼고, 외로움이나 소외감을 더 많이 지각한다. 정서는 높은 주의력과 정서적으로 연관된 사건들에 관한 보다 정확한 부호화 처리과정을 통해 기억과정에 영향을 미친다. 디펜바처(Deffenbacher, 1992)는 분노를 가지고 있는 사람들은 직장이나 학교생활을 하는 데 있어 심각한 혼란으로 인해 고통을 받으며, 분노의 정도가 높을수록 더 많은 양의 술을 마시고 그 횟수도 잦은 것으로 나타났다. 따라서 분노를 지니고 있는 사람들은 아무에게도 가까이하려 하지 않으며, 그렇게 함으로써 적대감을 덜 느끼는 동료보다 더 적은 지지와 심한 고독감, 외로움을 경험하게 되는 것이다.

4) 분노조절

분노는 크게 두 가지 과정을 거쳐 나타난다(McKay & Rogers, 2000). 먼저 신체적·심리적인 고통을 경험하면서 시작된다. 구체적으로 복통이나 피로, 거절받은 느낌 혹은 상실감 같은 것들이 여기에 해당된다. 고통은 일반적으로 자신의 욕구를 좌절시키거나 안전을 위협당할 때 경험한다.

두 번째로 분노반응을 구성하는 것은 촉발사고들이다. 해석, 가정 그리고 자신이 배신감을 느끼게 하고 고의적으로 타인에 의해 해를 입는다고 느끼도록 하는 상황에 대한 평가 등이 이에 해당된다. 촉발사고는 자신이 받아왔던 고통스러운 경험에 대해 다른 사람들을 비난하거나 그들의 탓으로 돌리는 생각을 말한다.

그리고 이러한 두 가지 과정은 서로 관련되어 있다. 예를 들어, 신체적·심리적 고통은 분노를 부추기는 연료와 같고, 촉발사고는 성냥과 같이 불을 붙이는 방아쇠(trigger)의 역할을 한다. 분노폭발은 이 중 한 가지만으로는 일어나지 않는다. 즉, 고통 그 자체는 분노를 부추기지는 않으므로 고통이 없는 촉발사고는 불씨 없는 성냥개비와 같다. 따라서 분노가 폭발되기 위한 공식이 성립되기 위해서는 고통에 촉발사고가 더해져야 한다. 그리고 일단 화가 나면 촉발사고는 분노를 더욱 악화시킨다. 대표적인 촉발사고로는 상대방의 행위가 고의성이 있으며, 잘못된 행동이고, 이로 인해 자신은 피해를 입었다는 사고들이다. 이러한 촉발사고는 분노를 한층 더 높은 수준으로 끌어올리며 자신과 타인에게 해로운 말과 행동을 하게 된다.

이러한 분노 폭발과정의 심리적 원리를 고려하여 적절한 휴식, 긴장이완방법, 호흡법 등을 사용하여 신체적·심리적 고통을 덜어주는 방법과 분노폭발의 방아쇠 역할을 하는 촉발사고를 탐색하고 이를 대체하도록 사고를 수정하는 것이 필요하다. 대표적인 방법인 복식호흡법, 점진적 긴장이

완법, 촉발사고 다루기, 문제해결을 위한 의사소통법에 대해 살펴보면 다음과 같다.

(1) 복식호흡법

① 천천히 숨을 깊이 들이마시고 내쉬면서 혈압과 심장 박동수를 안정시켜 주는 복식호흡을 통해 신체적 긴장을 이완하고 심리적인 안정을 찾는다.

② 숨을 들이마시면서 숫자를 다섯까지 세고, 3초간 숨을 멈췄다가 다시 길게 5초간 숨을 내뱉는다. 이때 한 손은 배 위에, 다른 손은 가슴 위에 올려서 가슴은 가만히 있되 배가 불룩해졌다가 홀쭉해지는 것을 확인한다.

③ 여러 번 반복하여 긴장 상황에서도 즉시 활용할 수 있도록 하며, 평화롭고 행복했던 장면이나 추억을 심상으로 떠올리며 적용하면 더 효과적으로 호흡법을 연습할 수 있다.

(2) 점진적인 긴장이완법

① 시작 전에 가장 밑바닥에서 편안한 사세로 앉아 긴장을 이완시킬 준비를 한다.

② 신발은 벗고, 의복은 느슨하고 편안하게 유지한다.

③ 발끝을 몸에서 반대 방향으로 뾰쪽하게 한 다음 발목에서 느껴지는 팽팽함을 느껴보는 것으로 시작한다.

④ 다음으로 발가락 끝을 머리를 향해 뾰쪽하게 하고 종아리의 근육을 팽팽하게 힘을 준다.

⑤ 다리를 바닥에 대고 숨을 크게 들여 마신 후 긴장을 푼다.

⑥ 이 과정에서 근육의 긴장은 서서히 풀어주기보다는 한 번에 확실히

풀어야 한다.

⑦ 긴장했을 때의 느낌과 이완되었을 때의 느낌을 비교한다.

⑧ 긴장했을 때에는 7초간 유지했다가 15초간 풀어 이완을 반복한다.

⑨ 위 과정을 근육의 부위별로 반복한다.

(3) 촉발사고 다루기

일반적으로 촉발사고의 기본요소는 크게 3가지로 설명한다. 첫째, 자신이 해를 입었고 희생당했다는 인식(피해의식), 둘째, 감정을 유발시키는 사람이 자신에게 고의적으로 해를 입혔다는 신념(고의적 행동), 셋째, 감정을 유발시키는 사람이 잘못해서 나에게 해가 되었고, 그 사람이 다르게 행동했어야만 한다는 신념(잘못된 것)으로 정리할 수 있다(McKay & Rogers, 2000). 분노조절을 위해 촉발사고를 다루기 위해서는 다음과 같은 대처사고를 활용하는 것이 필요하다.

① 탓하기: 상대방이 나에게 정말 관심이 있었다면, 나한테도 알려주었을 텐데.

→ 나는 상대방의 행동이 마음에 들지 않지만, 그 사람도 그저 자신을 스스로 돌보기 위하여 애쓴 것이라는 것을 안다.

→ 남을 탓하면 결국 내가 무력해진다는 것을 안다. 그렇다면 내가 상황을 바꾸고 더 기분 좋게 만들기 위하여 할 수 있는 일은 무엇일까?

② 확대하기: 이건 상상할 수 없는 최악의 상황이다. 나는 완전히 끝났어. 다시는 사람들에게 얼굴을 들고 다닐 수 없을 거야.

→ 그래, 지금의 상황은 나를 좌절하게 만들지만, 세상이 끝난 것은 아니야.

→ 정말 이건 뒤죽박죽 상황이야. 하지만 난 내가 할 수 있는 최선을

다할 거야.

③ 요구하기: 상대방은 그런 식으로 하면 안 된다. 그것은 명백한 잘못이다.

→ 현재 상황은 실망스럽다. 달랐더라면 좋겠지만, 난 괜찮아질 거야.

→ 이러한 일은 일어나지 말았어야 했어. 난 그들이 하고 있는 것이 마음에 들지 않아. 그러나 난 이 상황을 받아들일 거야.

(4) 문제해결을 위한 의사소통

분노상황에서 최선의 대처방식은 감정적으로 격하지 않는 단어를 사용하여 적절한 방법으로 원하는 것을 표현하고, 대안책을 마련하여 타협안을 제안하는 것이다, 이를 위해서는 수동적이거나 공격적인 방식이 아닌 문제해결 대처방식을 사용하여 대처하는 것이 필요하다. 이러한 문제해결 대처방식으로 대표적인 의사소통 방식은 나 전달법(I-Message)이 있다. 나 전달법은 상대에게 나의 생각과 감정을 전달하기 위해 '나'를 주어로 사용해서 표현하는 방식으로 3가지 절차를 따른다. 첫째는 문제가 되는 상대의 행동을 구체적으로 사실만을 말한다. 이때 상대의 행동에 대해 어떠한 판단이나 평가를 하지 않아야 한다. 둘째, 상대의 행동으로 인해 자신이 받은 영향(생각, 감정, 행동 등)을 구체적으로 말한다. 특히 감정에 초점을 맞춰서 솔직하게 이야기하는 것이 필요한데, 이를 통해 상대방이 자신의 행동으로 인해 다른 사람들에게 어떤 영향을 끼쳤는지 깨달을 수 있게 하는 것이 중요하다. 셋째, 구체적이며, 적절한 요구를 말한다. 이를 통해 상대 행동의 정당한 변화를 요구하는 것이다. 이는 상대의 가치나 태도까지의 변화를 의미하지는 않는다. 예를 들어, 남편이 직장생활에 너무 바빠서 가족과의 시간을 보내기 어려운 경우에 나 전달법을 사용한다면 다음과 같다.

"당신은 직장에서 일주일에 3번 이상 야근을 하고 주말에는 계속 자고 있어(사실). 이러한 반복되는 생활로 나는 육아와 살림을 하느라 힘들고 외

롭기도 해(감정). 이번 주말에는 캠핑을 가서 가족과 즐거운 시간을 보냈으면 좋겠어(요구).”

종합해보면 다양한 상황에서 자신이 경험하게 되는 분노상황을 감정을 슬기롭게 대처하기 위해서는 앞서 살펴본 호흡법, 긴장이완법, 촉발사고 다루기, 문제해결을 위한 의사소통법을 상황에 맞게 연습하고 반복하면서 숙달시키는 것이 중요하다.

생각해 봅시다

1. 최근 분노를 경험한 상황에 대해 5가지를 적어봅시다.
2. 분노 폭발이 일어날 때의 심리학적인 2가지 과정에 대해 생각해 보고, 자신에게 적절한 대처 방법에 대해 이야기해 봅시다.
3. 군에서 분노대처가 필요한 상황에 대해 논의하고, 적절한 대응 방안에 대해 이야기해 봅시다.

05 CHAPTER 군간부 주요 상담영역

군조직은 간부 중심의 관리조직이다. 군조직의 모든 정책과 의사결정을 좌우하고, 이를 움직이는 간부들은 여러 가지 직무 스트레스를 경험하고 있다. 군 간부들을 상담할 때 고려해야 할 몇 가지 주요 주제에 대해 알아보자.

1. 보직이동에 따른 전출입 이사 스트레스

보직이동에 따른 전출입 이사 스트레스는 군 간부들에게서 주로 나타난다. 특히 장교들은 잦은 보직이동을 경험해야 한다. 차후 보직이 다음 계급 진급에 결정적 영향을 미치기 때문에 주요한 경력을 쌓는 것이 자신의 경력 관리에 매우 중요하다. 따라서 장교들과 그 가족들은 잦은 이사를 경험해야 한다. 30년 군 생활을 하면 30회 이상의 이사를 경험한다는 말은 과장된 말이 아닌 사실이다. 실제로 군인 가족들은 적어도 1~2년에 한 번꼴로 이사를 해야 하기 때문에 자녀양육과 교육, 가정생활 전반에 대한 과도한 역할을 도맡아야 한다. 이에 따라 여러 가지 심리적 문제점을 호소하게 된다. 특히 우리나라처럼 자녀 교육열이 높은 국가에서 장교들의 자녀교육에 대한 욕구좌절은 군 직업에 대한 매력도를 떨어뜨리는 결과를 초래한다.

1) 장교들이 느끼는 이사 및 전출입 스트레스

(1) 부족한 이동일

장교들은 전출명령이 나자마자 며칠 만에 바로 부대를 이동해야 한다. 이동을 위해 개인에게 주어지는 시간은 통상 길어야 1주일, 빠르면 하루 만에 이루어지기도 한다. 부대 전출입에 시간적 여유가 촉박하기 때문에 이사를 준비할 겨를이 없다. 동시에 자신이 맡고 있던 임무를 마무리해야 하며, 다음 근무자에게 인계를 해주어야 하는 등의 공적 업무가 많아진다. 이사준비와 업무 마무리, 새로운 곳에서 업무 적응 등 공적, 사적으로 과도한 일이 공유한다. 이 과정은 매우 큰 직무 스트레스를 유발한다.

(2) 부수적 이사비용

보직 이동에 따른 이사를 하게 되면 군에서 이사 거리에 따른 이동비(이사비)를 제공해 준다. 하지만 거리에 따른 이사비도 너무 보수적으로 적용되어 현실성이 떨어지고, 특히 이사비 이외의 부수적 손실 비용에 대해서는 개인이 감수해야 한다. 부수적 이사비용의 예로, 입주 청소비, 에어컨 이전 설치비, 정수기 및 비대 설치비, 인터넷과 TV 설치비용 등은 개인이 감당해야 한다. 이사를 하는 것은 정신적 스트레스를 크게 유발하는 요인이다. 이와 더불어 경제적 손실까지 감당해야 하므로 터무니없는 이사비용 지원은 군 간부들에게 큰 박탈감을 유발한다.

(3) 가족들과 헤어짐

앞서 제시한 것처럼 촉박한 이동은 가족들과 별거하는 것을 결정하게 되는 강력한 계기로 작용한다. 부대에서 제공하는 숙소(관사 등)는 전출명령이 나와야 신청이 가능한데, 명령이 나올 때까지 기다린다고 해서 반드시 전입 부대에 공가(비어있는 숙소)가 나를 기다리고 있지 않다. 가족들은 최소 몇 달은 더 기다려야 이사할 집이 나오게 된다. 미혼 간부라면 임시적인 숙소를 받아 숙소가 나올 때까지 기다리면 되지만, 기혼간부들에게는 해결하기 어려운 문제이다. 또한 새로운 부대에 적응하는 것도 어려운 문제지만, 새로운 환경에서 인간관계를 맺어야 하는 것은 매우 어려운 일이다.

2) 군인 가족들이 느끼는 이사 및 전출입 스트레스

(1) 새로운 지역에 대한 불안함

군 가족들은 기존에 살던 곳에서 적응하면서, 주변의 친절하고 유능한 병원, 자녀들을 잘 가르쳐주던 학교와 학원, 저렴한 단골 마트, 익숙한 도로 등 심리적 마인드맵을 지니고 있다가, 갑자기 알아볼 겨를도 없이 새로운 곳으로 이사를 준비해야 한다. 정확한 주소도 없어 얼렁뚱땅 대략적인 지역만으로 새로운 환경의 정보를 찾아야 한다. 이삿날이 임박해야 정확한 주소가 나오는 일이 많아서 준비가 더뎌지고, 불안함을 가지고 이사를 진행해야 한다. 특히 군 관사는 일반 인터넷 지도에 명확하게 나타나지 않아서 부대 주소를 기준으로 대략적 판단을 할 수밖에 없다.

(2) 이사 대기

전출명령이 있어서 바로 이동하는 군 간부들과는 달리 가족들은 전입 대상 부대의 관사에 공가가 있어야 이사를 할 수 있다. 즉, 군 관사의 부족

문제이다. 가족들은 최소 몇 달은 더 지나야 이사가 가능하다. 이렇게 시간이 지나는 동안 자녀의 유치원과 학교 전학 등의 수속을 밟기 힘들어진다.

(3) 부대마다 상이한 숙소 규격

같은 크기의 관사라 하더라도 부대마다 다른 디자인으로 지어졌기 때문에, 이사를 할 때마다 가지고 있는 가구를 폐기해야 하는 경우가 빈번히 발생한다. 보일러 작동법이나 관리소의 유무 같은 사소한 부분도 달라서 변화에 적응해야 한다. 1~2년에 한 번씩 이사하는 집의 구조가 제각각이라 소파, 침대, 장롱 등의 가구를 사고 버리기 일쑤며, 방을 창고로 쓰는 일이 허다하다. 수동적 삶을 살아야 하는 고충이 크다.

(4) 부대마다 다른 가족 분위기

군대는 엄격한 계급사회이기 때문에 군인 본인을 제외한 가족들에게도 보이지 않는 계급의식이 존재한다. 어떤 곳에서는 나이 어린 사모님이 있고, 어딘가에는 나이 많은 연장자가 나를 높이기도 한다. 개인 간에도 차이가 있지만, 부대별로도 그 분위기의 차이가 매우 다르다. 이러한 분위기에 적응하기 위해 가족들도 눈치를 보게 되고, 말과 행동을 조심하게 된다. 이러한 부담감을 떨치기 위해 부대 내 가족들과 심리 사회적 거리를 두게 되면 본의 아니게 외로운 삶을 경험하게 된다.

군인에게 이사에 따른 문제는 복지 차원으로 접근하기보다는 전력화 사업으로 접근하여 제도를 개선해야 할 필요가 있다. 군인의 삶에 관한 문제는 개인적 차원이 아니라 국가적 차원에서 접근해야 하기 때문이다. 특히 군인의 가족들이 경험하는 부정적 스트레스를 효과적으로 관리할 수 있는 전문적 상담 프로그램이 개발되고 도입되어야 한다.

2. 파병에 따른 스트레스

해외파병 부대는 작전지역의 특성과 부대 구조 등 여러 가지 측면에서 일반적인 군조직과는 다른 특성을 지닌다.

1) 지리·기후적 부적응

최근 우리나라의 주요 파병지역은 레바논, 남수단, 소말리아 등으로 부대 파병이 이루어지며, 개인 파병은 인도, 파키스탄, 이집트, 아프리카 등 전 세계 여러 분쟁지역으로 이루어지고 있다. 대부분 분쟁지역이 사막과 정글, 고지대 등의 산악지형이며, 국가기반시설이 부족하여 도로, 통신시설, 주거시설 제한 등의 많은 어려움 속에서 근무하고 있다. 특히 영상 40도가 넘는 고온다습한 기후환경과 모기 등 해충의 영향은 각종 풍토병에 노출되게 하고, 일상적 기능을 떨어뜨려 매우 큰 스트레스 요인으로 작용한다.

2) 준 전장환경 속 심리적 장애

빈번히 경험하는 군사적 위협(폭탄테러, 미사일 공격 등), 집중적인 자연재해, 낙후된 위생상태, 제한된 언어소통 등은 교감신경계를 극적으로 활성화시켜 신경을 예민하게 발달시키고, 불면증을 불러일으킨다. 이렇게 준 전장환경 속에 장시간 노출되어 불안장애와 공황 등 심리적 장애를 유발한다. 특히 개인 파병일 경우 외국어가 능통하더라도 자신의 심리적 답답함을 자국어로 시원하게 토로할 대상이 없어 그 증상을 악화시킨다.

3) 인간관계의 악화

파병 준비를 위해 전국 각 부대에서 모인 장병들은 집결 초기에는 매우 예의 바르고 친절하지만, 파병지에 도착하여 위험하고 부적응적 환경에 노출되면 점차 이기적이고 자기방어적으로 변화한다. 이렇게 심리적으로 변질된 부대원들은 응집력이 약해지면서 여러 심리적 갈등을 경험하게 된다. 자신만 위험한 임무를 수행하는 것처럼 느껴지고 기회나 혜택의 불균형을 주관적으로 느끼게 되어 서로 간의 오해가 커진다. 특히 지휘관의 리더십이 일부 특정 계층과 인원에게 편향되어 있을 때, 부대원들의 갈등은 더욱 커진다.

염규현(2015)의 연구에 따르면 임무 유형에 따라 전투임무를 수행하는 장병이 비전투임무를 수행하는 장병에 비해 직무 스트레스가 높으며, 지역 유형 면에서는 그 나라의 정국이 불안정하고 치안이 확보되지 않는 지역에 파병된 장병의 직무스트레스 수준이 상대적으로 더 높게 나타났다. 또한 파병 유형면에서도 분쟁국가에서 정전감시 임무를 수행하는 장병들이 재건사업 임무 등을 수행하는 장병에 비해 스트레스 수준이 더욱 높았다.

3. 진급경쟁에 따른 스트레스

진급이란 하위직위에서 상위직위로 수직적 인사이동을 하는 것을 의미한다. 개인이나 조직의 인사관리에 있어 진급은 그 의미가 매우 크다. 신분적 측면에서는 개인의 권한과 책임이 확장되는 의미가 있고, 경제적 측면으로는 보수가 증가하는 의미가 있다. 군에서 진급은 개인의 능력 발전을 도모하고, 성공에 대한 기대와 사기를 충족시키며, 우수한 인적자원 및 능력을 효율적으로 이용하기 위한 것으로서 추천 및 선발 등 모든 과정에서 공정성을 기하여 개인의 부대 근무에 대한 헌신적 노력의 결과가 나타나도록 해야 한다(육군본부, 야전교범 「인사업무」).

1) 진급의 기능

첫째, 사회적 위신과 명예가 높아지며 미래지향적인 자아실현의 욕구를 충족시키는 동시에 여러 가지 환경조건의 개선이 이루어진다. 직접적으로는 보수의 증액을 수반하게 되어 개인의 사기를 앙양시키는 요인으로 작용한다. 둘째, 진급의 기회를 보장해 장래성 있는 젊은 사람들을 군조직으로 유인하고, 경쟁력을 향상시켜 더욱 유능한 인재를 장교로 선발, 군 간부 정예화에 이바지한다.

2) 진급의 역기능

첫째, 과도한 경쟁에 따라 진급에 유리한 보직을 갖기 위해 인사 청탁을 하는 등 직무 본연의 임무보다는 보직 자체에 의미를 부여하게 된다. 둘째, 부하가 진급에 갖는 관심의 크기는 상관에 대한 복종과 비례한다. 만약 상관의 명령과 지시가 불합리한 경우에 부하는 상당한 심리적 갈등을 겪게 된다. 셋째, 진급 선발과정은 비공개로 진행된다. 대상자의 소속부대 추천 심의뿐만 아니라 지휘관의 추천서열, 각군 본부 심사와 발표까지 모두 비공개로 진행된다. 그래서 각 대상자들이 예상했던 바와 그 결과가 상이할 경우, 추천심의위원들과 지휘관에 대한 신뢰도는 떨어져서 부대의 단결을 저해할 수도 있다.

3) 진급 스트레스

자신의 노력 여부와 상관없이 전역을 해야 하는 '계급 정년제도'로 인한 스트레스는 매우 크다. 진급과 관련된 스트레스로 인한 각종 부적응적 사고는 군조직 관리 효율성을 저해시킨다.

군 진급제도의 가장 큰 문제점은 군인들이 진급 시스템에 길든다는 것이다. 개인적 역량의 평가보다는 어떠한 제대에서 어떤 직책을 했는지의 차이가 가장 두드러지며, 피라미드 구조의 계급 사회에서의 기회 불균형은 구성원들의 불만으로 작용한다. 사회적으로 인정받는 전문성을 갖추고 있더라도, 군 내부적 평가와 보상 시스템 안에서 충분히 반영되지 않으면 진급하기 어렵게 된다. 즉, 군 간부들은 진급에 유리한 중요한 보직에 가기 위해 노력하고, 다른 동료들과의 평정 구도를 계산하고 예측해야 하며, 지휘관에게 좋은 평가를 받기 위해 과잉 충성을 하게 된다. 결국 이러한 평가 시스템은 국가 안보를 수호하는 군인으로서 진가를 확인하는데 제한되고, 평상시 사고 예방에 중점을 둔 부대 운영을 장려하는 분위기를 조성한다.

4) 진급이 안 되었을 때 주관적으로 느껴지는 것

우선 상대적 박탈감이다. 진급이 된 동료에 비해 자신이 더욱 유능하다고 느낄수록 그 박탈감은 크며, 조직에 대한 배신감과 불공정성으로 느껴진다.

둘째, 가족들에게 가장 미안함을 느끼게 된다. 자신만을 바라보며 어려운 환경을 감내하고 살아가는 가족들을 볼 면목이 없게 된다. 특히 해당 계급에서 다시는 진급 기회가 없어서 전역을 고려해야 할 경우, 사회에서 제2의 직업을 찾아야 한다는 중압감에서 극심한 스트레스를 경험한다.

셋째, 주변 사람들로부터 진급을 한 경쟁 동료보다 무능하게 보일 것이라고 생각되면서 창피함을 느끼게 된다. 특히 부하들에게 유능한 지휘관 또는 참모로 인정받지 못할 것이라는 생각으로 자신감을 잃게 되고 위축되며 스트레스를 경험한다. 넷째, 다시 진급하기 위해서는 유리한 직책에 보직되어야 하는데, 원하는 보직을 차지하기 위해 새로운 경쟁체제로 돌입해야 하고, 만약 원하는 보직을 차지하지 못하게 될 때 좌절하며 스트레스를 경험하게 된다.

생각해 봅시다

1. 전출을 앞둔 군인이 고민하는 문제가 무엇일지 생각해 봅시다.
2. 잦은 이사에 따른 군인 가족들의 고충에 대해 생각해 봅시다.
3. 진급 발표를 앞둔 군인이 고민하는 문제가 무엇일지 생각해 봅시다.
4. 진급이 안 된 군인과 가족들의 정서와 반응에 대해 이야기해 봅시다.
5. 파병 장병이 겪게 되는 스트레스를 임무, 환경, 심리적 측면에서 생각해 봅시다.
6. 파병 장병의 가족들이 겪는 스트레스를 이야기해 봅시다.

PART 3

군인 조력하기

06
CHAPTER

상담이론

상담이론은 인간을 다양한 관점에서 바라보고 이해할 수 있는 틀이며 특히 내담자를 이해할 수 있는 안목과 통찰을 제공한다. 상담이론은 많은 상담전문가들이 내담자들을 고통에서 성장으로 이끌었던 그들의 경험과 지혜가 오랜 세월 임상 및 연구의 과정을 통해 우리에게 전해지고 있으며, 이에 대한 기본적 이해를 갖추는 것은 군상담자로서 필수적이라고 할 수 있다. 본 장에서는 군상담에서 효과적으로 적용할 수 있는 핵심이론인 해결중심 단기치료, 현실치료, 인지행동치료, 개인심리학에 대해 다루고자 한다.

1. 해결중심 단기치료

1) 인간관

해결중심 단기치료(Solution Focused Brief Therapy : SFBT)는 캘리포니아주 팰로앨토(Palo Alto)의 정신건강 연구소(Mental Research Institute: MRI)에서 시작되었다. 주요 학자는 스티브 드 세이저(Steve de Shazer)와 김인수(Insoo Kim Berg)

를 들 수 있다.

인간의 문제는 사회에서 발생하고, 그 해결 또한 재조정될 수 있다는 확신을 가지고 있다. 문제란 고정된 것이 아닌 사회적 맥락에 따라 달라질 수 있고 중재될 수 있다는 점을 강조한다. 또한 인간을 긍정적인 존재로 자신의 문제를 해결할 수 있는 능력 있는 존재로 보고 환경과 상호작용하며 잠재력을 펼치려는 존재로 보았다(Berg, 1994). 해결중심 단기치료 상담자는 '알지 못한다는 자세(not knowing position)'와 전문가적인 호기심을 가지고 내담자를 존중하며 그들로부터 배우려는 열린 자세를 가져야 함을 주장한다. 해결을 향한 아이디어는 결국 내담자에게서 나오고, 목표달성을 위해 필요한 것이 무엇인지도 내담자가 제일 잘 알고 있다고 생각한다.

2) 주요개념

① 기적 질문

기적 질문은 해결중심 단기치료의 핵심으로 목표 설정과 예외 발견, 종결을 위하여 사용한다. 기적 질문이 유용하게 사용되기 위해서는 기적 질문과정 중에 반드시 기적이 어떤 변화를 가져올 것인지에 관하여 질문하여야 한다. 즉, 최종 목표뿐만 아니라 목표를 통해 무엇을 성취할 것인지, 그로 인해 내담자의 삶에서 무엇이 달라지게 될 것인지, 다른 사람이 무엇을 알아차릴지, 어떻게 하면 그러한 변화를 일어나게 할 수 있을지 그리고 그러한 변화가 어떤 의미를 부여할지 등을 포함하여야 한다. 기적 질문의 예는 다음과 같다(De Shazer, 1988).

- 오늘 밤 당신이 잠든 사이 온 집안이 고요할 때 기적이 일어났다고 가정해 보세요.
- 내일 아침 당신이 일어났을 때, 기적이 일어났다는 사실을 당신이 알

려면 그리고 당신을 치료에 오게 만든 그 문제가 해결되었다는 것을 알려면 무엇이 달라져 있을까요?

② 예외 질문

문제에는 예외가 있다. 예외란 현재 나타난 문제가 발생할 것으로 기대했는데 발생하지 않았거나 문제가 덜 강렬하게, 덜 자주, 덜 규칙적으로 일어난 때가 있다고 가정한다. 해결중심 단기치료는 내담자가 예외의 주체임을 가정함으로써 내담자의 통제 능력을 강조하고, 내담자를 변화 과정의 일부로 끌어들인다. 예외 질문의 예는 다음과 같다(김희정, 2017).

- 문제가 일어날 것을 예측했는데 일어나지 않은 경우가 있었을 것입니다. 어떻게 그런 일이 일어났나요?
- 그 문제가 덜 자주 일어날 때는 언제입니까?
- 문제가 어떻게, 언제 다르게 나타났나요?

예외를 발견하고자 할 때에는 다음과 같은 후속 질문을 하여야 한다.

- 어떻게 그렇게 할 수 있었나요?
- 이 변화를 위해 당신은 어떤 역할을 하셨나요?

③ 척도 질문

문제가 완전히 해결되기 전을 '0'(완전한 실패 또는 재앙)으로 하고, '10'(완전한 상태)까지 움직이는 것을 스스로 척도를 매김으로써 그사이의 어느 한 지점의 성공을 경험할 수 있다. 척도 질문의 예는 다음과 같다.

- 1에서 10까지 척도 중 1은 '매우 나쁘다'이고, 10은 '매우 좋다'라고 할 때, 당신은 몇 점입니까?
- 당신이 ___점(내담자가 말한 숫자보다 1 또는 2 높은 점수)이라면 무엇을 달리

해야 하나요?.

- 1부터 10 사이에 지금 당신의 분노(내담자가 말한 문제)는 몇 점입니까? 그것이 1 또는 2점이 나아지려면 무엇이 필요한가요?
- 당신의 게으름(내담자가 말한 문제)이 2점에서 4점으로 향상되었다면 2점에서 4점으로 향상되기 위해서 당신은 무엇을 하였나요?
- 문제가 5점에서 6점이 되려면 무엇이 필요합니까?

④ 대처 질문

대처 질문은 내담자가 이전에 보인 반응을 이끌어 내기 위한 것이다. 아무리 작은 것이라 하더라도 상담자는 내담자의 모습 중에 어떤 긍정적인 의미를 부여하고 강화시킨다. 그들이 무엇을 하였기에 상황이 더 악화되지 않게 할 수 있었는지 상담자들이 그 이유를 알고 싶어 할 때 내담자는 격려를 받는다고 느낀다. 대처 질문의 예는 다음과 같다.

- 당신이 지금 말한 많은 어려운 상황들을 그동안 어떻게 대처해 오셨습니까?
- 그 상황에서 많은 사람들은 이미 포기했을 텐데 당신이 계속 이렇게 버틸 수 있게 한 것은 무엇이었습니까?
- 당신이 힘든 상황에서도 소망을 포기하지 않고 견딜 수 있게 한 것은 무엇입니까?
- 이 어려운 시기를 지날 수 있도록 당신에게 도움이 되는 것은 무엇입니까?

⑤ 제안, 실험 그리고 과제

알아차리기, 주의 기울이기, 행동적 실험, 무언가를 하는 척하기, 무엇이 다른지 주의 기울이기 등을 삶의 현장에 실험해 보도록 한다. 이때 효과가 있는 것은 더 많이 실행해 보게 하고, 창의적이고 자기만의 다른 방법도 고안해서 실시해 보도록 격려한다.

3) 상담목표와 과정

① 상담목표

해결중심 단기치료는 목표 지향적인 접근이다. 목표를 세운다는 것은 무엇이 성취되어야 하는지, 즉 그 수단을 의미하기보다는 무엇이 다를 것인가, 즉 궁극적인 목표를 진술하도록 하는 데 그 강조점이 있다(Sharry et al., 2003). 따라서 상담목표는 내담자가 처한 상황과 관련되게 진술하도록 하며 문제가 없어지기보다는 어떤 해결의 모습을 새롭게 발견하게 하는 것이 중요하다. 문제 행동을 없애기보다는 내담자가 원하는 긍정적인 행동의 시작에 초점을 두고 작은 것을 목표로 삼는다(유재성, 2009).

② 상담과정

해결 중심 단기 치료는 내담자의 병리적인 것보다는 건강한 것에 초점을 두며 강점, 자원, 특성을 발견하여 적극적으로 상담 장면에 활용한다. 내담자의 견해를 중시하며 작은 변화에도 격려하고 지지하여 내담자에게 힘을 준다. 또한 과거의 문제보다는 현재와 미래에 더 초점을 두고 해결 방법을 모색하게 하는 게 중점을 두고 상담한다. 해결중심 치료는 내담자가 자신의 상황과 어려움을 해결하는데 더 전문가라는 입장을 가지고 있다. 상담자는 '알지 못한다는 자세(not-knowing position)'가 필요하며 행동을 통해 풍부하고 진실한 호기심을 전달하는 전반적인 태도를 갖는다. 상담자는 항상 자신을 내담자로부터 정보를 얻어야 하는 위치에 놓고 내담자가 드러내는 것 중에서 치료에 도움이 될 수 있는 요소를 발견하는 것이 중요하다(Anderson & Goolishian, 1992).

4) 상담적용

해결 중심 단기 치료는 여러 상황에서 다양한 문제를 가진 사람들을 치료하는 모형으로 활용되고 있다. 여러 현장, 즉 학교, 교도소, 법원, 병원, 통증치료 클리닉, 사회복지 프로그램이나 쉼터, 요양원, 대안학교, 기업체 등 다양한 영역에서 사용되는 이론이다. 군상담에 해결중심이론의 다양한 질문기법을 활용하여 용사들의 호소문제를 내담자 자신이 어떻게 생각하고 있는지, 어떤 대안을 가지고 있는지를 구체적으로 알 수 있게 해 준다. 또한 상담자에게 의존하기보다는 내담자 스스로의 힘을 믿고 자신의 자원들을 활용해 현장에 실행할 수 있도록 하는 실천력을 향상시켜 줄 수 있는 이론으로 개인 상담에 많이 활용되고 있다.

5) 제한점과 공헌점

해결중심 단기치료는 다양한 인간의 문제에 대해 심층적 원인과 인과관계, 병리적인 부분을 너무 무시하고 단순하게 다루었다는 한계가 있다. 그러나 인간의 문제를 바라보는 데 있어 문제중심에서 해결중심으로 전환시킨 것은 근본적으로 상담자가 내담자를 어떻게 생각하고, 내담자에게 어떻게 반응해야 하는가에 변화를 가져오게 하는 전환점이 되었다. 또한 내담자의 긍정적 측면에 초점을 두어 강점, 자원, 가능성을 생각하며 문제해결을 할 수 있는 다양한 질문 기법으로 내담자의 통찰과 행동 변화를 적극적으로 돕는다. 이외에도 모형과 기법이 비교적 간단하고 명료하여 학습하기가 쉽기 때문에 상담가들이 상담 현장에 적용하는 데 용이하다는 공헌점이 있다.

생각해 봅시다

1. 군상담의 자살사례를 해결중심 단기치료의 기적질문과 예외질문을 사용한다면 어떻게 질문할 수 있을지 생각해 봅시다.
2. 자신에게 요즘 필요한 해결중심 단기치료의 질문기법이 있다면 무엇이고 어떻게 활용하면 좋을지 생각해 봅시다.

2. 현실치료

1) 인간관

현실치료(Reality Therapy)는 윌리엄 글래서(William Glasser)가 1964년부터 발전시켜 온 상담이론으로 개인이 자신의 행동을 선택할 수 있고 그 선택에 대한 책임져야 한다고 주장한다. 정신건강, 공중 정신건강모형을 취하며, 정신병리, 의학적 모델에 반대하는 입장을 갖는다(Glasser, 2005). 주요 학자는 윌리엄 글래서(William Glasser)와 로버트 우볼딩(Robret Wubboling)을 들 수 있다.

인간은 행동과 정서에 대해 책임을 지는 반결정론적 존재로 보고 무의식적 힘이나 본능에 의해 움직이기보다는 의식에 의해 행동한다고 본다. 따라서 인간은 자기결정적(self-determined)이며, 자신의 욕구나 바람에 따라 행동을 선택하고 실행하며 더 좋은 세계를 만들어 나간다고 주장한다.

글래서(Glasser, 2000)는 인간은 기본적인 욕구를 충족시키기 위해서 행동하는데, 사랑과 소속, 힘과 성취, 자유, 즐거움이라는 심리적 욕구와 생존이라는 생리적 욕구라고 하였다. 개인은 이 다섯 가지 욕구를 충족시키지 못할 때 갈등과 고통을 느끼게 되지만, 이 욕구를 만족시키면 성취감이나 자존감 등 긍정적 자기정체감을 발달시킨다.

2) 주요 개념

① 선택(choice)

인간의 행동은 외부 환경의 힘에 의해 결정되는 것이 아니라 자기 선택에 의해 결정된다. 의식적으로 선택하지 않은 행동도 있을 수 있겠지만 거의 많은 행동, 느낌, 생각이나 생리적 반응까지도 선택한다(Glasser, 1998).

② 전행동(Total Behavior)

활동하기, 생각하기, 느끼기, 생리적 반응으로 구성되어 통합적으로 기능하는 행동체계를 말한다. 특히 전행동의 구성요소 중 활동하기를 가장 중요하게 생각하는데 활동하기는 통제가 가능하고, 생각하기도 통제 가능한 것이라고 보기 때문이다. 반면 느끼기는 통제하기가 힘들고, 생리적 반응 역시 더욱 통제가 어렵다. 따라서 활동하기와 생각하기를 변화시키면 느끼기와 생리적 반응은 따라오게 된다고 본다(강진령, 2009).

③ WDEP 모형

우볼딩(Wubbolding, 1991)이 제안한 상담과정 모형으로 구성요소는 다음과 같다.

바람과 욕구 탐색(Want)

내담자의 질적 세계를 탐색하기 위해 타인이나 자신이 원하는 것을 알아차리고 자신의 욕구 중 충족된 것과 충족되지 못한 것을 구분한다. 상담자는 "무엇을 원하시나요?", "당신에게 타인이 원하는 것은 무엇입니까?"라고 물음으로써 내담자의 지각체계를 탐색한다. 또한 "당신은 상담자인 저에게 무엇을 원합니까?"라고 물음으로 어떤 도움을 받고 싶은지를 안다.

행하기(DOING)

내담자가 어디로 가고 있는지를 알 수 있도록 도와주는 질문으로 내담자의 행동에 변화를 줌으로써 다양한 감정과 민감한 신체반응에도 영향을 줄 수 있다고 본다. "당신은 무엇을 하고 있습니까?"라는 질문을 통해서 "당신은"이라는 말은 행동 주체가 자신임을 깨닫게 하고, "무엇을"은 자기가 한 행동의 결과를 통제 가능한 영역과 그렇지 않은 영역으로 나누어서 확인할 수 있는 기회를 제공하기 위해서 질문한다. 또한 "하고"는 감정보다는 행동에 주의를 두어 원하는 것과 그것을 얻기 위해 어떤 행동을 하고 있는가를 내담자 스스로 평가할 수 있게 하고 "있습니까?"는 지금 하고 있는 행동에 초점을 두는 질문이다.

평가하기(Evaluation)

내담자의 욕구, 행동과 계획을 평가한다. "당신의 행동이 도움이 됩니까?", "당신이 행동하는 것이 규칙에 어긋납니까?"라는 질문을 통해 자신의 행동과 그로 인한 결과에 대해서 자기의 바람과 욕구를 만족시키는 데 도움이 되는 행동과 도움이 되지 않는 행동을 스스로 탐색해 보도록 한다. "도움이 되는 계획입니까?"라는 질문을 함으로써 그 계획이 효과적인지, 바람이나 욕구를 충족시킬 수 있는 실현가능성이 있는 것인지 등을 평가하게 된다.

계획하기(Plan)

상담의 마무리 단계로 긍정적인 행동계획을 세우게 한다. 계획은 내담자가 바꾸어야 할 행동보다는 앞으로 더 자주 실행하고 선택해야 할 행동에 강조점을 두고 계획을 세운다. "계획을 잘 실행하겠습니까?", "지금 당신이 행동하기로 약속한 것을 다시 말씀해 주시겠습니까?"를 질문한다. 상담자는 계획, 수정, 결국에는 궁극적인 성공에 이를 것에 강조점을 둔다.

3) 상담목표와 과정

① 상담목표

현실치료의 상담목표는 내담자가 심리적으로 건강하고 합리적인 사람이 되는 것과 자신과 다른 사람들을 대하는 방식에 선택권이 있다는 사실을 깨닫도록 돕는 것이다. 이 목표가 이루어지면 내담자는 자율적이고 책임감이 강한 사람이 될 것이다(Wubbolding, 2000). 즉, 내담자가 선택한 행동의 결과에 대해 스스로 책임지고 자신의 목표를 성취하는 것이다.

② 상담과정

우볼딩(2011)은 현실치료의 상담과정을 상담환경을 조성하는 과정과 내담자의 행동변화를 촉진하는 과정으로 나누었다. 상담환경을 조성하는데 가장 중요한 것은 바로 상담자가 내담자와 좋은 관계를 형성하는 것이다. 우호적이고 지지적인 환경을 조성하는 것부터 상담이 시작되어야 한다. 이때 상담자는 편안한 얼굴 표정, 수용적인 자세, 적극적 경청과 반영과 같은 언어적, 비언어적 행동에 주의를 기울여야 하고 예의 바르며 확신을 가지고 상담에 임하는 진솔한 태도를 취해야 한다.

상담자는 내담자의 어떠한 행동도 비난하거나 비판하지 말고 내담자 자신의 욕구를 만족시키려는 나름의 선택으로 보아야 한다. 상담자는 상황에 맞는 적절한 유머를 사용하여 내담자가 조금 더 안전하고 편안하게 상담에 임할 수 있도록 돕는다. 또한 상담자의 정직하고 개방적인 태도는 내담자에게 상담자의 좋은 세계를 간접적으로 경험하게 하여 신뢰감을 줄 수 있다는 것을 명심해야 한다.

글래서(2000)는 지지적인 상담환경을 조성하기 위해 다음과 같은 금지사항을 강조하였다. 변명 받아들이지 않기, 비판·처벌·논쟁하지 않기, 내담자를 쉽게 포기하지 않기, 위협하거나 공포 분위기를 만들지 말고 내담자를 무시하는 평가 발언도 조심하기 등이다. 이 대신에 상담자는 지지, 격려, 경청, 수용, 신뢰, 존중, 협상 등을 활용하며 사후지도, 자문, 연구, 지속적인 교육을 통해 상담이 종료된 이후에도 내담자의 긍정적 변화를 강화시켜 주기 위해 지속적인 교류를 하는 것이 바람직하다고 보았다.

4) 상담적용

현실치료는 개인상담이나 집단상담에 적용할 수 있고 어떤 문화적 환경에도 다양한 유형의 문제에 적용될 수 있다. 인간의 문제행동이나 정신질환에 중점을 두기보다는 정신건강에 관심을 두는 이론이기 때문에 군상담에도 활용하기가 좋은 이론이다. 군상담가는 용사들이 가지고 오는 여러 호소문제 유형에 따라 적절한 상담이론을 활용할 수 있는 이론 적응 능력을 가지고 있어야 한다. 때론 용사의 호소문제에 가중에 따라 무의식과 정신역동적인 상담이 필요한 용사들도 있다. 하지만 군상담의 특수성을 고려할 때 단기상담, 지금-여기에 중점, 해결가능한 문제에 초점을 두는 현실치료의 적용은 내담자의 선택력과 책임감을 향상시킬 수 있다.

5) 제한점과 공헌점

현실치료는 지나치게 지금-여기의 행동과 같은 의식적인 요소를 강조하기 때문에 무의식이나 어린 시절의 외상경험, 관계역동, 전이 등의 개념을 무시한다는 비판을 받는다. 또한 정신질환의 생물학적 요소를 지나치게 간과하고 있는 점, 상담자와 내담자의 쌍방 간의 의사소통에 의존하고 있어 의사소통을 구사할 수 없는 내담자에게는 한계가 있다. 그럼에도 불구하고 적용영역이 광범위해서 다양한 곳에서 활용 가능하다는 것과 주변 상황이 달라지지 않아도 개인이 자신의 행동을 선택함으로써 책임 있는 내담자의 통제력을 이끌어 내게 한다는 공헌점이 있다. 또한 단기치료를 강조하여 상담 회기가 짧고, 현재 행동에 초점을 맞추어 문제해결을 촉진시키며 긍정성을 기반으로 한 합리적인 접근법을 개발·적용하여 새로운 대안을 제시했다는 평가를 받는다.

생각해 봅시다

1. 군상담 우울 사례를 현실치료 기법을 활용하여 토론해 봅시다.
2. 자신의 현재 고민을 WDEP 기법을 사용하여 글을 써 봅시다.

3. 인지행동치료(Cognitive Behavior Therapy)

인지행동치료(CBT)는 행동치료기법들을 인지치료에 접목하면서 발달하였다. 인지행동치료는 인간의 인지, 정서, 행동이 긴밀히 연결되어 있으며 인지, 즉 신념의 변화가 정서와 행동의 변화를 가져온다고 보았다. 앨버트 엘리스(Albert Ellis)의 합리적 정서행동치료(rational emotive behavior therapy; REBT), 아론 벡(Aaron Beck)의 인지치료(cognitive therapy; CT), 도널드 마이켄바움(Donald Meichenbaum)의 인지행동치료 모두 CBT의 범주에 해당한다. 각각의 이론들의 치료기법의 차이는 있지만 기본적인 특징과 가정은 유사하다. 첫째, 심리적 문제는 인지과정의 문제에서 기인하며, 둘째, 정서와 행동의 적응적 변화를 위해 인지의 변화가 선행되어야 한다고 본다. 셋째, 인간의 과거나 미래보다 현재가 중요하다고 보고, 넷째, 상담자의 능동적이고 적극적인 태도를 강조하며, 다섯째, 단기상담을 지향한다. 여섯째, 구조화된 구체적이면서 교육적 개입을 통해 내담자가 자신과 세상을 어떻게 이해하고 바라보는지 점검해봄으로써 보다 적응적인 사고와 행동으로 변화하도록 격려하는 방법이다. 여기서는 합리적 정서행동치료와 인지치료를 중심으로 살펴보고자 한다.

1) 합리적 정서행동치료(rational emotive behavior therapy; REBT)

엘리스는 인간이 고통받는 것은 사건 자체보다 이를 받아들이는 관점과 해석 때문이라고 한 철학자 에픽테토스(Epictetus)의 영향을 받아 과거에 획득되어 자기구조화되고 자기암시를 통해 유지되는 내담자의 비합리적 신념을 변화시켜 이에 따르는 정서, 행동을 변화시키고자 했다.

① 주요개념

- 비합리적 신념 : 엘리스는 인간의 심리적 부적응과 고통의 원인을 비합리적 신념으로 보았는데, 비합리적 신념은 자신과 타인 그리고 세상에 대한 비현실적인 기대와 요구를 말한다. 즉, 자신과 타인, 세상에 대해 비논리적이고 현실성과 유용성이 떨어지는 사고를 말한다. 엘리스는 절대적 강요와 당위적 사고, 파국적 해석, 좌절에 대한 낮은 인내, 자신과 타인에 대한 비난의 의미를 담고 있으며, 부적응적 정서와 행동을 유발한다.
- ABC모델 : 촉발사건(Activating event)은 정서 및 행동적 결과(Consequence)를 가져오는데, 이 둘을 매개하는 것이 신념(Beliefs)이다. 즉, 어떠한 사건이든 중간에 신념이 어떻게 매개하고 중재하느냐에 따라 결과가 달라질 수 있다.

② 상담과정

- 상담목표 : 내담자가 보다 현실적이고 실현가능한 합리적 사고를 통해 정서적 혼란과 자기패배적 행동을 줄여 행복하도록 돕는 것을 목표로 한다.
- ABCDEF모델 : 합리적 정서행동상담은 내담자가 지닌 비합리적 신념을 찾아 논박(Disputing)하고 효과적인 철학(Effective philosophy)을 갖도록 하여 보다 적응적이고 새로운 감정과 행동(new Feelings and behavior)으로 변화시키는 과정이다.

③ 상담기법 및 적용

- 인지기법 : 대표적인 인지기법으로 비합리적 신념의 논박이 있으며, 내담자의 비합리적 신념을 논박하는 방법은 첫째, 소크라테스식 문답, 둘째, 설명식의 논박, 셋째, 풍자식의 논박, 넷째, 대리적 모델링이 있다. 소크라테스식 문답은 내담자의 신념이 타당하다는 논리적 근거에 대해 질문하는 논리적 논박, 신념의 경험적 근거에 대한 논박, 실용성과 기능적으로 유용한가에 대한 논박, 그 신념이 행복을 추구하는지 철학적 논박, 보다 대안적인 신념은 없는지 찾아보는 대안적 논박의 방법이 있다. 설명식은 상담자가 내담자의 비합리적 신념과 합리적 신념의 차이점을 설명하면서 논박해나가는 강의식 방법이다. 풍자적 방법은 역설적 의도를 갖고 내담자의 비합리적 신념을 웃음거리로 만드는 방법이다. 마지막 대리적 모델링은 내담자와 유사한 경험을 했지만 심각한 정서적 문제가 없는 모델을 제시함으로써 신념의 차이를 비교해서 살펴보는 방법이다.
- 정서적 기법 : 대표적인 합리적 정서심상법은 내담자가 느끼는 문제상황에서의 부정적 정서를 적응적이고 건강한 정서로 변화시키는데, 심상을 사용하는 방법으로 자신이 경험한 부정적 사건을 떠올리고 부정

적 정서를 상세히 묘사한 후 정서를 긍정적으로 완화해가도록 돕는다. 이때 어떤 생각의 변화가 있었는지 살피고 반복적으로 생활에서 연습하도록 격려한다.

- 행동기법 : 비합리적 신념의 변화를 통해 얻은 성과를 강화하기 위해 사용되며, 사고의 변화를 생활에서 실천하도록 하는 과제가 부여된다. 과제를 잘 수행하면 강화와 실패했을 때 벌을 통해 적용을 강화한다. 또한 내담자가 부족한 행동기술을 교육하고 훈련하며 오히려 역설적인 행동을 주문해 자신의 문제를 새로운 시각으로 볼 수 있도록 돕는 다양한 행동기법들이 사용된다.

④ 평가

합리적 정서행동상담은 명확한 이론과 구체적인 기법, 치료효과 입증 등 다양한 공헌점들이 있으나, 이론을 뒷받침하는 과학적이고 실증적 지지근거가 부족하고 비교적 교육수준이 높은 지적인 내담자들에게 제한적으로 효과가 있다는 것이 한계로 지적되고 있다.

2) 인지치료(cognitive therapy; CT)

아론 벡(Aaron Beck, 1967)은 우울증을 겪는 내담자를 대상으로 경험적 연구를 통해 이론을 구성하고 기존의 우울증 치료방법들과 효과에 대한 비교연구를 시행했다. 이를 통해 우울한 사람들은 생활사건을 부정적으로 과장하고 왜곡하는 부정적 사고의 경향성을 지니고 있으며, 이는 쉽게 자각되지 않고 자동적으로 지각된다.

① 주요개념

- 자동적 사고 : 자동적 사고는 마음속에 끊임없이 지나는 인지의 연속

적 흐름이다(Seligman & Reichenberg, 2014). 우울한 내담자가 갖고 있는 부정적 사고는 심사숙고하거나 합리적으로 판단한 결과가 아닌 아주 빠르게 떠오르고 자동적으로 지나가 결과로 지각되는 우울한 감정만 인식되는 특징을 지닌다. 상담에서 주의를 기울여 자신의 부정적·자동적 사고를 인식하는 훈련을 통해 수정할 수 있다.

- 인지적 오류 : 자동적·부정적 사고는 생활사건이나 현실을 부정적으로 과장하고 왜곡하도록 인지처리과정의 오류를 가져온다. 대표적인 인지오류는 모든 생활사건은 흑과 백의 이분법적 범주로 해석하는 흑백논리적 사고와 특수한 경험의 결과를 일반적 상황으로 결론 내리고 적용하는 과잉일반화가 있다. 예를 들어, 한 명의 상사와 관계의 어려움이 다른 관계도 모두 힘들고 실패할 것이라는 적용을 하며 우울해지는 경우이다. 또한 어떤 사건의 의미를 사실보다 지나치게 작게 혹은 크게 해석하는 오류인 의미확대와 축소도 인지오류에 해당한다.
- 인지도식 : 같은 사건을 경험하더라도 사람마다 그 사건을 해석하는 방식이 다르다. 벡은 인지도식을 정보처리과정과 행동을 지배하는 구체적인 규칙으로 보고, 우울한 사람들은 생활에서 사건의 의미를 부정적으로 인지하는 역기적인 도식을 가지고 있다고 보았다(Beck et al,, 2006). 인지도식은 어린시절 부모 및 주요 인물들과의 상호작용 경험을 통해 형성되며 성장하면서 겪게 되는 외상사건이나 충격적 경험은 이러한 인지도식 형성에 큰 영향을 미치고, 부정적인 생활사건들과 마주하면서 활성화된다.

② 상담과정

- 상담목표 : 내담자의 심리적 어려움을 극복하고 보다 적응적으로 돕기 위해 자신과 세상에 대한 왜곡된 인지를 인식하고 수정한다. 일차적으로 증상완화를 목적으로 상담하면서 정보처리의 오류를 수정해나간

다. 내담자의 자동적·부정적 사고를 자각하고 성찰하도록 도와 보다 유연하고 적응적인 삶을 살아가도록 돕는 것을 상담의 목표로 한다.

- 상담자의 역할 : 인지치료의 핵심은 내담자가 평가하고 경험하는 주관적 세계를 이해하는 것이며, 이를 위해 상담자는 내담자가 인식하는 세상을 파악하고 이것이 정서와 행동에 어떤 영향을 미치는지 밝힘으로써 부적응적 인지를 변화시키도록 자극할 수 있다.
- 상담과정 : 벡(Beck)은 인지치료의 과정을 5단계로 설명하였는데, ㉠ 자신의 부정적·자동적 사고를 관찰하고 인지하기, ㉡ 인지, 정서, 행동의 관련성 파악하기, ㉢ 자동적 사고의 증거 찾기(지지하는 증거와 반대증거), ㉣ 오류가 있는 인지를 보다 현실적인 대안적 사고로 바꾸기, ㉤ 자신의 경험을 왜곡시키는 역기능적 신념을 파악하고 수정하기의 단계로 진행한다.

③ 상담기법 및 적용

- 사례개념화 : 사례개념화는 상담내용을 토대로 내담자의 문제와 증상을 유발하는 자동적 사고, 비합리적 신념, 인지오류를 파악하고 그들의 관계를 가설적으로 설정하여 내담자를 이해하는 과정이다.
- 인지수정 : 대안적이고 새로운 인지를 재구성하도록 돕기 위해 여러 기법들이 사용되는데, ㉠ 내담자의 말에서 "절대", "항상"과 같은 절대적 진술을 다른 말로 바꾸는 것을 연습하기, ㉡ 자신을 비난하면서 슬픔과 우울로 빠지는 것을 방지하기 위해 상황에 대한 명료화를 통해 원인을 다시 생각하고 자신을 비난하는 것을 재귀인하기, ㉢ 자신이 바라고 소망하는 새로운 행동을 성공적으로 수행하는 자신의 인지적 모델을 만드는 인지적 시연, ㉣ 부정적 생각이 들 때 주위를 분산하고 전환하기, ㉤ 스스로를 격려하는 자기대화, ㉥ 부정적 자동사고, 인지오류 기록하기, 일기 쓰기, ㉦ 자신의 경험을 다르게 생각해보는 재명

명, ⓞ 부정적 생각으로부터 거리 두기 등이 있다.

④ 평가

벡의 인지치료는 인간 내면의 경험을 과학적, 실증적으로 검증하고 연구했다는 점과 우울장애, 불안장애, 성격장애, 섭식장애 등 정신장애의 편향적 인지도식을 밝히고 치료하는 데 공헌하였다. 한편 인지적 작업이 가능한 대상에 제한적으로 사용되며 정서와 치료적 관계를 경시하는 점에 대해 비판받았다.

생각해 봅시다

ABC 모델을 통해 자신의 비합리적 신념을 찾아봅시다.

	촉발사건(A)	정서 및 행동결과(C)	비합리적신념(B)
1			
2			
3			

4. 개인심리학(Individual psychotherapy)

알프레드 아들러(Alfred Adler)는 프로이트(Freud)의 정신분석이론을 반박하면서 자신의 이론을 구축하였다. 인간의 마음이 원초아, 자아, 초자아로 나뉘어 이들의 갈등에 의해 움직이기보다 분리되지 않고(indivisibility) 통합된 미래지향적인 존재로 보았다. 또한 인간을 생물학적이고 심리결정론적으로 보았던 정신분석과는 달리 심리사회적이고 목적론적인 관점으로 인간을 이해하고자 하였다.

1) 주요개념

(1) 인간관

아들러는 인간이 사회적 관계에 의해 동기화되고, 목표지향적이며, 자신의 행동을 성장·촉진시키는 선택과 책임을 지닌 존재로 보았다. 한 개인이 현재 지각하는 과거의 경험을 이해하는 것이 중요한데, 개인의 삶의 목표와 욕구, 가족구도, 생활양식, 열등감 등을 무의식이 아닌 의식의 수준에서 다루는 것을 강조하였다.

(2) 삶의 목표와 행동

아들러는 독립적이고 사회적 유익을 위해 타인과 협력할 수 있는 사람을 잘 기능한다고 보고, 보편적인 삶의 과제를 다음과 같이 제시하였다. 먼저 사회적 과제로 관계 형성하기와 사랑과 결혼의 과제로 친밀감 형성, 직업적 과제로 사회에 공헌하기이다. 삶의 과제들을 만족스럽게 완수하지 못한다면 심리적 어려움을 갖게 되며, 상담은 내담자의 사회적 관심을 높이고 생활양식의 수정을 통해 삶의 과제들을 수행할 수 있도록 돕는 목적을 갖는다.

(3) 열등감 극복과 우월감 추구

아들러는 초기 아동기에 경험하는 열등감이 발달에 큰 영향을 미치며, 우월추구의 동기가 촉발된다고 보았다. 타인보다 나아지기 위한 우월감이 아닌 보다 긍정적인 자기지각으로 이동하는 것을 의미하며, 열등감을 극복하여 자신의 삶에 대한 통제력을 얻는 것을 우월추구로 보았다. 타인보다 열등한 측면을 본인이 잘하는 강점과 역량을 통해 성장지향적으로 발달시키는 것으로, 운동에 열등감이 있는 아동은 강점인 공부로 자신을 더 발전시킬 수 있다.

(4) 생활양식

생활양식은 개인이 생각하고 느끼고 받아들이는 살아가는 특정한 방식으로 개인이 삶을 이끌어가는 감정과 행동방식을 의미한다. 여기에는 개인의 소망과 바람, 태도가 반영되어 있으며, 열등감을 극복하고 삶의 과제를 달성하며 목표를 추구하는 개인의 고유한 방식을 의미한다. 이러한 생활양식은 어린 시절의 가족경험, 즉 가족들과의 상호작용을 토대로 발달하며 생활양식을 통해 내담자가 삶을 살아오면서 창조적으로 발전시켜 온 신념과 행동패턴을 이해할 수 있다.

(5) 사회적 관심

아들러는 심리적으로 건강하고 잘 적응하는 기준을 사회적 관심으로 보았는데, 인간은 본래 사회적 존재로 태어나 집단에 소속되어 소속감을 느끼고 자신이 소속된 집단의 문제를 해결하며, 열등감, 소외감, 불안감을 낮추고 소속감과 행복감을 증진해간다고 했다.

(6) 가족구도와 출생순위

아동기 가족경험과 출생순위는 개인의 생활양식, 성격형성에 큰 영향을 미치며 가족이라는 일차집단 안에서 자신의 정체성, 위치, 세상에 대한 다양한 신념을 형성해간다. 또한 가족 내 출생순위는 가족이라는 사회적 맥락에서 위치, 서열에 따라 영향을 미치며 이런 경험이 전형적인 특징들로 나타난다. 첫째 아이는 행동이 바르고 책임감이 강한 특징을 보이며, 부모의 관심과 사랑을 독차지하다가 동생이 태어나면서 부모의 관심을 상실한다. 둘째는 출생부터 첫째와 경쟁하지만 이길 수 없음을 느끼고 첫째가 잘못 하거나 관심을 두지 않은 새로운 분야에서 두각을 보이는 경우가 많다. 둘째는 첫째보다 타인을 돌보거나 사회적으로 우호적인 성향이 높다. 중간에 위치한 아이는 위아래로 형제들이 있어 압박감을 느끼며 자신만의 특별함으로 두각을 보이는 데 무력감을 느낀다. 그러나 사회적 관계를 맺는 데 강점을 보이고 특히 갈등이 많은 가족의 경우 갈등조정자 역할을 하는 경우가 많다. 막내의 경우 귀여움을 독차지하면서 응석받이가 되거나 형제들과 경쟁하는데 압박을 느끼고 열등감을 경험할 수 있다. 이들은 모험을 즐기고 공감을 잘하며 사교적인 특징을 보이고, 독특한 영역에서 성취를 나타낸다. 외동의 경우 막내와 비슷한 특징을 보이며, 첫째처럼 성취를 추구하고 어른들만 있는 환경에서 자라 조숙함을 보이고, 어른들과 편안한 관계를 맺는다.

2) 상담과정

(1) 상담목표

아들러는 인간의 부적응 문제를 병리적인 관점보다 교육적 관점에서 이미 가지고 있는 강점과 웰빙에 중점을 둔 과제해결의 과정으로 본다. 따라서 상담의 목표는 내담자의 생활양식을 파악하여 보다 적응적인 삶의 과제와 목표성취의 방향으로 가도록 돕고, 내담자가 소속된 공동체의 책임감을 갖고 사회적 관심을 증진시키며 열등감을 해결해가도록 돕는 데 있다.

(2) 상담의 단계

아들러의 상담은 4단계의 과정으로 진행되는데, ① 협력적 치료관계형성, ② 내담자의 문제에 대한 분석과 이해, ③ 자기이해와 통찰, ④ 통찰을 행동으로 적용하며 강점을 강화하는 삶의 지향점 재설정으로 본다(Carlon, Watts, & Maniacci, 2006). 아들러는 상담자의 내담자를 향한 진정한 돌봄과 경청의 자세가 매우 중요하며 이는 상담장면으로 이어지는 내담자의 두려움과 열등감이 극복되고 라포 형성의 중요한 토대가 됨을 강조했다. 또한 2단계에서 보다 심층적인 내담자의 문제를 평가분석하기 위해 가족구도와 출생순위, 생활양식평가가 면밀히 이루어져야 한다. 이를 바탕으로 3단계에서 내담자에 대한 직면과 해석을 통해 자신의 생활양식을 통찰하고, 행동의 숨은 의도를 인식하여 자기이해를 할 수 있다. 그러나 상담자는 지지적인 태도와 격려를 유지하면서 이러한 과정을 진행해야 한다.

3) 상담기법 및 적용

(1) 마치 ~ 인 것처럼 행동하기

아직 성취하지 못하거나 할 수 없다고 느끼는 일들을 성취한 것처럼 상상하고 행동하도록 하는 방법으로, 정서적 완화와 함께 성취할 수 있다는 새로운 인식을 갖고 자신감을 촉진시킬 수 있다. 군에서 제대를 못 할 것 같은 불안이 올라올 때, 마치 제대하고 나가는 사람처럼 행동해보는 방법이 있다. 새로운 변화와 행동을 위한 용기를 북돋우고 행동목표의 재설정에 도움을 줄 수 있다.

(2) 일단 멈추기

내담자가 반복적으로 경험하는 부정적 행동을 자각하게 함으로써 반복되지 않도록 하는 방법이다. 자신의 행동과 정서에 대해 인식하고 이를 정지신호로 삼아 스스로 행동을 조절하도록 하는 것이다. 화를 조절하지 못해 늘 부대에서 문제를 일으키는 내담자는 화가 날 때의 몸의 긴장반응

(예: 심장이 빨리 뛰고, 얼굴이 붉어지고, 손에 땀이 나는 등)을 인식하고 이를 정지신호로 삼아 심호흡을 통해 감정을 조절하는 연습을 한다.

(3) 수렁에 빠지는 것을 피하기

반복되는 실패와 어려움을 경험하는 내담자에게 이를 거부하도록 하여 지속되는 내담자의 자기파괴적 행동을 바꾸도록 돕는 방법이다. 군에서 받는 스트레스를 해소하기 위해 스마트폰에 많은 시간 몰입하여 스마트폰 중독으로 이어지지 않도록 어려움을 피하기 위해 더 깊은 수렁으로 빠지는 것을 방지하고 새로운 대안을 모색하도록 한다.

(4) 버튼 누르기

내담자가 자신의 감정과 행동의 주체임을 알고 인식하도록 돕는 기법이다. 자신이 경험하는 유쾌한 경험과 정서, 불쾌한 경험과 정서를 떠올리고 정서와 행동을 결정하고 선택하는 것은, 즉 버튼을 누르는 것이 자신임을 깨닫도록 하는 방법이다. 부대에서 자신의 화를 조절해서 관계가 좋았던 상황과 화를 조절하지 못해 관계가 힘들어지고 힘들었던 상황을 떠올려보게 하고 어떤 버튼을 누를 것인지 자신이 선택하도록 하는 것이다.

(5) 수프에 침 뱉기

내담자의 자기패배적 행동의 이면에 있는 동기를 파악하여 더 이상 매력적이지 않게 만드는 방법이다. 군에 들어와 여자친구가 결별선언을 하고 변심할까 봐 걱정이 많아 자살을 생각한다는 김일병에게, 자살행동 이면의 동기인 여자친구가 죄책감을 느끼기를 바라는 마음을 자각하고 만약 자살한다면 여자친구가 죄책감을 느끼는지 볼 수 없음을 상기시킴으로써 자살의 행동을 막을 수 있다.

4) 평가

아들러 이론은 인간이 사회적 요인에 의해 동기화되고, 자신의 사고, 감정과 행동에 대해 책임을 지니며 개인을 넘어 공동체의 관심과 문제를 위해 노력하는 건강한 인간을 형성하는 데 중요한 이론적 기여를 했다. 한편 프로이트의 정신분석이론과 같이 실증적 근거의 부족, 상담의 실제와 기법에 우선을 두고 피상적인 이론이라는 비판을 받고 있다.

생각해 봅시다

1. 가족구도와 출생순위를 적용하여 자신을 분석해 봅시다.
2. 군생활 적응을 힘들어하는 내담자를 대상으로 상담기법 중 하나를 선택하여 적용해 봅시다.

07 CHAPTER 개인상담의 실제

군상담은 "군조직의 특성을 전제하여, 군대 내 조직원들로 하여금 군생활의 적응뿐 아니라 보다 생산적인 삶을 영위할 수 있도록 도와주는 조력과정"(최훈일, 2008)으로 이 목적을 달성하기 위해 개인상담과 집단상담이 이루어진다.

이 장에서는 성공적인 개인상담을 진행하는 데 꼭 필요한 다양한 요소들에 대해서 설명하고 있다.

우선 각 용사가 경험하는 어려움은 무엇인지 그 어려움은 어떤 심리적 메커니즘으로 그럴 수밖에 없는지를 파악하고 상담의 전략을 세우는 사례개념화에 대해 자세히 설명하였다. 그리고 개인상담을 구조화하고 상담의 초기, 중기, 종결기에 따라 상담자에게 요구되는 과세는 무엇인지를 살펴보는 상담과정에 대해서 설명하였다. 또한 개인상담을 효율적으로 진행하기 위해 사용되는 다양한 상담기법에 대해 자세히 알아보았다. 끝으로 각 용사들의 심리상태를 파악하는 군심리검사의 목적과 발달 및 종류에 대해서 설명하였다.

효율적이고 성공적인 개인상담을 진행하기 위한 사례개념화, 상담과정, 상담기법, 군심리검사에 대해 살펴보자.

1. 사례개념화

1) 사례개념화의 정의와 특징

사례개념화(case conceptualization)란 "내담자의 주 호소문제와 관련된 다양한 정보를 통해 현재까지 내담자의 문제가 지속적으로 유지되는 원인과 경로를 가설적으로 검토한 후, 내담자의 주 호소문제를 해결하기 위한 상담전략을 수립하는 일련의 과정(이명우, 박정민, 이문희, 임영선, 2005)" 또는 "상담자가 내담자와의 첫 만남에서부터 일정기간 동안 내담자에 관한 다양한 정보를 수집하고, 주요 호소문제와 그 원인들을 파악하며, 내담자 및 내담자의 문제와 관련된 다양한 요인 및 맥락을 이해함과 동시에 상담을 계획하는 작업(성혜숙, 김희정, 2012)"으로 정의하고 있다.

사례개념화 과정은 내담자의 문제 및 심리적 특징, 주변 환경 등 관련 정보에 기초한 지형을 그려나가고, 문제해결을 위해 가야 할 방향에 대한 다양한 정보를 축적해가는 마음지도 만들기(mapping)이다. 또는 문제와 관련된 다양한 정보를 맞춰가면서 부분적인 것들의 연결을 이해하며, 커다란 그림을 완성해 가는 퍼즐 맞추기(fitting puzzle) 작업이다. 사례개념화는 주로 초기 작업에 속하지만, 이는 가설적, 연속적인 과정이기 때문에 이후 상담이 진행되면서 추가 내용을 발굴해 수정·보완해 나가게 된다(이규미, 2017).

사례개념화는 객관적 사실에 근거하지만 사례에 관한 사실의 요약이 아닌 사실 너머에 있는 스토리를 구성하는 것이다. 이를 위해 내담자의 호소문제를 생활패턴 맥락에서 파악하고, 생생한 추론을 하는 등 높은 수준의 추상적 개념이 요구된다(Sparry & Sparry, 2012). 사례개념화에서 중요한 부분을 차지하는 추론 능력은 상담에 대한 이론적 지식과 함께 풍부한 상담경험을 바탕으로 발전해 나가는 것이다(이규미, 2017).

2) 사례개념화의 구성요소

사례개념화의 구성요소를 스패리와 스패리(Sparry & Sparry, 2012)는 **표 7-1**과 같이 제시하였다.

표 7-1 사례개념화의 요소

사례개념화 요소	내 용
호소문제	호소하는 문제 그리고 촉발요인에 대한 특징적인 반응
촉발요인	패턴을 활성화하여 호소문제를 일으키는 자극
부적응적 패턴	지각, 사고, 행동의 경직되고 효과가 없는 방식
유발요인	적응 또는 부적응적 기능을 촉진하는 요인
유지요인	내담자의 패턴을 지속적으로 활성화하여 호소문제를 경험하게 하는 자극
문화의 정체성	특정 민족 집단에 대한 소속감
문화	주류문화에 대한 적응수준(심리사회적 어려움 등을 포함한 문화적응 관련 스트레스)
문화적 설명	고통, 질환, 장애의 원인에 대한 신념
문화 대 성격	문화와 성격역동 간의 상호작용 정도
적응적 패턴	지각, 사고, 행동의 유연하고 효과적인 방식
상담목표	단기-장기상담의 성과
상담의 초점	적응적 패턴의 핵심이 되는 상담의 방향성을 제공하는 중요한 치료적 강조점
상담전략	보다 적응적인 패턴을 달성하기 위한 실행계획 및 방법
상담개입	상담목표와 패턴변화를 달성하기 위해 상담전략과 관련된 세부변화 기법 및 책략
상담의 장애물	부적응적 패턴으로 인해 상담과정에서 예상되는 도전
문화적 상담개입	해당사항이 있을 경우 문화적 개입, 문화적으로 민감한 상담, 개입의 구체화
상담의 예후	상담을 하거나 하지 않을 경우, 정신건강 문제의 경과, 기간, 결과에 대한 예측

출처: Sparry,. L. & Sparry, J.(2102). 37쪽.

이명우(2017)는 'ICCM-X(Intergrated Case Conceptualization Model-X)'의 통합적 모형을 제시하면서 호소문제, 촉발요인, 부적응적 패턴, 상담자 관점, 상담목표, 상담전략, 예상되는 장애의 7가지 구성요소를 제시하였다. 각각의 요소를 간단하게 설명하고자 한다.

호소문제는 내담자가 토로하는 것으로 언어적 내용과 비언어적 내용으로 나눌 수 있다. 촉발요인은 내담자의 호소문제를 직접 일어나게 한 요인이라고 할 수 있다. 부적응적 패턴은 내담자가 촉발요인을 접하게 되는 상황이 되면 반복적으로 보이는 유사한 반응양식을 말한다. 자극인 촉발요인과 반응적 호소문제의 관계를 분석해보면 내담자가 반복적으로 행동하는 반응양식을 알 수 있다. 이 부적응적 패턴은 회피와 의존, 공격(또는 수동공격)의 패턴으로 나눌 수 있다.

상담자 관점은 상담자가 자신이 선택한 상담이론으로 내담자 문제를 설명해내는 것이다. 내담자가 어떠한 자극에 의해서 그렇게 반응할 수밖에 없는지에 대한 답을 자신의 주 상담이론으로 설명할 수 있어야 한다. 그리고 내담자의 부적응적 패턴이 시작된 시점과 계기, 즉 유발요인과 초기에 형성된 부적응적 패턴을 지속적으로 유지할 수밖에 없는 −(마이너스) 유지요인과 보호하거나 억제하는 +(플러스) 유지요인을 찾아서 내담자의 심리적 메커니즘을 설명해내야 한다.

상담목표는 임상목표와 합의목표로 나뉘는데, 임상목표는 상담자의 상담이론의 관점에서 본 목표이고, 합의목표는 내담자와 논의해서 합의하는 목표로 내담자가 해낼 수 있는 목표이다. 상담전략은 내담자의 부적응적 패턴을 이해하는 전략과 부적응적 패턴을 변화시키는 전략을 포함한다. 상담전략은 내담자의 특성과 상담목표를 고려해서 내담자에 맞게 개별화된 내용으로 구성해야 한다. 끝으로 예상되는 장애란 내담자가 보이던 부적응적 패턴이 상담 장면에서 나타나거나 종결 시점에서 다시 나타날 수 있는 어려움 등을 의미한다(이명우, 2017). 상담자는 상담장면에서 어떤 장애가 예상될지 파악하는 것이 중요하다.

3) ICCM-X모형에 기반한 사례분석

이 장에서는 회피의 대인관계 문제를 경험하는 한 용사의 가상 사례를 중심으로 사례개념화 모형 중 ICCM-X(이명우, 2017) 모형에 기반하여 사례를 분석하고자 한다.

◆ 내담자 인적사항: 김이병, 21세, 대학 1학년 1학기 휴학
◆ 상담 의뢰 경위: 동료 용사들과 어울리지 않고 주로 혼자 지내며 위축된 모습이 자주 관찰되어 군부적응이 염려되어 상관이 상담을 의뢰함.
◆ 행동관찰
큰 키에 매우 마른 체형에 흰 낯빛, 멈칫거리며 눈마주침이 어색하고 눈을 자주 깜박임, 상담자의 질문에 매우 오랫동안 숙고하다가 대답하고, 때때로 손으로 입을 가리거나 어색한 웃음을 띠며 이야기 함, 신청서 작성시 머뭇거리다가 쓰는 모습이 관찰됨.
◆ 호소문제: 진로가 걱정된다, 대학 전공도 자신과 맞지 않아서 전과를 할까 고민하다가 군대에 왔는데 앞으로 어떻게 살아야 할지 걱정이다. 군대가 나랑 맞지 않는 것 같다. 너무 스트레스를 받고 빨리 여기에서 벗어나고 싶다. 자신감이 없고 누가 말을 붙이기만 해도 긴장된다.
◆ 가족관계: 부, 모, 누나 2
- 부: 전문대졸, 회사원, 가족과 거의 소통하지 않고 술을 자주 마시며 술마시고 온 날에는 모와 불화가 많았음, 공부를 잘 못한다는 이유로 내담자를 많이 혼냄
- 모: 고졸, 회사원, 부에 비해서는 내담자와 친밀하나 부의 폭력, 폭언에 내담자를 방어해주지 못함, 부와 불화가 많음
- 누나 1, 2: 전문대졸, 회사원, 모와는 소통하나 부와는 거의 소통하지 않음, 부와 모가 갈등을 일으킬 때 관여하지 않고 침묵함.

(1) 호소문제

이 사례에서 호소문제를 어떻게 구체화할 것인가? 상담에서 호소문제를 구체화하는 것이 매우 중요하다. 왜냐하면 호소문제를 세밀하고 구체적으로 상정해야 합의목표 또한 선명하게 설정되기 때문이다. 많은 상담자들이 내담자들이 와서 처음 말하는 것을 호소문제로 결정하는 경우가 많다.

그러나 내담자들이 처음 만나는 상담자한테 자신의 진짜 힘든 이야기를 솔직하게 바로 드러내는 것은 쉽지 않은 일이다. 또한 갑자기 생긴 문제가 아니라 오랫동안 있어왔던 문제일 경우에는 어디서부터 어떻게 말해야 할지 몰라서 호소문제를 처음부터 구체적으로 이야기하는 것이 쉽지 않다. 그래서 상담자들은 처음 내담자가 꺼내는 이야기를 바로 호소문제로 정하지 말고 또 다른 어려움은 없는지 계속 질문해나가면서 호소문제를 구체화해야 한다.

김이병의 경우에는 자신의 진로가 막막하다는 이야기를 먼저 꺼냈다. 아마도 진로문제를 처음 보는 상담자에게 꺼내는 것이 그나마 쉬웠을 것이다. 그런데 이 이야기만을 듣고 주 호소문제를 진로문제로 결정해서 상담을 진행해 나간다면 진짜 내담자의 문제는 놓치고 말 것이다. 이 사례에서 보듯이 처음에는 진로문제였다가 그다음에는 군대라는 조직에 대한 스트레스, 자신감 없는 자신의 모습, 특히 누가 말을 걸어오는 것만으로도 긴장이 되는 자신의 어려움으로 점점 구체화되어가는 것을 볼 수 있다. 이것은 상담자가 내담자의 호소문제를 구체화하려고 노력했기 때문에 점차 내담자의 호소문제가 세분화되어가는 것이다. 그렇다면 김이병의 호소문제를 어떻게 정해야 할까?

김이병은 대인관계에서 먼저 말을 걸기는커녕, 혹시라도 누가 말을 걸어올까 봐 긴장하고 말을 걸어왔을 때는 어떻게 대답해야 할지 몰라서 망설이는 것이다. 이때 내담자의 정서와 행동은 무엇인지도 상담자가 탐색해야 한다. 김이병은 누가 자신에게 말을 걸어올 때 어떻게 대답해야 할지, 어떻게 말하는 것이 가장 바람직할지에 대해서 고민하느라 대답이 느리고, 가슴이 두근거리고 그 자리를 피하고 싶어 하며, 이때 불안과 두려움을 경험할 것이다. 따라서 이 내담자의 호소문제는 "다른 사람이 나에게 말을 걸어오면 어떻게 대답해야 할지 몰라서 긴장되어 가슴이 두근거리고 그 자리를 피하고 싶어요."가 될 수 있을 것이다.

(2) 촉발요인

촉발요인은 부적응적 패턴을 활성화해서 호소문제에서 말하는 증상을 경험하게 하는 요인이다. 다시 말하면 어떤 행동적 문제와 정서적 어려움의 증상을 특히 어떨 때 경험하냐는 것이다. 김이병의 경우는 누가 말을 걸어올 때 어떻게 반응해야 할지 몰라서 긴장하는 어려움을 경험하고 있다. 즉, 김이병의 촉발요인은 타인에게 자신이 어떤 반응을 해야 할 때 또는 그러한 상황이다. 대인관계에서 아무도 말을 걸어오지 않거나 자신이 어떤 이야기를 해야 할 상황이 아니면 그럭저럭 별문제 없이 보낼 수도 있을 것이다. 그런데 군대라는 조직에서는 동료 용사가 말을 걸어올 수도 있고, 상관이 무언가 질문을 해 올 수도 있다. 특히 어떤 다른 조직보다도 정확하게 대답해야 하는 조직이 군일 것이다. 따라서 김이병은 입대 후 이러한 촉발상황에 더 놓일 가능성이 많기 때문에 군대가 무섭고 스트레스를 많이 받을 수밖에 없을 것이다. 그렇다면 김이병은 왜 대학에서 1학년 1학기 때 휴학을 했을지도 짐작이 가능하다. 초중고교 때보다 대학생이 된 후 자신의 의사를 표현해야 할 상황이나 초중고교 때에 비해 다양한 동료들과 함께해야 할 상황에 훨씬 더 많이 노출되었을 것이고, 이럴 때마다 김이병은 매우 힘들었을 것이다. 그런데 입대 후에는 이러한 촉발요인에 놓여지는 상황이 더 많아지기 때문에 적응하기가 매우 어려웠음이 짐작된다.

(3) 부적응적 패턴

부적응적인 패턴은 촉발요인과 반응인 호소문제의 관계를 들여다봐야 한다. 김이병은 '누가 말을 걸어올 때(자극)' 긴장하고 망설이며, 피하거나 대답을 못 하는(반응) 것으로 정리할 수 있다. 좀 더 깊이 들여다보면 아마도 누가 말을 걸어올 때 어떻게 응답해야 할지 긴장되어서 두려운 마음이 들고 그런 상황을 오로지 피하는 것으로만 대처하는 패턴이 오래되었을 것으로 보인다. 즉, 김이병의 부적응적 패턴은 '회피'라 할 수 있다.

자신의 의사를 표현해야 하는 상황에서 회피하는 호소문제는 행동관찰에서도 발견할 수 있다. 상담자를 만났을 때 멈칫거리고 눈 마주침이 어색하여 눈을 자주 깜박거리는 것은 처음 만난 상담자를 어떻게 대해야 할지 어렵고 긴장되어서 일 것이다. 특히 상담자의 질문에 매우 오랫동안 숙고하는 것을 보면 김이병은 어떤 질문에 어떻게 대답해야 할지에 대해서 매우 망설이는 사람이다. 신청서 작성에도 오랜 시간을 들이는 것 또한 같은 맥락이다.

이러한 행동관찰은 추후 상담에서 매회기 상담자가 관찰해야 하는 요소들이다. 김이병이 다음 회기에 상담자를 만났을 때 어떤 모습을 보이는지, 상담자의 질문에 덜 망설이고 대답하는 속도가 빨라졌는지 등에 대해서 변화를 파악하고, 그 변화의 이유를 상담자는 자신의 이론으로 설명해 낼 수 있어야 한다. 그리고 내담자에게 변화 내용을 알려주고 어떻게 변화할 수 있었는지 변화요인을 함께 찾아야 한다. 내담자의 변화는 아주 작은 데서 시작된다. 그런데 상담자들이 미세한 변화를 놓치는 경우가 많다. 따라서 상담자는 매우 예리하게 내담자의 변화를 살펴야 할 것이다.

(4) 상담자 관점(유발요인, 유지요인, 상담이론)

김이병은 동료들이 말을 걸어오거나 아는 체를 하는 자극에서도 지나치게 긴장하여 가슴이 두근거리고 그 자리를 피하고 싶은 반응을 보인다. 왜 김이병은 이런 반응을 보일 수밖에 없을까? 이 이유에 대해 상담자는 호기심을 갖고 탐구해야 한다. 상담자의 호기심은 내담자가 그럴 수밖에 없는 이유에 대해서 궁금해하고 이해하기 위한 간절함이다.

김이병이 어떻게 대답해야 할지, 어떻게 말해야 할지 몰라서 망설이고 피하고 싶은 마음이 들 수밖에 없는 이유에 대해서 유발요인, 유지요인을 찾고 상담자의 상담이론으로 설명해낼 수 있어야 한다. 김이병은 어린 시절 아버지와의 관계에서 무언가 제대로 대답하지 못해서 꾸중과 비난을 들었다. 그때마다 말대꾸를 하거나 변명을 할 수 없었다. 왜냐하면 만약 김이병이 아버지한테 변명이나 말대꾸를 했다면 더 크게 질책을 당하고 때로는 신체 폭력도 당했다. 그리고 어머니와 누나들 또한 아버지를 대하는 방식이 아무 말 하지 않고 잠자코 있는 것이었다. 무서운 아버지를 대하는 최선의 방식은 그저 잠자코 침묵하는 것이었다. 이때부터 회피하는 방식이 유발되었을 것이다(유발요인). 그 후 김이병은 초중고에서 왕따와 신체 폭력을 무수히 경험했지만 누구에게 도움을 요청하거나 스스로 반항하지 않고 그저 참는 것으로 대응했다(마이너스 유지요인).

그런데 왜 김이병은 오로지 피하는 것으로만 적응해 왔을까? 이 궁금증에 대한 해답을 얻으려면 상담이론이 있어야 한다. 김이병의 경우를 인지행동이론으로 설명해보면 어떤 핵심신념이 자리 잡고 있기에 어떤 중간신념과 어떤 자동적 사고가 있기에 대인관계에서 회피하는 방식을 쓸 수밖에 없을까에 대한 궁금증을 풀 수 있다. 김이병은 '나는 열등하고 부족한 사람이다'라는 핵심신념과 '만약 나의 열등함과 부족함이 드러나면 다른 사람들은 나를 더 함부로 대할 것이다'라는 중간신념, '부족함이 드러나기 전에 피해야 해'라는 자동적 사고가 유발요인과 유지요인을 통해서 형성되었을 것이다.

한편 김이병이 이러한 어려움에도 불구하고 대학에 진학했고, 입대도 했다. 이렇게 삶을 살아내고 있는 그 힘은 어디에서 비롯되었는지 플러스 유지요인을 상담과정에서 발견해낼 수 있도록 상담자는 노력해야 한다.

또한 심리평가를 통하여 상담자 관점을 좀 더 공고히 할 수 있도록 심리검사를 활용할 수 있다. 상담자가 초기에 세운 가설이 심리평가와 부합되는지, 그렇지 않은지, 만약 초기에 세운 가설과 심리평가 결과가 상이하다면 그 이유는 무엇인지 탐색해서 내담자를 통합적으로 이해해야 한다.

(5) 상담목표

임상목표

상담자 관점에서 상담이론으로 내담자가 그럴 수밖에 없음에 대해 설명이 되었다면 임상목표는 바로 설정이 가능하다. 즉, 내담자의 부정적 핵심신념을 수정하는 것을 목표로 두면 된다. 상담자는 매회기 상담을 진행하면서 내담자의 부정적 핵심신념을 수정하는 것을 목표로 개입하고 있다는 것을 놓치지 말아야 한다.

합의목표

합의목표는 내담자의 호소문제를 구체화하였다면 합의목표 설정은 쉬워질 수 있다. 김이병의 경우 "다른 사람이 나에게 말을 걸어오면 어떻게 대답해야 할지 몰라서 긴장되어 가슴이 두근거리고 그 자리를 피하고 싶어요."로 주호소문제를 구체화했다면 합의목표는 똑같은 상황이 벌어질 때 그 자리를 피하지 않는 것이 될 수 있다. 초기에는 '누가 말을 걸어올 때 피하지 않고 그 자리에서 견딜 수 있다.'를 합의목표로 잡아도 된다. 피하지 않으려면 부정적 핵심신념이 수정이 되어야 가능하기 때문에 임상목표와 합의목표는 함께 맞물려 돌아간다. 초기 합의목표가 달성되었다면 회기를 진행하면서 조금 더 큰 목표로 조금씩 수정해 나가도 된다.

(6) 상담전략

임상목표와 합의목표가 정해졌다면 상담자는 임상목표와 합의목표를 달성하기 위한 계획을 수립해야 한다. 즉, 부정적 핵심신념을 줄이기 위해서, 누군가 말을 걸어오는 상황에서 피하지 않기 위해서 어떻게 해야 할지에 대한 구체적인 계획이다. 예로, 누군가 말을 걸어오는 상황에서 자동적으로 떠오르는 생각은 무엇인지 파악하는 인지적 전략, 누군가 말을 걸어오는 상황에서 어떤 감정이 떠오르는지 파악하는 정서적 전략, 누군가 말을 걸어오는 상황에서 어떤 신체적 반응이 느껴지는지 파악하고, 그때 어떤 행동을 취하는지 파악하기 등의 행동적 전략을 들 수 있을 것이다. 그리고 임상목표를 달성하기 위해 독서치료, 미술치료 등의 매체를 활용하는 상담자만의 노하우도 활용할 수 있다.

(7) 예상되는 장애

상담자는 상담계획을 수립하고 실행할 때 어떤 어려움이 있을지 미리 예상해보고 대비해야 한다. 김이병의 경우 상담자가 자신을 부족한 사람으로 볼까 봐 지나치게 깍듯하게 대하거나 필요 없는 주지화를 하거나, 자신이 부족하다고 생각되는 일련의 일들에 대해서 잘 이야기하지 않을 수 있다. 상담과정 중에 이러한 어려움이 발견되면 상담자는 이를 내담자와 진솔하게 이야기 나눌 수 있어야 한다.

2. 상담과정

상담과정은 상담자와 내담자가 상담관계를 맺고 상담목표를 달성하고 종결에 이르는 과정이다. 여기에서는 상담과정을 초기, 중기, 종결기로 나누고 상담자가 다루어야 할 과제는 무엇인지 간략하게 살펴보고자 한다.

1) 상담의 초기과정

상담 초기는 상담자와 내담자가 만나 내담자의 호소문제를 듣고, 내담자의 문제를 이해하고 목표를 수립하고, 목표에 도달하기 위한 초기 계획을 수립하는 단계이다. 초기과정의 가장 중요한 요소는 상담자와 내담자 간에 신뢰를 바탕으로 상담관계를 형성하는 것이다. 신뢰로운 관계형성은 이후 상담과정의 지속 여부와 원활한 상담진행에 매우 중요한 요소이다.

상담자는 상담을 구조화해야 한다. 즉, 비밀보장과 비밀보장의 한계, 녹음 동의, 상담자의 역할 및 내담자 협력의 중요성 등을 설명하고 내담자가 상담에 편안함을 느끼고, 협조적인 태도를 갖도록 안내해야 한다. 상담자는 내담자와의 면담을 통해 호소문제를 구체화하고 관찰, 심리평가과정 등을 통해 내담자와 내담자의 문제에 대한 정보를 수집하고 조직화해서 사례개념화를 해야 한다. 그리고 이를 바탕으로 목표를 수립하고 상담계획을 세운다.

특히 첫 회기에 상담자는 내담자가 보여주는 의미 있는 단서들을 잘 파악해야 한다. 내담자는 사실상 자신의 문제에 대해 오랫동안 고민해왔기 때문에 자신의 이야기를 두서없이 표현하는 경우가 대부분이다. 때로는 파편처럼 흩어져 관련성이 없어 보이기도 하고 은유적인 형태로 표현되기도 한다. 따라서 상담자는 매우 주의 깊게 내담자의 말과 비언어적 메시지를 통해 내담자가 드러내는 것에 대해서 관찰하고 파악하려고 애써야 한다. 특히 사례개념화(ICCM-X, 이명우, 2017) 모형에 기반하여 주호소문제는 무엇인지, 촉발요인은 무엇인지를 구체적으로 파악해야 한다.

첫 회기를 성공적으로 작업하기 위해서 상담자가 유념하고 가져야 할 자세(이규미, 2017) 몇 가지를 살펴보면 다음과 같다. 첫째, 회기 전 내담자를 맞이할 준비를 해야 한다. 내담자의 신청서, 접수면접 기록 등 사전정보를 정리하고 사전정보를 통해서 알게 된 내용을 바탕으로 내담자를 이해하기 위해 필요한 지식을 갖춘다. 즉, 관련 문헌, 관련 연구 등을 참고하거나 슈퍼바이저, 전문가의 의견 등을 참고한다. 또한 심리검사 해석에 대한 정확도를 높이기 위한 준비를 한다. 그리고 면담을 앞두고 최소 10분 정도는 마음을 비우고 내담자를 위한 마음자리를 만들어 둔다.

둘째, 내담자의 내적 참조체제에 익숙해지기 위해 고정관념을 버리고 몸과 마음을 개방해야 한다. 상담자의 판단을 버리고 '지금 여기'에서 보이는 내담자의 모습을 그대로 보고 이해해야 한다. 내담자와 상담자 자신을 믿고 그에 집중하면서 성실하게 따라가야 한다. 우선 몸과 마음을 다해 진솔한 태도로 내담자를 대할 때 두 사람 간에 순수한 "심리적인 접촉(Rogers, 1961)"이 이루어진다. 새로운 내담자를 만나는 것은 내담자의 방식대로 생각하고 느낄 수 있는 시스템을 갖추는 것과 같다.

셋째, 첫 회기로 상담을 마무리하는 내담자일지라도 도움이 되도록 한다. 내담자들 중에는 처음부터 상담을 일회적인 자문으로 생각하고 오는 경우가 있으므로 지속적인 참여에 주저하는 경우가 있다. 또 어떤 내담자들은 지속적인 상담이 가져다 주는 변화나 성과 등에 대해서 잘 알지 못하기 때문에 일 회기 상담에 만족하고 말 수도 있다. 자발적으로 상담현장을 찾은 내담자들조차도 첫 회기 후 지속상담을 선택하지 않을 수 있다. 따라서 상담자는 첫 회기만으로도 내담자의 부적응적 패턴을 파악하여 내담자의 이후의 삶에 도움이 될 수 있도록 안내해야 한다.

2) 상담의 중간과정

상담의 중간과정은 내담자가 자신에 대해 깊이 탐색하고 통찰하여 해결해야 할 문제에 대해서 알고 새로운 시도를 조금씩 도전해보는 단계이다. 그동안 자신의 문제의 원인이 외부에 있었다면 이제는 자신에게 문제가 있으며 변화의 주체도 자신임을 알고 행동의 변화를 일으키기 위해 애쓰는 단계이다. 내담자는 때로는 변화가 일어나기도 하고 때로는 그 자리에 정체되는 느낌으로 인해 좌절을 경험할 수도 있다. 이때 상담자는 내담자를 지지하고 격려하여 성공 경험을 할 수 있도록 안내해야 한다. 그리고 내담자의 작은 성공 경험과 변화를 놓치지 않고 발견하여 내담자에게 다시 돌려주어 성공과 변화가 확대되도록 해야 한다.

특히 중간과정에서는 상담자가 내담자의 자각 및 통찰을 돕기 위해 진솔성을 바탕으로 직면, 해석, 즉시성 등의 방법을 사용하고, 꿈작업이나 빈 의자기법, 상담자만의 특별한 매체활용 등의 다각적인 방법을 활용할 수 있다. 이 모든 상담기법들이 임상목표, 합의목표를 도달하기 위한 것이란 걸 잊지 않고 사용해야 한다.

그런데 상담이 진행되면서 상담자의 의도와는 다르게 내담자의 저항에 부딪칠 수도 있다. 초보 상담자일수록 내담자의 저항에 당황하고 자신의 상담능력을 과소평가하여 위축될 수도 있다. 그러나 내담자의 저항은 상담에 있어 매우 중요한 의미이기 때문에 내담자 저항의 원인을 상담자가 잘 알아차리고 그 의미를 파악해야 한다. 그리고 그 저항의 의미를 다시 상담 장면에 올려놓고 다룰 수 있어야 한다. 어쩌면 내담자에 대한 사례개념화가 잘 되었다면 어느 회기에 내담자의 저항이나 갑작스런 종결 메시지가 올 수도 있다는 걸 예감할 수도 있다. 또한 내담자에게는 당황함과 좌절이 있을 수 있는 단계이므로 상담자는 자신의 상담에 자신감을 갖고 내담자가 중도에 포기하지 않고 변화할 수 있도록 든든하게 지탱해줘야 한다.

3) 상담의 종결과정

종결의 가장 바람직한 것은 임상목표와 합의목표가 달성되었다고 판단될 때 상담자와 내담자가 합의하여 종결하는 것이다. 그런데 실제 상담현장에서는 다양한 종결이 있을 수 있다. 기관의 방침이나 한계에 의해 정해진 회기가 있을 수도 있다. 이런 경우에는 애초에 정해진 회기 내에 도달할 수 있는 목표를 설정하고 내담자와 미리 정해진 회기에 종결한다는 사실을 알려서 내담자가 종결준비를 하게 해야 한다. 예상치 못한 외부요인, 즉 이사나 이직으로 인한 조기 종결의 경우 짧은 시간의 상담이지만 현재까지의 상담과정과 현재 내담자의 상황, 앞으로의 과제 등에 대해서 살펴보고 내담자와 이별해야 한다. 만약 상담자의 이직이나 이사로 갑자기 다른 상담자에게 연계되는 경우에는 미리 내담자에게 알려서 내담자의 상실감이나 배신감을 최소화해야 한다.

또한 상담자의 심리적 배경, 상담경험 부족 등의 요인으로 인해 조기 종결을 하게 되는 경우는 없는지 상담자는 자신을 살펴봐야 하고, 상담자의 문제로 부적절한 조기 종결을 하게 된다면 자기분석을 받아서 상담에 장애가 될 수 있는 개인 문제를 해결해야 한다. 많은 경우 내담자에 의한 일방적 조기 종결이 많다. 상담이 도움이 되지 않거나 상담자로부터 좋은 대우를 받지 못했다는 판단이 들 때, 자신이 감내해야 하는 상황에 부딪히고 싶지 않을 때, 상담자의 개입에 저항을 느낄 때, 상담비가 부담될 때 등의 이유로 내담자는 종결의사를 표현할 수 있다. 이때 초보상담자들은 조기 종결의 원인을 자신의 상담능력으로 귀인하여 자책하고 심지어 상담일을 그만두어야겠다는 생각을 하기도 한다. 그러나 내담자 요인도 많기 때문에 내담자가 종결의사를 밝힐 때에는 종결 이유에 대해 내담자와 솔직하게 논의하는 것이 좋다.

종결해야 함에도 불구하고 종결이 지연되는 경우도 있다. 내담자의 분리에 대한 불안이 있을 경우 이를 다루어야 하고, 내담자가 의존성에서 벗어날 수 있도록 해야 한다. 상담자 역시 자신의 분리불안의 문제로 종결을 지연시키거나 경제적인 이유로 내담자를 붙잡아두는 경우는 없는지 끊임없이 자기성찰을 통해 이러한 문제가 일어나지 않도록 해야 할 것이다.

상담자와 내담자가 동시에 목표에 도달했다고 판단하여 합의종결을 할 때는 그동안 함께 걸어왔던 상담 과정을 되돌아보고, 요약한다. 그리고 상담을 통해서 변화된 내용, 변화요인 등에 대해서 정리하고, 상담이 종결된 후에도 변화요인을 지속적으로 실천할 수 있도록 안내한다. 그리고 아직 남아있는 미해결 과제는 무엇인지 그것에 대한 대처는 무엇인지 함께 논의

한다. 그리고 상담자를 떠나서 독립적으로 일상에 부딪혀 보고 만약 다시 어려움에 빠지는 경우 언제든 다시 상담을 재개할 수 있다는 것을 언급하여 안정감을 갖도록 한다. 끝으로 잊지 않아야 할 것은 상담자에게도 내담자와의 만남이 의미가 있었고 내담자와의 이별에 대한 아쉬움이 있으며, 이별 후에도 내담자가 소중히 남아있을 거라는 인사를 건네는 것이 필요하다.

3. 상담기법

1) 주의 기울이기와 관찰

상담자는 내담자가 편안하게 상담에 임할 수 있는 태도를 취해야 한다. 주의 기울이기는 우선 따뜻하고 부드러운 눈빛으로 편안하게 눈 맞춤을 해야 한다. 눈 맞춤은 단순히 눈을 바라보는 것이 아니라 내담자에게 상담자의 마음을 전하고, 내담자의 마음을 헤아리는 창이 된다는 점에서 중요하다. 그리고 상담이 낯선 내담자가 편안함을 느끼도록 적당한 거리에서 내담자를 향해서 몸을 기울여야 한다. 또한 상담자의 주의가 분산되지 않도록 행동하는 것이 중요하다. 지나치게 기록에 집중한다든가, 다른 곳을 바라본다든가, 펜을 돌린다든가 하는 행동은 내담자의 집중을 흐트러뜨리는 행동이므로 지양해야 한다.

관찰은 내담자의 눈빛, 표정, 말투, 옷차림, 눈맞춤, 언어사용의 특징(반말투의 말, 지나친 외국어 사용, 말의 속도 등) 등 비언어적 메시지를 관찰해야 한다. 뿐만 아니라 내담자에게서 느껴지는 상담자의 반응도 관찰해야 한다. 이 느낌이 역전이인지, 내담자가 유발하는 것인지를 살펴보아야 한다. 상담자 요인이라면 교육분석의 대상이 될 것이고 내담자 요인이라면 다른 사람들 또한 내담자에게 비슷한 감정을 느꼈을 것이고, 이러한 점이 내담자의 호소문제와 어떻게 연결되는지 살펴보아야 할 것이다.

2) 재진술, 인정, 요약

재진술은 내담자의 언어적인 내용을 따라가면서 나타내는 상담자 반응의 한 형태로, 내담자의 감정을 읽어주거나 판단하는 것이 아닌 단지 내담자가 말한 내용의 핵심을 전달해주는 것이다.

예)

내1: 머리로는 헤어져야겠다고 생각해요. 고집도 세고 본인은 변할 생각도 없고, 제가 아마도 더 힘들어질 것 같아요. 그런데 이상하게도 자꾸 신경이 쓰여요. 내가 왜 이러는지 모르겠고 이런 내가 짜증 나요.

상1: 머리로는 헤어지는 게 맞다고 생각하지만, 마음은 잘 안 된다는 말씀이군요.

인정은 내담자가 현재까지 선택한 방법, 감정, 상황 등에 대해서 그대로 받아들이는 것이다. 내담자들이 현재 보이는 생각과 행동, 감정 등은 그동안의 삶에서 그럴 수밖에 없는 것으로 내담자로서는 최선의 선택이었을 것이다. 인정은 내담자들의 그간의 고군분투한 삶을 그대로 존중해주는 것이다. 그러나 인정기법을 사용하는 것을 남발하는 것은 주의해야 한다. 힐(Hill, 2009)은 인정의 자제력 있는 사용을 권했다. 내담자를 현재 상태에 머물러도 되는 것으로 또는 내담자를 그저 안심시키기 위해 인정을 사용하는 것은 금해야 한다.

예)

내1: 치매 어머니를 나 혼자 2년 이상 모시고 있는데 다른 형제들은 손님처럼 왔다 가고 와서도 나 대신 어머니 돌볼 생각은 하지 않고 나한테 떠넘기듯이 말해요. 너무 화가 나는데 표현은 못 하고 꾹 참고 있어요.

상1: (형제들의 행동에 화가 나시겠어요.) 화를 그때그때 표현하는 것은 쉽지 않은 일이죠.

요약은 내담자의 긴 이야기 속에 담긴 요소들을 간결한 문장으로 요점을 정리하는 것이다. 좋은 요약은 많은 사실들을 기계적으로 묶는 게 아니라 서로 관련 있는 자료들을 체계적으로 묶어 표현하는 것이다. 특히 상담 초기에 내담자가 산만하게 이야기하는 것처럼 보일 때 유용하다. 그리고 내담자의 말을 상담자가 잘 이해했다는 사실을 들려주거나 내담자의 의도를 상담자가 잘 이해했는지에 대한 질문의 역할도 할 수 있다. 회기를 시작할 때 지난 회기를 요약하거나 회기를 마칠 때 그 회기를 정리하기 위해 요약할 수 있다.

3) 직면, 즉시성, 해석

직면은 내담자의 모순과 불일치를 검토하거나 깨닫도록 안내하는 기술이다. 직면은 내담자가 자신의 행동을 검토하여 새로운 조망을 갖게 하는 것이 목적이다. 직면해야 할 것들은 내담자가 인정하고 싶지 않은 감정이나 욕구, 모순되는 양가감정이나 불일치, 변화에 대한 두려움으로 회피하고 있는 것들이다. 내담자의 변화를 위해 용기를 내어 사용해야 하는 것이 직면이지만, 내담자가 직면을 수용할 준비가 되었을 때 사용해야 한다. 직면은 비난하거나 수치심을 유발하는 것이 아니라 확고하고 지지적인 것으로 전달해야 한다(Hill, 2009).

상담자는 다음과 같은 구조로 직면기법을 사용할 수 있다(이규미, 2017).

당신은 ~라고 말하면서 ~ (행동에 대해) 하고 있네요. (말과 행동의 불일치)

당신이 ~라고 말하지만 ~ (표정 또는 정서) 해 보여요. (언어와 정서의 불일치)

당신이 ~라고 말한 것과 ~라고 말하는 것은 서로 다른 얘기네요. (진술내용 간의 불일치)

당신은 ~일 거라고 판단하지만, 그것과 관련해서 들려주는 얘기는 그런 판단의 근거가 되지 않는 것들로 들려요. (근거가 되는 사실과 내담자의 결론 간의 불일치)

당신이 ~하게 행동한 것은 당신이 ~(가치 또는 신념)라고 주장해 온 것과는 다른 것 아닌가요?(가치와 행동 간의 불일치)

예)

내1: 그런 사람 저는 더 이상 필요 없어요. 그동안도 그 사람 없이 잘 살았어요. 이제는 제가 먼저 헤어지자고 할 거예요.
상1: 말로는 헤어져야겠다고 하지만 당신의 눈빛과 목소리에서는 아직 헤어지지 못하는 마음이 느껴지네요.

즉시성은 상담자가 내담자에게 대해 어떻게 느끼는지 감정과 반응을 드러내어 내담자가 통찰을 얻도록 돕는 방법이다(Hill, 2009). 이간(Egan, 2002)은 "전반적인 관계에 대한 즉시성, 지금 발생한 사건에 초점을 둔 즉시성, 내담자 또는 상담관계에 대해 긍정적이거나 부정적인 진술을 포함하는 즉시성 등의 유형을 소개하고 있고, 힐(Hill, 2009)은 관계에 대해 질문을 해서 상담관계에 대한 느낌을 공유하도록 초대하는 것, 내담자에 대한 상담자 반응에 대한 진술, 드러나지 않은 것을 명백하게 하는 것, 상담자에 대한 반응을 밖에서 다른 사람과도 유사하게 하는지 알아보는 것" 등의 유형을 제시하고 있다(이규미, 2017 재인용).

즉시성 또한 내담자가 받아들일 수 있다는 판단이 섰을 때, 신중하고 정중하게 사용해야 하지만 즉시성을 잘 사용하면 상담관계는 훨씬 더 신뢰롭고 깊이 발달할 수 있다.

예) 내담자가 상담자에게 조심스럽게 진술하고 있는 상황에서 상담자의 즉시성

"오늘도 상당히 조심스럽게 이야기하는 것처럼 보여서 아직도 저를 충분히 믿지 못하는 것은 아닌가 하는 마음이 들어요. 어떠세요?"

해석이란 내담자가 피하고 있거나 부분적 또는 전체적으로 인식하지 못하고 있는 자신의 어떤 모습을 인식하도록 도와주는 상담자의 언어개입이다(Colby, 1951). 즉, 문제나 증상이 일어나도록 하는 어떤 부분이나 내담자가 받아들이거나 인식하지 못하고 있는 무의식 영역에 있는 내담자 자신의 모습에 대해 의식수준에서 인식할 수 있도록 해 주거나 내담자가 왜 그렇게 말하고 행동하는지에 대한 분명한 내면의 원인을 자각하도록 돕기 위한 상담자의 설명이다. 원래는 정신분석에서 주로 꿈, 전이, 저항 등을 해석하는 데서 비롯되었으나, 최근에는 이론적 경계를 넘어 널리 사용되고 있다.

해석은 내담자가 이제껏 외면하고 회피해온 고통스러운 자신의 모습을 직면해서 받아들일 수 있게 되기까지의 점진적이고 영속적인 작업과정이다. 해석은 마치 퍼즐을 맞추는 것과 같다. 한 조각씩 맞추어 가다 보면 어느 순간 전체의 통합된 형태로 드러나게 된다.

해석의 효과에 대해 프랭크와 프랭크(Frank &Frank, 1991)는 "내담자가 상담자의 적절한 설명을 통해서 자신의 경험 및 내적 갈등에 대한 혼란스러움과 불가해한 느낌에서 벗어나 통달감, 안도감, 자기효능감을 높이고, 이러한 통찰이 변화에 도움이 되는 것"이라고 설명하고 있다. 그러나 상담자가 해석을 사용할 때는 내담자 스스로 자신에 대해 통찰할 수 있는 기회를 충분히 주고 해석에 앞서 탐색적 질문을 통해 스스로 통찰에 이르게 하는 것이 중요하다. 가장 좋은 해석은 내담자가 스스로 "아하! 그래서 그랬던 것이군요."라며 내담자가 스스로 자신의 상태를 통찰하여 해석을 내리는 것이다(Collby, 1951).

내담자가 충분히 준비되지 않은 상태에서 때 이른 해석을 하는 것은 위험할 수 있다. 해석은 내담자의 고통스러운 감정이 크게 건드려지거나 자존심의 손상을 입지 않을 정도의 분량이 안전하다. 해석 전에 내담자의 인식이나 통찰의 정도를 평가한 다음에 그 강도를 정하는 것이 안전하다.

콜비(Collby, 1951)가 제시한 해석의 한 예이다. 관계를 회피하는 사람에게 처음에는 완고한 방식의 해석을 한다.

"당신의 행동은 관계를 깨는 쪽으로 작용한 것 같군요."
"관계가 멀어지는 데 당신이 기여하는 부분은 없는지 생각해 봐야겠군요."

그 후 이 해석을 내담자가 잘 받아들이면 좀 더 수위를 높일 수 있다.

"그와 친해지는 걸 두려워하시는 건 아닌지요?"
"그와 가까워질 때 어떤 점을 염려하시는 건지요?"

해석은 상담자가 확신을 갖고 직접적인 언급(~인 것으로 보입니다)으로 전달할 수도 있지만 가설적인 진술이나 질문의 형태(~일 수 있습니다, ~가 아닐까요?)로 전달해서 내담자가 이를 확언하는 방법을 취할 수도 있다(이규미, 2017).

이장호(1995)는 상담 초기에는 감정을 반영하는 방식으로 해석하고, 상담 중기에는 명료화와 직면의 방식으로 해석하며, 상담 후기에 가서 비로소 구체적인 해석을 할 수 있음을 지적한다. 구체적 해석은 상담과정 속에서 내담자와 상담자 간의 충분한 신뢰가 쌓이고 그동안의 작업을 통해 내담자가 자신에 대한 통찰이 이루어진 후 가능하다.

예)

내1: 남자친구와 연락이 되지 않으면 너무 무서워요. 아무것도 못 하고 발만 동동 구르고 있어요. 왜 그렇게 무서운지 모르겠어요. 선생님 저는 도대체 왜 그럴까요?

상1: 남자친구와 연락이 되지 않으면 마치 남자친구가 나를 버리고 갈 것 같다는 마음이 드는 것 같군요. 예전에 말없이 엄마가 집을 나간 후 느꼈던 그 불안을 똑같이 경험하고 있는 것 같아요.

4. 군 심리검사

1) 군 심리검사

심리검사란 성격, 지능, 적성 같은 인간의 다양한 심리적 특성들에 대해서 파악하고자 하는 목적을 가지고 다양한 도구들을 이용하여 특성들을 양적, 질적으로 측정하고 평가하는 일련의 절차를 말한다. 이러한 심리검사를 통해서 각 사람마다 개인차에 대해 파악할 수 있으며, 심리적인 과정에 대한 이론적인 통찰을 얻을 수 있게 된다. 심리검사의 목적은 인간의 다양한 심리적 특성을 파악하고, 개인의 행동이나 성격을 이해하며, 이를 토대로 개인의 문제해결에 도움을 주고자 하는 데 있다.

군에서 실시하는 심리검사의 목적은 군 생활에서 사고를 예방하여 전투력을 보존하기 위한 것으로 활용되고 있다. 좀 더 구체적으로 알아보면 군에 입대하는 장병들의 정신질환 유무를 확인하고, 용사들의 심리적 특성을 파악하여 부적응 용사를 식별하여 관리하는 예방적 측면에서 활용되고 있다. 또한 군 생활에 잘 적응할 수 있도록 도와주는 정신건강 참고자료로 활용된다.

2) 군 심리검사의 발달

군에서 실시한 최초의 심리검사는 1961년 개발된 정신박약 진단검사이다. 그 후 육군은 인간관계 개선 연구위원회를 설치하여 운영하였으며, 1968년 정신진담검사를 개발하여 신병을 대상으로 검사를 실시하게 되었다.

1991년에는 다면적 인성검사(Minnesota Multiphasic Personality Inventory)를 개발하여 시험·적용하였으며, 1995년부터 육군에 입대하는 장병을 대상으로 확대·적용하였다. 그러나 검사의 신뢰도 부족, 지속적인 악성사고 발생 등 군 인성검사에 대한 신뢰성 제고가 증대되었고, 복무부적응자의 사고 예측을 높여야 할 필요성과 정신병 환자에 대한 선별을 위한 군 심리검사를 개발하여야 할 필요성이 더욱 요구되었다.

2007년 군 복무부적응자의 예측 확률을 높이고 판정 결과의 신뢰성 향상을 위해 인성검사의 현황 분석과 기존 인성검사 자료를 수집하였으며, 2008년 4가지 유형의 심리검사도구를 개발하여 적용하게 된다. 적용되는 심리검사 종류는 현역복무 부적합자를 조기에 선별하기 위해 개발된 신병용 인성검사, 군복무에 부적응자를 사전에 예측하여 지휘관 참고자료로 활용할 수 있도록 사용하기 위한 자대용 인성검사, 신병검사 시 군 임무수행에 제한되는 인지능력을 가진 인원을 사전에 차단할 목적과 꾀병집단을 감별하기 위한 인지능력검사, 자기보고검사의 한계를 보완할 수 있도록 용사 상호 간 타인을 평가하고 집단 내 상호관계를 파악하기 위한 관계유형검사 등 4가지 유형의 검사도구를 개발·적용하게 되었다.

2010년부터는 징병단계와 입영신검 단계에서 활용되는 복무적합도 검사를 개발하였다. 2011년도에는 간부용 복무적응도검사를 개발하였으며, 2012년에는 신병교육대 훈련병용 군 생활 적응검사가 개발되어 활용되고 있다.

3) 신인성검사2.0

인성검사는 장병들이 군 복무 중에 발생할 수 있는 어려움과 부적응을 식별하기 위해 군 복무기간에 단계별로 실시하여 사고 가능성을 조기에 식별 및 관리하여 건강한 군 복무를 돕기 위한 과학적 식별도구이다.

신인성검사2.0은 한국국방연구원(KIDA)이 개발하여 군 장병을 대상으로 실시하고 있는 심리검사에 대한 총칭으로, 복무접합도검사2.0, 군 생활적응검사2.0, 용사 복무적응도검사2.0, 관계유형검사, 간부 복무적응도검사2.0으로 구성되어 있다.

① 복무적합도검사2.0

복무적합도검사2.0은 정신질환 관련 문제를 측정하기 위해 정신과적 환자집단과 정상집단을 비교분석하여 정신병리 판정을 위해 개발되었다. 이러한 분류는 군에서 발생하고 있는 사고와 관련된 사고집단(부적응집단)과 정상집단(적응집단)의 검사자료를 비교분석하여 사고를 예측할 수 있는 척도 개발을 통해 군 복무 중 사고 및 부적응을 일으킬 가능성이 있는 대상자를 선별하기 위한 자료로 활용하게 된다.

복무적합도검사2.0은 병영판정검사 단계와 입영신검 단계에서 실시하는데 병영판정검사 단계에서는 현역복무부적합자를 조기에 식별하기 위한 참고자료로 활용되고 있다. 입영신검 단계에서는 군 복무 중 어려움이 예측되는 정신질환 가능성의 여부를 확인하고 군 복무 중 발생 가능여부를 식별하여 지휘 참고자료로 활용하는 목적으로 진행된다. 검사구성은 군 생활을 건강하게 할 가능성을 나타내는 척도와 군 생활에 영향을 미칠 수 있는 척도인 정신건강, 복무적응, 특정성격, 추가 확인영역으로 자살, 중독 등을 검사하게 된다.

② 군생활적응도검사2.0

군생활적응도검사2.0은 신병교육 단계에서 실시한다. 검사의 목적은 현재 부적응 여부를 파악하고 효과적인 지원을 통해 용사들이 겪고 있는 어려움을 해소해줌으로써 군 생활에 잘 적응하도록 돕기 위해 진행된다. 검사의 구성은 정서영역(우울, 불안, 신체화), 행동화영역(적대감, 편집증상, 품행문제), 기타영역(사고혼란, 성역할 갈등, 자살), 적성영역으로 구성되어 있다.

정서영역에서 우울은 우울한 기분, 즐거움의 저하, 식욕부진 등을 확인하며, 불안은 과도한 걱정, 불안, 긴장, 신체적 증상에 대해 확인한다. 신체화는 통증증상, 위장관련 증상, 전환증상 등 신체적 증상에 대해 확인하게 된다. 행동화영역에서 적대감은 분노감, 공격적 충동을 확인하고 편집증상은 타인 불신, 경계심, 분노감을 측정한다. 품행문제는 입대 전부터 사회적, 도덕적 규범 무시, 타인위협, 공감능력, 죄책감 가능성에 대해 확인하게 된다. 기타영역에서 사고혼란은 정신증적 증상을 확인하고 성역할 갈등은 성역할에 따른 군조직 적응 여부를 확인한다. 자살은 반복적인 자살생각, 자살계획을 세우고 자살을 시도할 가능성에 대한 확인한다.

검사는 훈련소 입소 후 3~4주차 훈련병을 대상으로 실시하며, 검사 시행 시점에 대상자가 느끼는 전반적인 정서적 어려움과 심각도를 고려하여 판정하게 된다. 검사결과는 양호, 주의, 즉각의뢰로 구분된다. 양호는 현재 군 생활 적응에 특별한 어려움이 없음을 나타내며, 주의는 특정 문제영역에서 지속적인 주의 관찰 및 전문가 의뢰가 필요할 경우를 나타낸다. 마지막으로 즉각 의뢰는 특정 문제영역에 대해 즉각적인 전문가 의뢰가 필요할 때는 판정되어 결과를 제시한다.

적성성격 영역은 군 복무자의 적성 및 흥미 관련 특성을 제시하는 영역이다. 검사 결과 해석은 특정 문항에 대해 상대적으로 높은 2개 유형의 조합을 통해 성격 특성으로 나타나게 된다. 적성 성격 구성은 강인성, 탐구성, 창의성, 배려성, 주도성, 성실성으로 구분된다. 강인성은 육체적 강인함과 언세하여 기계적인 능력과 활동적인 경험에 대한 선호를 나타내며, 탐구성은 복잡하고 추상적인 사고를 요구하는 일로 논리적인 사고 활동에 대한 선호를 나타낸다. 창의성은 상상력이 풍부하거나 예술적인 활동에 대한 선호이며, 배려성은 대인관계를 중시하며 친화력이 요구되는 활동에 대한 부분을 표시한다. 주도성은 통솔력이나 리더십을 발휘하는 활동에 대한 부분이며, 마지막으로 성실성은 정해진 절차나 규칙에 따른 활동에 대한 선호를 나타낸다.

③ 복무적응도검사2.0

용사와 간부들은 자대복무 단계에서는 복무적응도검사2.0을 진행하게 된다. 용사가 실시하는 복무적응도검사2.0은 용사들의 군 생활 적응상태 확인을 위해 정신건강상태, 대인관계 양상, 적응 척도, 자살 관련 척도 등으로 구성되어 있다. 복무적응도검사는 주기적인 검사를 통해 용사의 심리적 특성을 파악하여 부적응을 예방하고 성공적인 병영생활을 위해 지휘관 참고자료 제공과 검사결과에 따라 병영생활 전문상담관의 상담자료로 제공하게 된다.

간부를 대상으로 진행하는 복무적응도검사2.0은 간부들의 정신건강상태, 대인관계 양상, 중독, 자살, 성 관련 인식 등으로 구성되어 있으며, 검사를 통해 스트레스 수준 및 심리적 어려움을 파악하게 된다. 자료는 본인 및 지휘관에게 참고자료로 제공하게 된다.

④ 관계유형검사

관계유형검사는 자대복무 단계에서 용사들에게 실시한다. 관계유형검사는 자기보고식 검사인 복무적응도검사의 한계점을 극복하기 위해 병 상호 간 평가 방식을 적용하고 있다. 관계유형검사를 통해 병 상호 간 관계유형을 이해하고 타인 평가를 통해 부적응행동을 식별하기 위해 진행하게 된다. 검사는 전 용사를 대상으로 동일 부대원, 생활관 동기, 근무 동료 등 관계를 맺고 있는 그룹 단위로 진행한다.

표 7-2 신 인성검사 체계

구분	단계/대상	검사도구	검사목적	시기
용사용	병역판정검사/병영판정검사대상자	복무적합도검사2.0	•정신질환증상 파악 •현역 복무부적합자 선별 참고자료 제공	병역판정시
	입영신검/입영신검대상자	복무적합도검사2.0	•정신질환증상 파악 •현역 복무부적합자 선별 참고자료 제공	입영 후 3일 이내

<table>
<tr><th>구분</th><th>단계/대상</th><th>검사도구</th><th>검사목적</th><th>시기</th></tr>
<tr><td rowspan="3">용사용</td><td>신병교육/훈련병</td><td>군생활적응검사2.0</td><td>•훈련기간의 정서 및 행동문제 파악
•적성성격관련 정보 제공</td><td>입소3~4주차</td></tr>
<tr><td rowspan="2">자대복무/전 용사</td><td>복무적응도검사2.0</td><td>•적응상태 확인
•지휘관리 참고자료 제공</td><td>복무기간 4회</td></tr>
<tr><td>관계유형검사</td><td>•타인평가에 의한 부적응행동 식별
•관계유형이해</td><td>반기 1회
필요시 월 1회</td></tr>
<tr><td>간부</td><td>자대복무/전 간부</td><td>복무적응도검사2.0</td><td>•스트레스수준, 심리적 어려움 파악</td><td>년 1~2회</td></tr>
</table>

용사들의 복무기간 실시하는 병사 복무적응도검사2.0과 관계유형검사는 병영생활 전문상담관의 상담자료로 활용하기 때문에 설명하고자 한다.

4) 병사 복무적응도검사2.0

(1) 개발 배경

병사 복무적응도검사2.0은 용사들이 군 생활을 하며 겪게 되는 심리·정서적 적응상태를 파악하기 위한 검사도구이다. 이는 용사들이 군 생활 동안 부적응 가능성을 사전에 확인하고 적절한 조치를 취함으로써 성공적인 군 생활에 도움이 될 수 있도록 자대 복무 기간 동안 주기적으로 검사를 실시하게 된다.

병사 복무적응도검사2.0의 개발 배경은 기존의 적성적응도검사가 용사들의 정신건강, 사고위험요소 식별이 제한되어 군에서 발생하는 악성사고를 예방하지 못하고 있으며, 군 내·외의 급변하는 환경을 반영하지 못하고 있어 평가영역의 확대에 대한 필요성이 제기되어 용사의 복무적응 평가를 위한 문항으로 구성되었다.

(2) 검사 구성

용사 복무적응도검사2.0의 검사 구성은 적응척도, 자살위험척도, 추가확인영역, 응답경향척도로 구성되어 있다.

① 적응척도

적응척도는 정신건강상태 영역과 대인관계양상 영역으로 구분된다.

정신건강상태 영역은 군 생활에 영향을 줄 수 있는 개인 차원의 전반적인 정신건강 기능 수준을 평가하는 영역으로, 정서, 행동, 사고 영역으로 세분화되어 있다. 정서문제는 개인에게 내재화되어 있는 문제로 우울이나 불안증상, 위축, 신체적 증상 호소와 같이 스트레스에 대한 반응으로 나타내는 문제를 다루기 위한 영역이다.

정서문제의 하위 척도는 불안, 우울, 신체화로 구성되어 있다. 불안은 불안할 때 느낄 수 있는 걱정, 긴장감, 초조감 등의 증상을 측정하고, 우울은 우울할 때 느낄 수 있는 임상적 특징인 흥미상실, 무기력, 우울감 등을 측정하며, 신체화는 두통, 답답함 등 일상생활에서 경험하게 되는 신체적 증상을 측정할 수 있는 문항으로 구성되어 있다.

행동문제는 외현화된 문제를 다루는 영역으로 규칙 위반, 공격 행동, 분노 표현 등의 문제로 인해 타인이나 집단에 부정적인 영향을 가할 수 있는 부분을 확인하는 영역으로, 분노감, 공격성, 충동성 측정으로 구성되어 있다. 분노감은 분노조절, 짜증, 논쟁적 모습 등 분노와 관련된 행동양상을 측정하고, 공격성은 다른 사람을 괴롭히거나 고의적 시비 등 분노에 의해 언어적, 행동적으로 표출되는 행동양상을 측정하며, 충동성은 욕구에 따라 충동적으로 행동하는 양상을 측정하는 문항으로 구성되어 있다.

사고문제는 사고혼란을 다루는 영역으로 망상, 편집, 환각으로 구성되어 있다. 망상은 타인으로부터 통제, 감시를 당하는 등 망상과 관련된 증상을 측정하고, 편집은 타인이 자신을 이용하고 있다는 의심과 생각, 행동을 측정하며, 환각은 환청, 환시 등 비현실적인 경험을 측정하기 위한 문항으로 구성되어 있다.

표 7-3 적응척도 요소

영역	하위 척도	관련 증상(구성 문항)
정서문제	불안	걱정함, 쉽게 놀람, 긴장 및 초조함을 느낌, 수면장애 증상
	우울	일상의 흥미/의욕/집중력 저하, 우울감, 미래에 대한 절망감
	신체화	두통, 답답함, 숨막힘, 어지러움 등의 신체적 불편감이나 고통감
행동문제	분노감	화, 짜증, 불평, 타인에 대한 참을성 부족, 분노조절이 어려움
	공격성	분노와 적개심을 언어적/행동적으로 표출, 공격 충동 등
	충동성	기분에 따른 말과 행동, 성급한 결정, 참을성 부족, 즉각적인 욕구 해소 행동
사고혼란	망상	의심 많음, 판단력과 현실 검증력의 저하, 비현실적으로 왜곡된 믿음
	편집	부당한 대우 및 괴롭힘, 이용당할 것이라는 믿음에서 비롯된 경계심
	환각	외부 자극이 없는 상태에서의 환청과 같은 비현실적인 감각 경험

대인관계 영역은 군 복무의 특성상 용사들은 다수의 낯선 사람들과 단체 생활을 경험하게 된다. 군에서 발생하는 많은 사고의 원인인 대인관계의 문제에서 비롯되는 경우가 많은 것으로 나타나고 있다. 단체생활이 필수인 군 복무 환경에서 구성원과의 관계는 매우 중요한 영역으로 관계에서 어려움을 경험할 경우 집단으로부터의 고립되거나 부적응적인 문제가 발생할 수 있다. 이에 대인관계양상척도에서는 대인관계의 기능수준을 측정하기 위해 관계고립, 공감미흡, 협동미흡 영역으로 구분되어 있다.

관계고립은 관계무관심과 관계예민으로 구성되어 있다. 관계 무관심은 대인관계에 무관심하여 타인과 친밀감 형성이 어려워 혼자 있는 활동을 선호하는 모습이나 행동을 측정하게 되며, 관계예민은 관계상에서 타인의 시선이나 반응에 지나치게 과민해 대인관계에 소극적이고 수동적인 모습을 측정하게 된다.

공감미흡은 대인관계에서 이루어지는 소통과 상호 간 관계 유지에 필요한 타인에 대한 이해와 관용에 대한 부분으로 인지적 공감(관점)과 정서적 공감으로 구분된다. 인지적 공감(관점)은 상대방의 입장과 관점을 이해하는 것을 의미하며, 타인의 의견이나 생각에 대한 수용성 및 타협성을 측정하기 위해 실시하며, 정서적 공감은 타인의 입장에서 느낄 수 있는 감정에 대한 공감 및 동정심을 측정을 위한 문항으로 구성되어 있다.

협동미흡은 조직 내 구성원 간 혹은 구성원과 조직과의 관계에서 상호 배려 하에 협력적이고 보완적인 관계양상을 나타내는지 확인하는 부분이다. 군조직은 부여된 목표를 달성하기 위해 구성원들 간의 유기적인 관계를 맺어야 한다. 부대원 간의 협동은 임무수행에 필요한 중요한 부분으로 협력적 태도가 부족할 경우 집단생활에 부적응을 야기할 수 있게 된다. 협동미흡영역은 개인 간, 개인과 조직 간의 관계에서 대인과 조직 척도로 구분되어 있다. 대인협동미흡은 타인을 돕고자 하는 이타심과 관련되어 있으며, 조직협동미흡은 규칙 준수 및 협조를 측정하기 위한 척도이다.

표 7-4 대인관계 척도 요소

영역	하위척도	관련 증상(구성 문항)
관계 고립	무관심	대인관계에 무관심, 타인과의 접촉을 불편해하거나 친밀감 형성이 어려움
	예민	타인의 시선/비판에 민감, 자기표현을 주저함, 상대방의 반응에 긴장함
공감 미흡	관점	과도한 자기주장, 타인의 경견 수용이 어려움, 타인과의 갈등 및 논쟁
	정서	타인에게 냉담함, 불친절함, 동정심 부족, 타인 어려움에 정서적 이해 미흡
협동 미흡	대인	단체생활에서 도덕성 및 책임감 부족, 자기중심적, 이기적, 경쟁적 성향
	조직	조직의 목표나 활동에 비협조적, 규칙 및 규율 준수 어려움

② 자살위험척도

자살위험척도는 최근 6개월 이내 있었던 자살생각, 자살의도, 자살시도

경험에 대한 문항으로 구성되어 있다. 이 척도에 표시가 될 경우 자살을 생각하는 이유, 계획, 방법, 시도의 횟수 등 수검자의 심리적 상태를 확인해야 한다.

자살생각은 자살과 관련된 생각을 의미하며 죽음에 대한 생각과 소망과 관련된 문항으로 구성된다. 자살의도는 자살생각에서 한 단계 더 나아가 실제 자살행동에 대한 의도를 가지고 있는지 확인하는 영역으로, 자살에 대한 구체적인 계획을 세우거나 죽음에 이르지는 않았지만 자해 행위 등을 하는 경우를 포함하고 있다. 자살시도는 실제로 자살을 위한 목적으로 실제적인 행동을 선택했거나 실행에 옮긴 것에 대한 부분을 확인하기 위한 영역이다.

표 7-5 자살위험척도 요소

영역	하위척도	관련 증상(구성 문항)
자살위험 척도	자살생각	최근 6개월 이내 자살에 대한 생각, 자살 방법에 대한 생각
	자살의도	최근 6개월 이내 자살의도(계획, 자해)에 대해 구체적 계획을 세우거나, 자살 도구에 대한 탐색 관련
	자살시도	최근 6개월 이내 자살시도 경험이 있는지에 대한 질문

③ 추가 확인영역

추가 확인영역은 군 생활에 영향을 줄 수 있는 주요생활 사건에 대한 경험을 확인하기 위한 영역으로 구성되어 있다. 본 영역을 통해 용사들이 병영생활을 하며 경험할 수 있는 구체적인 관련 문제를 파악하고 부적응 요소에 대한 정보를 제공함으로써 용사들의 신상을 파악하고 심리지원을 돕고자 하는 영역이다. 구성은 일상생활에서 발생할 수 있는 괴롭힘, 성희롱의 문제와 부적응과 연관 영역인 수면문제, 성문제, 임무스트레스 영역과 외부요인인 가정, 이성문제 등으로 구성되어 있다.

표 7-6 추가 확인영역척도 요소

영역	하위척도	관련 증상(구성 문항)
추가확인 영역	괴롭힘 피해	부대 내에서 따돌림, 구타, 부당한 요구 등 괴롭힘을 당한 경험
	성희롱	부대 내에서 직·간접적인 성적인 농담, 성적 신체접촉 등 성적 괴롭힘을 당한 경험
	심리적 외상	예전에 경험한 사건으로 지금 자신이 경험하고 있는 정서적 어려움
	괴롭힘 목격	부대 내에서 언어적·신체적·정서적 폭력을 당하고 있는 부대원을 목격한 경험
	중독	본드, 마약 등 환각물질, 게임, 술로 인해 곤란에 처한 경험
	성정체감	성정체성으로 인한 정서적 어려움에 대한 문항
	수면문제	수면과 관련된 일상의 어려움에 대한 문항
	임무 스트레스	부대 내에서 임무에 대한 압박감, 부담감에 대한 문항
	가족문제	가족관계에서 발생한 문제나 갈등 여부에 대한 문항
	경제문제	집안의 경제적 어려움이나 빚 등 경제적인 위기에 대한 문제
	이성문제	최근의 실연경험, 애인(배우자)과의 갈등에 대한 문항 구성
	자기비하	자신에 대한 무가치감, 무망감 등에 대한 문항 구성

④ 응답경향성

응답경향성은 수검자가 검사를 실시하는 과정에서 나타나는 반응양상을 탐지하는 척도로, 과대응답, 과소응답, 특이응답, 비일관성응답, 무응답 등 5가지의 응답경향척도가 포함되어 있다. 과대응답은 자신의 증상을 실제 상태보다 과장해서 보고하는 경우를 말하며, 과소응답은 사회적으로 바람직한 모습으로 자신의 상태를 보고하는 경우를 의미한다. 특이응답은 일반적 상식에 비추어 대부분의 사람들이 동의하기 힘든 상황에 동의하는 경우를 의미한다. 비일관응답은 내용이 유사한 문항에 일관되게 답변하지 않았을 경우를 의미한다.

표 7-7 응답경향성척도 요소

영역	하위척도	관련 증상(구성 문항)
응답경향	특이응답	검사에 무관심하거나 문항을 제대로 응답하지 않았을 때 반응할 수 있는 문항
	비일관 응답	검사의 문항의 내용이 비슷한 문항을 2개씩 쌍으로 묶어 피검사자의 응답을 일관성 있게 했는지 확인하는 문항
	과소응답	사회적으로 바람직하게 보이려는 경향성을 확인하기 위한 문항으로 구성
	과대응답	현재 경험하는 심리적 어려움을 실제보다 과장되게 보이려는 내용으로 구성

(3) 검사해석

검사해석 시 유의사항은 검사를 통해 제공되는 정보만으로 어떠한 판단을 내리는 것은 바람직하지 않다. 검사결과는 개인의 현재 정신건강 상태와 대인관계 양상 등 복무적응과 연관된 다양한 정보를 제공하고 복무적응을 지원하는 참고자료로 활용해야 한다. 검사결과의 내용은 '~할 가능성'을 반영하는 것으로 개인의 행동을 예측하기 위한 가설을 세우는 정보로 활용하는 것이 바람직하다. 또한 검사 결과만으로 모든 심리상태를 파악할 수는 없다. 검사결과는 면담 시 주의 깊게 살펴볼 영역을 확인하는 정보로 활용해야 한다.

① 종합결과

종합결과는 양호, 양호(추가확인), 관심, 주의, 해석불가능 등 5가지로 제시된다. 양호는 현재 정신건강 및 대인관계에 불편함 없이 무사하게 군 복무를 할 가능성이 높을 때 판정이 내려진다. 양호(추가확인)는 정신건강 및 대인관계에 어려움은 없지만 군 내·외적인 문제와 관련하여 군 적응에 어려움을 겪고 있을 수 있으므로 추가확인 영역을 통해 구체적인 정보를 확인해야 한다. 관심은 정신건강, 대인관계, 단체생활, 자살위험, 추가확인 영역에서 경미한 어려움을 겪고 있을 때 관심으로 표기된다. 주의는 정신건강, 자살위험, 추가확인 영역에서 심리적 어려움에 뚜렷한 문제가 시사될 때 주의로 표기된다. 해석불가능은 문항에 무성반응을 하거나 매우 희귀한 문항, 자신을 긍정적으로 혹은 부정적으로 과장되게 반응했을 때 해석불가능 판정이 나온다.

표 7-8 종합결과

구 분	내 용
양호	현재 정신건강 및 대인관계에 불편함 없이 무사하게 군 복무를 할 가능성이 높으며, 자살관련 생각 등 어려움을 보이지 않음
양호(추가확인)	정신건강, 대인관계에서 뚜렷한 어려움은 없지만 추가확인 영역에서 어려움을 겪고 있을 수 있음
관심	정신건강, 자살위험, 추가확인 영역에서 경미한 어려움을 겪고 있을 수 있음
주의	정신건강, 자살위험, 추가확인 영역에서 심리적 어려움에 뚜렷한 문제가 시사됨
해석불가능	응답경향성에 문제가 있어 해석할 수 없음

② 적응척도 해석

정신건강상태척도는 군 생활에 영향을 줄 수 있는 개인의 정신기능을 측정하기 위한 척도로서 하위 척도의 상승여부에 따라 군 생활의 부적응을 예측할 수 있다. 하위 척도는 양호함, 약간 높음, 매우 높음 등 3단계로 구분된다. 매우 높음인 경우 정신건강 상태와 연관된 기능에 문제 가능성이 뚜렷이 나타나고 있는 것으로 해석할 수 있다.

불안척도는 불안을 느낄 때 긴장감, 초조함, 수면문제 등과 관련된 다양한 증상들을 측정하는 문항으로 구성되어 있다. 약간 높음인 경우 미약한 수준의 걱정 및 초조함으로 인해 심리적 불편함을 느끼고 있는 상태로 늘 예민하고 긴장된 상태로 있기 때문에 화를 잘 내고 쉽게 피로감을 느낄 수 있다. 매우 높음인 경우 긴장과 초조함이 심하여 사소한 자극에도 쉽게 놀라고 일상생활과 대인관계에서 집중력이 저하될 수 있다. 또한 불안으로 인해 신체적 증상을 동반하여 일상생활에 어려움을 겪을 수 있다.

우울척도는 우울할 때 느낄 수 있는 무기력, 비관적 사고, 좌절감, 의기소침 등과 같은 증상들을 측정하는 문항으로 구성되어 있다. 약간 높음인 경우 흥미상실, 무기력감을 느끼고, 피로감을 쉽게 느껴 정서적으로 위축될 수 있다. 매우 높음인 경우는 기운과 의욕이 떨어지거나 흥미감과 즐거움이 뚜렷하게 감소되어 외부활동, 대인관계에서 고립될 수 있으며, 미래에 대한 비관적인 사고로 삶에 대한 절망감으로 자살 충동을 느낄 수 있다. 불안척도와 동반하여 높을 경우 정서적 고통이 심해질 수 있음을 나타내게 된다.

신체화척도는 두통, 어지러움, 가슴이 답답함과 같은 신체적 증상들을 측정하는 문항으로 구성되어 있다. 약간 높음인 경우 소화불량, 두통 등 신체적 증상을 호소하며 신체적 불편함을 민감하게 지각할 수 있다. 매우 높음인 경우 근육운동이나 감각기능 장애, 만성 통증을 강하게 호소하는 등 반복되는 신체적 불편함으로 인해 일상생활에 어려움을 느낄 가능성이 높다. 신체증상은 심리적, 정신적 문제를 보일 수 있다. 일부 신체 증상은 자신의 건강에 관심이 많아 염려로 인해 불편함을 느낄 수 있다.

분노감척도는 분노조절, 짜증, 논쟁적 모습 등의 행동양상을 측정하는 문항으로 구성되어 있다. 약간 높음인 경우 분노감이나 적내감을 느낄 수 있으며 정서적으로 불안전한 상태일 수 있다. 또한 주변 상황에 만족감을 느끼지 못하거나 안정적인 관계를 형성하는 데 어려움을 경험할 수 있다. 매우 높음인 경우 짜증과 불평이 많고 자신의 감정이나 행동을 적절하게 조절하거나 통제하지 못하고 논쟁적인 모습을 보일 수 있다. 이러한 분노감으로 대인관계에서 사소한 일에 쉽게 화를 낼 수 있기 때문에 타인과의 상호작용에 어려움을 보일 수 있다.

공격성척도는 다른 사람을 괴롭힘, 고의적인 시비, 적대적 표현 등의 행동양상을 측정하는 문항으로 구성되어 있다. 약간 높음인 경우 쉽게 흥분

할 수 있으며 중립적인 자극에도 크게 화를 내거나 과민한 모습을 보일 수 있다. 매우 높음인 경우 분노의 감정을 빈번하게 경험하며 충동을 잘 조절하지 못해 타인에게 신체적, 언어적 폭력을 가할 수 있는 공격적 행동을 일으킬 수 있다.

충동성척도는 비계획적이며 참지 못하고 충동적인 행동양상을 측정하는 문항으로 구성되어 있다. 약간 높음인 경우 계획적이기보다는 기분에 따라 결정하는 모습을 보일 수 있다. 매우 높음인 경우 욕구에 따라 충동적으로 행동하기 때문에 정서적으로 불안전하고 과장해서 기분을 표출할 수 있다. 또한 자신의 행동으로 인해 발생된 결과를 전혀 고려하지 못하며, 기분과 생각에 따라 행동할 가능성이 있다.

망상은 피해의식, 자신의 생각이나 신체가 누군가에 의해 감시당하거나 조종당하고 있다는 믿음과 관련된 증상을 측정하는 문항으로 구성되어 있다. 약간 높음인 경우 일상생활에서 중립적인 자극에 다소 민감하게 반응할 수 있으며 타인을 경계하는 모습을 보일 수 있다. 매우 높음인 경우 세상에 대한 불신감이 높기 때문에 타인에게 강한 적대감이 있을 수 있으며 타인으로부터 통제 및 감시를 당한다는 생각이나 행동을 할 수 있어 적응능력이 떨어져 타인으로부터 소외되거나 고립될 수 있다.

편집척도는 타인이 악의적으로 자신을 이용하고 있다는 의심 생각과 행동을 측정하는 문항으로 구성되어 있다. 약간 높음인 경우 타인을 위협적인 존재로 인식할 수 있으며 타인의 말이나 행동에 쉽게 상처를 받을 수 있다. 타인의 호의를 의심하며 다소 경계하는 모습을 보일 수 있다. 매우 높음인 경우 늘 긴장상태로 있을 가능성이 높으며 사소한 일에도 부당하다고 느낄 수 있어 외부의 중립적인 자극에 과도하게 경계적인 태도를 보이고 타인에게 적대적인 태도를 취할 수 있어 사회적으로 고립되는 모습을 보일 수 있다.

환각척도는 비일상적인 지각 혹은 감각을 측정하는 문항으로 구성되어 있다. 약간 높음인 경우 비일상적인 사고를 지각하거나 감각을 경미하게 경험할 수 있으며 비관습적인 사고를 가질 수 있다. 매우 높음인 경우 환청, 환시 등과 같은 증상을 경험할 가능성이 높아 일상생활에 적응을 못하고 현실적인 판단력과 문제해결능력이 저하될 수 있어 대인관계에서 소외감과 피해망상 등의 증상을 보일 수 있다.

③ 대인관계척도 해석

대인관계양상척도는 사회적 상호작용에 필요한 기능을 측정하기 위한 척도로서, 관계고립, 공감미흡, 협동미흡의 영역으로 구분된다. 결과는 양호함, 약간 높음, 매우 높음 등 3단계로 구분된다.

관계고립에서 무관심척도는 사회적 관계에 무관심하거나 혼자 있는 활동을 선호하는 모습과 행동을 측정한다. 양호인 경우 대인관계를 맺음에 있어 적극적이고 능동적인 모습을 보이며, 약간 높음인 경우 대인관계를 맺을 때 수동적이고 무관심해 소통에는 흥미가 없는 모습을 보이게 된다. 또한 혼자 있는 것을 선호하여 부대원들과 어울리는 것에 관심이 없을 가능성이 있다. 매우 높음인 경우 타인과 함께 있는 것에 불편함을 느껴 친밀한 관계를 회피하고 혼자만의 활동을 선호하게 된다. 부대원과의 관계는 지속적으로 거리를 유지하려는 행동을 보이며 타인의 칭찬이나 비난에도 별다른 감정반응을 보이지 않을 수 있다.

관계고립에서 예민척도는 타인의 시선이나 평가에 대해 두려움을 느끼기 때문에 대인관계에 소극적이고 수동적인 모습을 측정하게 된다. 양호인 경우는 자신을 잘 표현하며 자신감이 있음을 나타내며, 약간 높음인 경우 타인과의 대화 중에 상대방의 표정, 동작, 반응을 자주 살피며 쉽게 긴장하게 되며, 타인으로부터 부정적인 평가에 대한 두려움으로 인해 대인관계에 소극적인 모습을 보일 수 있다. 매우 높음인 경우 타인의 시선에 민감하고 자신이 한 행동이 적절했는지 확인하고, 이에 대한 타인의 반응을 민감하게 받아들여 대인관계를 회피하거나 위축되는 모습을 보일 수 있다. 또한 타인의 비난을 생각하며 자기 비판적일 수 있다.

공감미흡에서 관점척도는 타인의 의견이나 생각에 대한 수용성과 타협 정도를 측정한다. 양호인 경우 타인의 의견이나 생각을 잘 받아들임을 나타내며, 약간 높음인 경우 타인의 생각이나 의견을 수용하는 것에 어려움을 느낄 수 있으며, 자신의 생각이 맞다고 느낄 때 타인의 의견을 청취하지 않을 수 있다. 매우 높음인 경우는 타인의 생각이나 의견을 수용하는 것을 어려워하며 자기주장을 강하게 표현하는 것을 나타낸다. 이는 타인의 관점을 고려하지 못하여 의견 충돌이 있을 경우 갈등과 논쟁이 쉽게 나타날 수 있다.

공감미흡에서 정서척도는 타인의 감정에 대한 공감 및 동정심을 측정한다. 양호인 경우 타인에게 친절하고 공감적임을 나타내며, 약간 높음인 경우 타인에게 다소 냉소적으로 대하고 주변에 어려움을 겪는 사람이 있어도 신경을 쓰지 않을 수 있다. 매우 높음인 경우는 타인에게 냉소적이며 힘든 상황에 처해 있더라도 동정심을 느끼지 못할 가능성이 높다. 이는 타인의 상처나 어려움에서 오는 감정을 잘 이해하지 못하여 배려가 부족함으로 나타나며, 이로 인해 친밀한 관계를 원하지 않는 것처럼 보일 수 있다.

관계미흡에서 대인척도는 타인을 돕고자 하는 마음의 정도를 측정한다. 양호인 경우 타인에게 협조적임을 나타내며, 약간 높음은 단체생활에서 자기중심적인 모습을 보이게 되며 자신의 행동이 타인에게 미칠 영향에 대해 생각하지 않을 수 있으며 타인에게 양보하는 것을 어려워할 수 있다. 매우 높음인 경우 자신의 이득을 최우선으로 생각하고 타인을 돕거나 이해하는 것에는 무관심하며 이기적이고 경쟁적인 보습을 보일 수 있다. 또한 타인에게 너그럽지 못하며 타인에게 도움을 줄 때는 보상에 대한 기대감으로 도울 가능성이 높다. 단체생활에 있어 도덕성이나 책임감이 부족한 모습이 나타날 수 있다.

관계미흡에서 조직척도는 단체생활에서의 규칙준수와 협조를 측정한다. 양호인 경우 단체생활의 규칙, 규율을 준수함을 나타내며, 약간 높음인 경우 명령을 따라야 하는 군 생활에 힘들어할 수 있다. 이는 자신의 의견이 집단의 목표와 다를 때 규칙이나 규율, 명령에 복종하지 않을 수 있다. 매우 높음인 경우는 집단의 목표나 단체생활에서 요구하는 규칙과 규율을 준수하지 못할 수 있으며, 자신의 의견이 다른 조직의 목표를 위해 헌신하는 것에 대해 거부감을 느끼는 등 단체생활에 순응하지 않고 반항적이거나 이기적인 모습을 보일 수 있다.

5) 관계유형검사2.0

관계유형검사란 자기 보고식 검사의 한계점을 보완하기 위해 용사 상호간평가 방식으로 적용하여 개발된 검사로써 검사를 통해 관계유형을 이해하고, 자기보고식 검사에서 식별되지 않은 부적응 행동을 추가적으로 식별하기 위해 실시한다.

관계유형 검사 결과는 관계유형과 관심 필요 영역으로 구분된다. 관계유형은 호감과 배척 점수와 기타 지수를 측정하여 인기형, 주변형, 평균형, 개선형, 배척형의 5가지 유형으로 구분되어 있다. 인기형은 집단에서 상대적으로 많은 사람들이 좋아하는 인원, 주변형은 사람들의 관심이나 주목을 받지 못하는 인원, 개성형은 자기주장이 강하거나 개성이 뚜렷한 인원, 배척형은 집단에서 상대적으로 많은 사람들이 배척하는 인원, 평균형은 네 가지 유형으로 분류되지 않는 평균적인 인원을 뜻한다.

관심필요 영역은 사고로 연결될 수 있는 위험 요인을 확인하는 문항으로 문항에 해당되는 부대원을 지명하는 방식이다.

관심필요 영역에는 대인관계 어려움, 주변의 무시나 놀림, 분노 및 공격성, 충동적 사고 가능성, 근심·걱정·불안, 자살·자해·위험, 구타·가혹행위(가해), 구타 · 가혹행위(피해)로 구분되어 있다.

생각해 봅시다

1. 내담자의 사례를 ICCM-X모형으로 사례개념화해 봅시다.
2. 재진술, 인정, 요약, 직면, 즉시성, 해석 등의 상담기법의 예를 들어 봅시다.
3. 군 심리검사에 대해 이해하고 인성검사체계에 대해 설명해 봅시다.

08
CHAPTER

집단상담의 실제

집단상담(group counseling)이란 비교적 심각한 정신장애가 없는 사람들을 대상으로, 집단기술, 기법, 전략을 적용하여 집단원들 사이에 발생하는 역동적인 상호교류 과정을 통해 즉시성에 초점을 맞추어 문제해결, 의사결정과 인간적 성장을 추구하는 과정을 말한다(강진령, 2019).

군대라는 특수한 환경에서도 집단상담을 통하여 나의 고민을 나누며 다른 사람들이 적극적으로 경청해주는 모습과 정서적인 공감을 받는 것은 매우 특별한 경험이라고 할 수 있다. 특히 세심하게 감정을 읽어주는 피드백, 타인의 다양한 인생을 통해 배울 수 있는 간접경험, 새로운 목표 행동 연습, 비슷한 고민을 하고 있는 집단원 간의 응집력, 새로운 집단상담 프로그램의 경험 등은 집단상담이 갖는 치료적이고 교육적인 큰 장점이다. 집단상담자는 다양한 집단 프로그램을 학습하고 이를 실시할 수 있는 능력을 가질 수 있도록 꾸준히 공부하는 사람이다.

이번 장에서는 군 집단상담에 활용할 수 있는 집단독서치료와 동작중심 표현예술치료에 대한 이론과 활용에 대해 알아보고자 한다.

1. 집단독서치료

1) 집단독서치료에 대한 이해

집단독서치료란 구조화된 집단상담의 하나로써, 참여자들이 치료자가 미리 선정한 매체를 읽고, 다른 집단원들과 상호작용하는 과정 속에서 문제를 해결하거나 성장 및 변화하는 것이라고 할 수 있다. 집단독서치료에서 참여자들은 매체를 읽은 후 집단에서 토론·글쓰기·그림 그리기·역할연기 등의 여러 가지 구체적인 활동을 통하여 당면한 문제를 해결할 수 있는 통찰을 경험하거나, 새로운 문제해결방식을 적용할 수 있는 연습의 기회를 갖기도 한다(박명희, 2014).

집단독서치료는 일반적인 집단상담과 동일하게 많은 자원과 관점의 제공, 감정의 대중성, 소속의 경험, 새로운 행동 연습의 기회, 피드백의 기회, 다른 사람의 행동을 통해 배우는 대리 학습의 기회, 실제 삶과 근접한 상황의 직면 등의 집단과정의 독특한 학습 이점을 제공받는다(박명희, 2014). 코리(Corey, 2007)에 따르면 집단상담은 참여자들이 혼자가 아닌 다른 사람들과 삶을 만들어 간다는 것에 대한 소망을 증명하는 자연의 연구소를 제공하며, 집단상담에서 참여자들이 자기 문제들을 경험할 수 있기 때문에 강력한 치유의 힘을 가진다. 집단상담은 우리가 자신을 다른 사람의 눈을 통해 다시 볼 수 있는 무의식적 거울을 통한 창문을 제공하는데, 집단독서치료에서는 매체라는 거울이 또 하나의 창문을 제공한다고 할 수 있다(박명희, 2014).

집단독서치료가 일반집단상담과 다른 특별한 점은, 집단독서치료 참여자들은 자신이 겪고 있는 문제와 관련된 책을 읽으면서, 독서의 즐거움을 경험하며 책을 통한 많은 정보를 제공받게 되는 것이다. 또한 참여자들은 집단독서치료를 통하여 자신이 당면한 문제를 극복한 경험을 갖게 되기 때문에, 집단독서치료 후에도 자연스럽게 자기조력 독서치료로 이어지게 된다(정춘순, 2009).

집단독서치료를 진행할 때 집단리더는 참여자 개개인이 문학작품을 읽고 이해하는 것을 강조하지 않고 성장과 치료를 위한 촉매로써 문학작품을 활용해야 한다. 즉, 참여자가 문학작품을 읽은 후 상호작용을 잘 하도록 안내해야 하며, 작품을 읽은 후의 반응을 창의적으로 쓰게 해야 한다(박명희, 2014).

2) 집단독서치료의 과정 및 변화유형

집단독서치료 참여자들은 집단독서치료를 시작하면서 매체 및 집단원과의 상호작용에 의해 억압된 자신의 모습을 인식한 후 혼란스러움과 두려움을 경험한다. 이에 대해 집단독서치료 참여자들은 지속적인 자기보기, 격려하고 위로하기, 용기내기, 감정표출을 망설이기, 감정표출하기, 원가족관계 재정립하기, 변화를 위한 공부하기, 적용하려 노력하기, 기도하기와 같은 작용/상호작용을 통해 변화하고 성장한다(박명희, 2014). 이러한 변화과정은 인식 단계, 저항 단계, 탐색 단계, 인정 단계, 방안모색 단계, 적용 단계의 시간의 흐름의 연속성으로 나타난다(박명희, 2014).

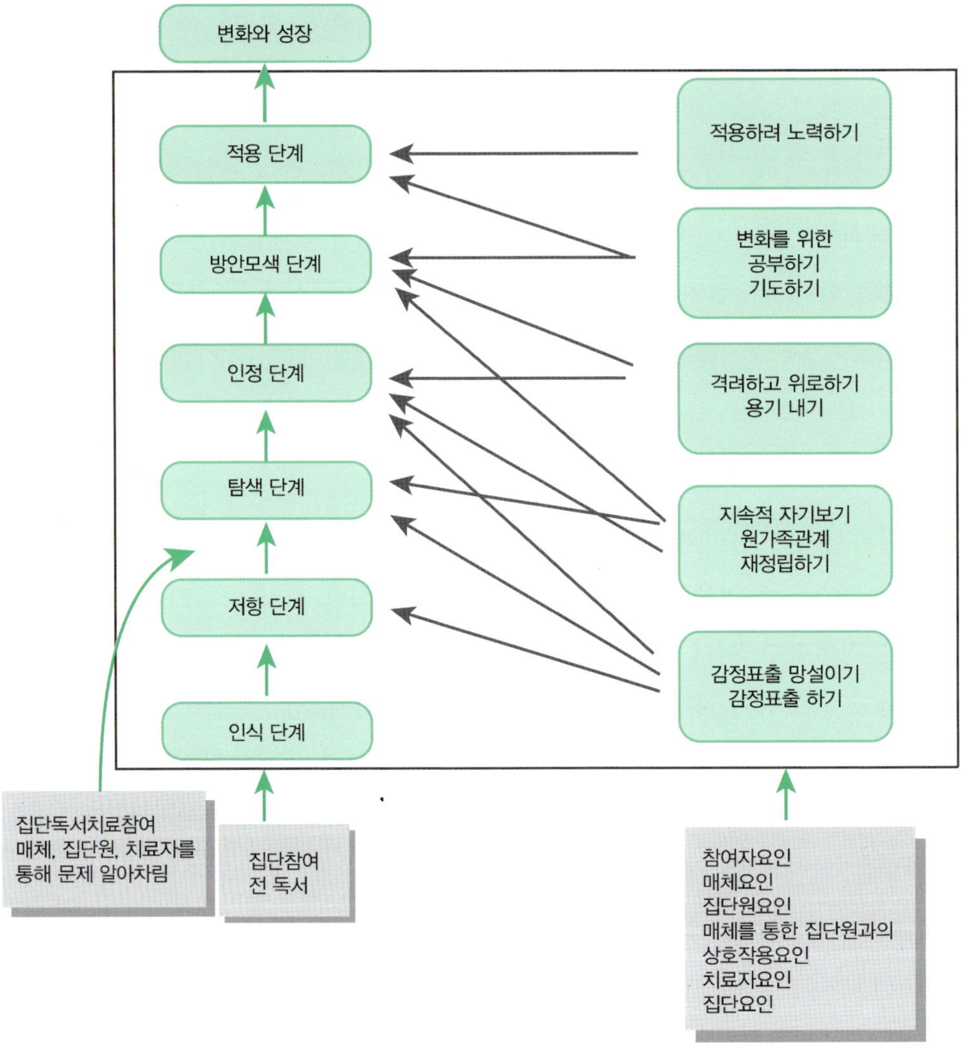

그림 8-1 집단독서치료 참여자들의 변화과정(박명희, 2014)

집단독서치료 참여자들은 삶에서 느끼는 고통의 강도와 참여자의 변화 의지의 적극성의 차이로 인해 네 가지의 유형으로 나타난다. 즉, 자신의 그림자를 인식하고 이것을 자기문제로 빠르게 받아들여 적극적으로 문제를 해결해 나가는 '적극적 문제해결형', 자신의 문제로 인정하기 어려워서 저항하는 시간을 오래 보낸 후 문제를 해결해 나가는 '저항형', 자신의 문제가 어디서 왔는지 그 원인을 탐색하는 데 시간을 오래 보내는 '탐색형', 드러내고 해결하는 것이 두려워 미뤄두는 '관망형'의 네 가지 유형이다. 이러한 변화유형은 어느 특정한 참여자의 변화유형일 수도 있지만, 한 참여자가 갖고 있는 여러 문제에 따라 각기 다른 유형으로 나타나기도 한다(박명희, 이명우, 2014).

집단독서치료의 치료자는 참여자들이 변화의지를 가지고 적극적으로 문제를 해결하고 변화를 위해 지속적으로 노력하도록 독려할 필요가 있다. 또한 집단원 간에 친밀한 지지적 관계가 형성될 수 있도록 치료자는 세심한 주의를 기울여야 하며, 전문가로서의 역할 및 우호적인 태도는 필수조건이 되어야 할 것이다. 그리고 치료자는 각 참여자들의 변화유형을 파악하고 유형에 알맞은 적절한 개입을 할 필요가 있다(박명희, 이명우, 2014).

3) 집단독서치료의 치료요인

집단독서치료의 치료요인은 치료자, 집단원, 독서치료 활동 간의 상호작용을 통하여 참여자의 심리적 성숙과 변화를 일으키는 촉진적인 요소로써 집단독서치료의 과정과 성과를 설명할 수 있는 중요한 개념이라고 할 수 있다. 집단독서치료에서는 전통적인 심리치료에서 사용하지 않는 중간 도구로써의 문학 또는 독서자료가 절대적인 중요성을 가진다(Hynes & Hynes-Berry, 1994).

박명희(2014)는 집단독서치료의 치료요인을 과정요인과 성과요인으로 구별하고, 과정요인은 다시 참여자 개인요인, 집단원요인, 치료자요인, 집단요인, 매체요인으로 상세하게 구분하여 제시했다. 집단독서치료의 치료요인의 체계는 **그림 8-2**와 같다.

집단독서치료의 치료요인 중 매체와 관련된 치료요인에 주목할 필요가 있다. 매체로 인한 집단독서치료의 치료요인은 기존의 집단상담의 치료요인(Yalom, 1985)에서 발견된 모든 요인이 도출됨으로써 매체가 모든 치료요인에 걸쳐서 작용하고 있다. 즉, 매체는 집단원의 상호작용을 원활하게 해주는 역할을 하고, 매체 속 인물과 동일시되면서 안도감을 경험하며, 매체를 통해 안전하게 문제를 인식하거나 안전하게 자신을 드러낼 수 있다.

또한 매체를 통해 위로를 받고 자신의 문제를 이해하며, 인정하였을 뿐만 아니라, 문제해결의 희망을 갖고 문제를 해결해 나간다. 그리고 매체는 참여 후에도 지속적으로 깨달음을 연속시켜 주거나 확장시켜 준다. 따라서 매체는 하나의 집단원이고, 치료자이며, 집단의 역할을 한다고 할 수 있다.

특히 매체요인 중 '안전함'과 '통찰의 연속성'으로 표현된 치료요인은 매체만이 갖는 특별한 치료요인이라 할 수 있다. 매체가 주는 안전함은 문제를 안전하게 인식하고 드러내거나 때로는 매체 뒤에 기댐으로써 참여자들이 도중에 탈락하지 않고 집단에 지속적으로 참여할 수 있도록 도와주는 것이라 할 수 있다. 이러한 매체에 의한 '안전함' 요인은 일반집단상담과 집단독서치료의 차이점을 가장 확연하게 보여주는 요인이라 할 수 있다. '통찰의 연속성' 요인 또한 일반집단상담에서는 볼 수 없는 매체만이 갖는 독특한 치료요인으로 일반집단상담과는 달리 집단독서치료가 진행되는 시간과 장소를 초월하여 매체를 다시 읽을 수 있기 때문에 집단에서 알아차리지 못했던 점을 알아차리게 되거나, 집단에서 통찰되었던 경험을 확장하고, 깊이 탐색할 수 있게 되는 것이다.

뿐만 아니라 같은 매체에 대한 집단원의 서로 다른 반응을 통해 타인을 이해하는 단초가 되고, 대리학습을 경험하기도 한다. 이로써 독서치료에서는 전통적인 심리치료에서 사용하지 않았던 중간도구로서의 문학 또는 독서자료가 절대적인 중요성을 가진다는 것을 알 수 있다(박명희, 2014). 따라서 치료자는 매체의 선정과 매체를 잘 활용할 수 있도록 해야 한다.

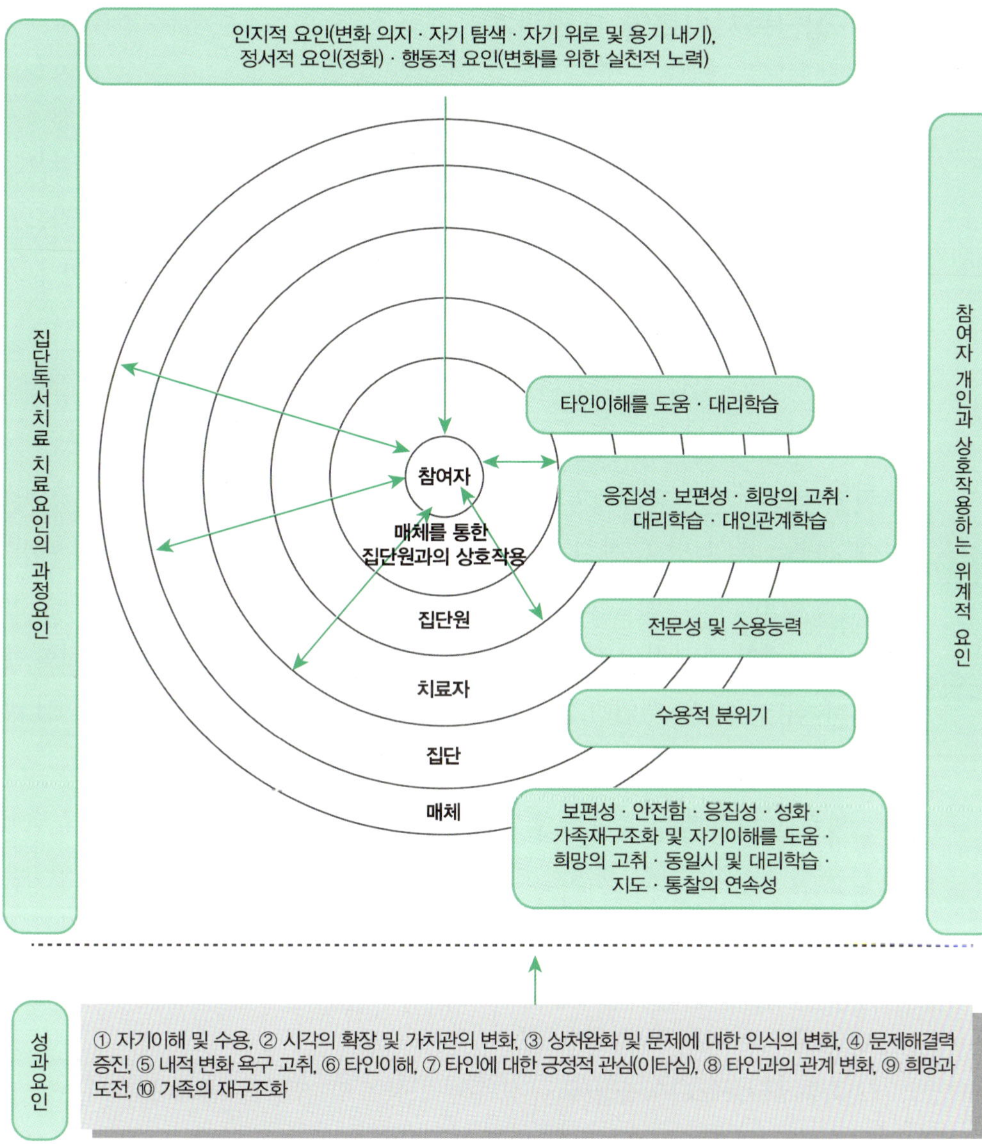

그림 8-2 집단독서치료의 치료요인의 체계(박명희, 2014)

4) 집단독서치료와 대인관계

효과적인 대인관계를 유지하기 위해서 자기이해는 가장 기본이 된다고 할 수 있다. 자기이해는 자신의 내적인 상태를 돌이켜 볼 수 있게 함으로써 자기 검색 능력과 자기 통제의 가능성을 높여주고, 자기를 긍정적으로 수용하도록 하며, 타인과의 의사소통과 나아가서는 대인관계에서의 문제해결에 도움을 준다(최영임, 2007 재인용).

쿨리(Cooley, 1902)는 자기의 발견은 타인과의 상호작용에 의해서 가능하다고 하며, 타인들의 역할을 사회적 거울에 비유할 수 있다고 한다. 즉, 타인들이 우리의 외모, 성격, 행위, 목표 등에 대해서 생각한다고 우리가 상상하는 것이 바로 자기가 되는 것이며 이를 반영된 자기(reflected self)라고 불렀다(강향옥, 2002). 즉, 타인과의 상호작용을 통해 자기를 발견하고 이해하는 것이 효과적인 대인관계를 위해 필요하다고 볼 수 있다. 이러한 점에서 집단상담은 대인관계 능력향상을 위해 매우 좋은 개입방안이 될 수 있다.

한편 문학작품은 인간의 현실적 삶을 상징화·형상화한 것으로 그 속에는 복잡 다양한 현실 세계가 반영되어 있고, 여러 상황에 대처하는 인간의 다양한 모습이 그려져 있다. 그러므로 독서는 작품 해석을 통한 현실적 삶의 경험으로 자신뿐만 아니라 다른 사람의 입장을 이해하게 되므로 대인관계에도 긍정적인 영향을 준다(박영목, 1996).

특히 독서치료는 작품에 등장하는 인물들의 감정을 이해하고 비슷한 감정을 경험하는 인물이 어떻게 대처하였는지에 대한 새로운 통찰을 하게 한다. 그러므로 참여자들은 작품 속의 등장인물과 동일시하는 과정과 자신에 대한 새로운 통찰을 통해 자신의 부정적·소극적 사고의 틀을 새롭게 바꿈으로써 긍정적·적극적인 대인관계를 가질 수 있게 된다(안민희, 2003).

뿐만 아니라 독서치료는 참여자로 하여금 자신에 대한 이해를 증가시키며 대인관계를 명료화하고 현실을 보는 견해를 개선해 준다. 독서치료를 통하여 개인이 스스로를 존중하고, 자신을 더욱 건강하게 발달시키기 위한 방법들을 발견하며, 자신이 처한 여러 가지 문제들을 좀 더 창의적인 방법으로 다룰 수 있도록 도와줌으로써 일상생활에서 겪게 되는 자신의 내적 혹은 외적인 문제들을 더 잘 이해하고 다룰 수 있는 능력을 발달시키게 된다(Hynes & Hynes-Berry, 1994). 이상의 고찰을 통해서 볼 때 독서치료 집단상담은 대인관계를 향상시키는 효율적인 방법이라 할 수 있다.

5) 대인관계 능력 향상을 위한 집단독서치료 프로그램의 실제

대인관계능력의 구성요소로 만족감, 의사소통, 신뢰감, 친근감, 민감성, 개방성, 이해성(Schlein과 Guerney, 1971, 문선모, 1980, 전명순, 2012 재인용), 관계형성, 대인의사소통, 대인이해(전명순, 2012) 등이 있다. 고현종(2012)은 선행연구를 바탕으로 만족감, 자기개방, 신뢰감, 의사소통, 민감성, 이해심, 친근감의 구성요소로 군집단상담 프로그램을 구성하였다. 민경애(2016)는 대인관계능력의 구성 요소를 세심함, 주도성, 대인 긴장, 온정, 역지사지, 자기주장, 규범준수, 자기표현으로 선정하여 프로그램을 구성하였다.

이를 자세히 살펴보면 신뢰감과 친근감을 바탕으로, 자신과 타인을 이해하고 자기를 개방하는 과정을 통해 의사소통능력을 향상시키고, 집단상담 프로그램을 통해 자기 만족감을 얻는 것으로 정리할 수 있다. 이것을 바탕으로 대인관계능력 향상을 위한 집단독서치료 프로그램을 구성하면 **표 8-1**과 같다.

표 8-1 대인관계능력 향상을 위한 집단독서치료 프로그램

회기	목표	활동	선정자료
1	신뢰감 및 친근감	• 집단독서치료 구조화 및 오리엔테이션 • 별칭 지어 소개하기 및 간단한 게임하기 • 집단독서치료 참여에 대한 불안감 다루기 • 자신의 걱정거리를 패러디 시로 쓰고 집단원과 대구시 쓰기	시, 걱정거리/신형건
2	신뢰감 및 친근감	• 가벼운 자신의 욕구를 표현하고 상호작용하면서 신뢰감 및 친근감 경험하기 • 패러디 시 쓰기	시, 가끔/신형건
3	자기이해 및 자기개방	• 양육환경 및 형제 관계에 대해서 탐색하기	그림책, 나는 둘째입니다/장윤정/시공주니어
4	자기이해 및 자기개방	• 자신의 내면에 대해 이해하기 • 자신의 마음샘 그려보고 동화 쓰기	그림책, 마음샘/조수경/한솔수북
5	자기이해 및 자기개방	• 관계 속에서 느꼈던 자격지심 및 불편감에 대해 상호작용하기 • 자신의 상황과 비슷하게 개사하기	노래, 날 보고 뭐라 그런 것도 아닌데/장기하와 얼굴들
6	타인이해 및 의사소통	• 공격적인 대인관계 유형에 대해서 이해하고 소통하기 • 가시소년 만들고 글쓰기	그림책, 가시소년/권자경/리틀씨앤톡
7	타인이해 및 의사소통	• 회피적인 대인관계 유형에 대해서 이해하고 상호작용하기 • 집단원의 특별한 점 발견해서 피드백하기	그림책, 너는 특별하단다/맥스루케이도/고슴도치
8	타인이해 및 의사소통	• 대인관계를 잘 하기 위한 다양한 방안에 대해서 토의하기 • '친구를 만드는 방법(선후임과 친해지는 방법, 상관과 친해지는 방법 등)'이라는 제목으로 협동 그림책 만들기 • 긍정적인 대인관계를 위해 자신이 변화해야 할 행동에 대해 상호작용하기	그림책, 친구를 모두 잃어버리는 방법/낸시칼슨/보물창고 그림책, 용기/버나드와버/반디
9	만족감 및 긍정성	• 자신에 대해 긍정적인 마음을 갖고 그대로 수용하기 • 자신에 대한 사실 게임하기	그림책, 중요한 사실/마가릿 와이즈 브라운/보림 시, 나는 나다/버지니아사티어
10	집단 마무리 및 종결	• 그동안의 집단상담 경험을 통합하고 마무리하기 • 우리가 만날 때와 헤어질 때에 대해 글쓰기	그림책, 우리 서로 사랑할 때에/쥬드데일러/산하

위 프로그램은 시, 그림책, 대중가요 등 다양한 매체를 골고루 활용하여 구성하였고, 상황에 따라 다양하게 변형하여 사용할 수 있다. 각 회기별로 활동 방법을 자세히 설명하고자 한다.

1회기는 집단독서치료를 구조화하고 개인의 목표를 정하며, 집단독서치료에 참여하는 불안을 다뤄야 하는 회기이다. 집단 규준에 대해 서약한 후 별칭을 정하고 소개한다. 그리고 가볍게 신체활동을 할 수 있는 놀이를 먼저 진행하여 집단원의 흥미와 응집성을 높여야 한다. 특히 치료자는 집단원들이 불안을 감소시키고 빠르게 집단에 참여할 수 있도록 세심한 주의를 기울여야 할 것이다. 이 불안을 자연스럽게 드러내기 위해 신형건의 시 <걱정거리>를 사용하도록 하였다. 시를 읽고 어떤 부분이 와닿는지 가볍게 이야기 나눈 뒤, 집단에서 염려되는 점을 생각하여 '~하면 어쩌지?'의 형식으로 간단히 패러디 시를 쓰게 한다. 그 뒤 옆 집단원과 서로 상호작용한 후 '괜찮아, ~하면 되지.'로 대구시를 쓰게 한다. 그 후 집단에서 발표하고 상호작용한다.

2회기는 신형건의 시 <가끔>을 읽고 상호작용한 뒤 자신의 '가끔'으로 시 쓰기를 하는 회기이다. 시, 가끔은 마치 중학교 1학년 정도의 청소년이 쓴 것처럼 매우 쉽게 다가오는 시이다. 이 시를 읽은 뒤 가장 와닿는 구절이나 시를 읽은 느낌을 자유롭게 이야기하게 한다. 그 후 '가끔'이라는 제목으로 '늘 그런 건 아니지만 가끔 ~하고 싶다'로 시작하는 패러디 시를 쓰게 한다. 그 후 집단에서 발표하고 상호작용한다.

3회기는 그림책 <나는 둘째입니다>를 활용하여 자신의 어린 시절 및 양육환경, 형제와의 관계 등을 탐색하는 시간이다. 그림책을 읽어주거나, 같이 읽은 후 처음 떠오르는 생각이나, 떠오르는 사람, 자신과 비슷하거나 다른 점 등에 대해 이야기하게 한다. 그리고 이 책의 주인공과 비슷한 시절의 자신을 생각하며 가장 생각나는 한때의 가족의 모습을 그려보거나,

가족의 모습을 사물 등의 그림으로 표현하게 한다. 그 후 자신의 그림에 대해 집단원에게 설명하고 집단원은 느껴지는 감정에 대해서 개방하도록 안내한다. 이 과정에서 자연스럽게 참여자들의 양육환경 및 형제와의 관계 등이 탐색되고 이를 바탕으로 치료자는 참여자의 대인관계 유형의 원인을 파악할 수도 있을 것이다. 시간이 허락한다면 지금 가장 많이 떠오르는 가족에게 보내는 편지를 쓰고 발표하게 한다. 모든 활동은 집단원 간 충분히 상호작용을 하게 한다. 만약 가족과의 관계에서 해결해야 할 사항이 있다면 역할극이나 빈의자 기법을 활용하여 치유적인 집단이 되도록 한다.

4회기는 그림책 <마음샘>을 활용하여 자신의 내면을 깊이 탐색하는 시간이다. 다른 사람에게 보이고 싶지 않은 자신의 내면이나 다른 사람에게 들키지 않으려고 애쓰며 사는 모습에 대해 개방할 수 있다. 그림책을 필요에 따라서 끝까지 읽지 않고 문제해결 전까지만 읽고 상호작용하는 지혜가 필요하다. 왜냐하면 문제가 해결되는 결말까지 읽어주지 않아야 집단원들이 자신과 동일시하여 더 자유롭게 개방할 수 있고 스스로 문제해결에 대해 생각해 볼 수 있기 때문이다. 책 속의 늑대의 모습이 어떻게 보이는지, 자신은 책 속의 늑대와 비슷한 경험이 있는지 등에 대해서 상호작용한다. 그리고 자신을 동물로 표현하면 어떤 동물이고 싶은데 어떤 동물로 보일까 봐 걱정하는지 등에 대해서 이야기 나누고 자신의 마음샘을 그려보고 짧은 동화를 쓰게 한다.

5회기는 독서치료 매체로 대중가요를 활용한다. 대중가요를 활용하는 독서치료는 흥미를 쉽게 이끌어낼 수 있는 장점이 있다. 장기하와 얼굴들의 노래 <날 보고 뭐라 그런 것도 아닌데>의 가사를 공유하고 같이 불러본 후 독서치료를 진행한다. 이 노래 가사를 보고 생각나는 것이 무엇인가, 비슷한 경험이 있는지에 대해서 상호작용한다. 그 후 노래 가사를 각자 자신의 상황에 맞게 개사하게 한 후 노래를 부르게 하거나 노래 부르는 것을 어려워하는 집단원의 경우에는 시처럼 낭송하게 한다.

6회기는 그림책 <가시소년>을 활용하여 대인관계에서 특히 공격적인 특성을 보이는 성향에 대해 탐색하는 시간이다. 참여자가 공격형이라면 자신에게는 어떤 가시가 있는지, 그 가시가 생겨난 이유는 무엇인지, 주로 어떤 상황에서 가시가 나오는지 이야기 나눈다. 공격형의 참여자가 아니라면 타인의 공격적인 대인관계 방식이 자신에게는 어떻게 느껴지는지, 공격적인 대인관계 방식을 사용하는 사람을 어떻게 대하는지 등 다양한 타인과의 상호작용 방식에 대해 이야기 나누게 한다. 그 후 클레이 점토와 이쑤시개를 활용하여 가시소년을 만들고, 새로운 가시소년 이야기를 쓰거나, 가시소년 뒷 이야기를 꾸민다.

7회기는 그림책 <너는 특별하단다>를 활용하여 대인관계에서 회피적인 특성을 보이는 유형에 대해 탐색하는 시간이다. 책을 읽고 가장 와 닿는 부분은 어디인지, 주인공에게 어떤 말을 해주고 싶은지 등에 대해서 이야기 나눈다. 그리고 자신은 주인공과 비슷한 경험이 있는지, 자신에게는 어떤 점표가 붙어 있는지 등에 대해서 이야기 나눈다. 그 후 집단원의 특별한 점을 찾아주는 활동을 통해 각자 모두 특별한 존재임을 확인하는 시간을 갖는다.

8회기는 그림책 <친구를 모두 잃어버리는 방법>을 활용하여 원만한 대인관계를 위해서 해야 할 일과 하지 말아야 할 일 등에 대해서 상호작용한다. 책 제목은 역설적으로 붙여졌기 때문에 친구를 만드는 방법에 대해서 새로운 방안을 찾게 한다. 몇 개의 모둠으로 나누어서 '선임(후임)과 친해지는 방법', '동료와 친해지는 방법', '상관과 친해지는 방법' 등 각 모둠의 아이디어로 새로운 그림책을 함께 만들고 발표하게 한다. 만약 시간이 허락한다면 그림책 <용기>를 읽고 원만한 대인관계를 위해 지금 자신에게 가장 필요한 용기는 무엇인지 한두 가지 정도 이야기하게 한 후 마무리한다.

9회기는 그림책 <중요한 사실>을 활용하여 자신에게 가장 중요한 사실은 바로 자신이라는 사실을 알게 해 주는 시간이다. 책을 읽고 돌아가면서 자신에 대한 사실 게임을 한다. 여러 번 반복해서 게임을 진행한 후 이것을 모아 짧은 글을 쓰게 한 후 발표하고 상호작용한다. 그 후 시간이 허락한다면 시 <나는 나다>를 읽고 <나는 나다>라는 제목의 패러디 시를 쓰고 발표한다.

10회기는 마무리 회기로 그동안의 집단을 정리하고, 아쉬움을 다룬다. 그림책 <우리 서로 사랑할 때에>를 읽고 모든 것에는 시작과 끝이 있고 집단의 마무리에 대해 다루며, 집단원들의 대인관계 능력이 집단 시작할 때와 현재 어떻게 달라졌는지 등에 대해서 이야기 나눈다. '우리가 만날 때와 헤어질 때'라는 제목으로 짧은 글을 쓰게 한다.

생각해 봅시다

1. 일반 집단상담과 다른 집단독서치료의 장점에 대해서 토의해 봅시다.
2. 집단독서치료 프로그램을 구성해보고 실행해 봅시다.

2. 동작중심 표현 예술치료

요즘 상담 분야에 활용되고 있는 표현 예술치료는 미술, 음악, 동작, 춤 등과 같은 예술 분야들이 서로 상호작용하는 통합 모형으로 다양하게 적용되고 있다. 이는 예술과 심리치료, 예술과 상담, 예술과 교육의 경계가 흐려지고 상담에 예술을 활용하는 오랜 노력의 결과라고 할 수 있다. 레빈(Levine, 1998)은 표현 예술치료자는 상호 통합 모형(intermodality)의 전문가이어야 함을 주장한다. 또한 그는 표현 예술치료자의 능력을 향상시키기 위해 감수성을 기르는 일은 매우 중요함을 강조한다.

표현 예술치료의 한 방법인 동작중심 표현 예술치료(movement based expressive arts therapy)는 움직임, 그림 그리기, 게슈탈트식 대화, 목소리, 음악, 글쓰기, 다양한 소리 등을 통합하여 심리치료에 사용하는 통합 표현 예술치료이다. 융의 적극적 상상, 칼 로저스의 내담자 중심사상을 중심으로 프릿츠 펄스의 게슈탈트 기법, 신경언어 프로그래밍의 감각 표상기법을 배경으로 발전하였다(임용자, 2004).

동작중심 표현 예술치료 교육기관인 타말파 연구소는 1978년 무용가이며 안무가인 안나 할프린(Anna Halprin)과 딸인 게슈탈트 심리치료자 다리아 할프린(Daria Halprin)에 의해 설립되어 오늘날까지 전 세계에 영향을 주고 있다. 타말파 연구소 프로그램의 특징은 움직임을 중심으로 그림, 글쓰기, 소리, 악기 등의 표현 예술매체를 활용하여 개인의 심리적 갈등과 문제를 풀어내고 이것을 살아가는 원동력으로 변화시키는 것이다.

동작중심 표현 예술치료는 다음과 같은 원리를 바탕으로 한다. 몸은 알아차림의 수단이며, 몸, 정서, 상상의 영역은 서로 상호작용한다. 몸의 감각이나 자세, 행동양식은 역사와 문화, 현존하는 삶의 방식 등을 반영하며, 춤, 그림, 시, 노래, 퍼포먼스와 같은 예술활동을 통해 개인의 삶의 주제에 대해 작업한다. 이때 예술활동 안에서 사용되는 상징들은 실제 삶의 상황들에 대한 의미 있는 메시지를 포함하고 있다.

1) 주요 개념

(1) 세 수준의 자각, 반응, 소통(3 Levels of Awareness, Response, and Communication)

동작중심 표현 예술치료는 인간의 기억이 감정과 이미지로 뼈, 관절, 근막, 건, 인대 등 우리 몸에 저장된다는 관점을 지닌다. 정신에 의해 필터링되지 않은 주관적이며 개인적인 몸의 순수 정보를 통해 창조성과 예술적 경험을 확대하는 신체 동작 행위 중심의 예술을 교육한다(임용자, 2014). 특히 움직임을 통해 인간 기능의 구성요소인 몸(body), 마음(mind), 정서(emotion)의 수준을 통합 피드백 시스템으로 만들어 나가는 데 이것을 '세 수준의 자각과 반응, 소통'이라고 한다.

심리적인 면에서 움직임은 어떤 감각을 느끼게 하고, 감각은 움직이는 사람의 정서와 연결되어 있으며, 정서는 아직 해소되지 못한 기억이나 삶의 이야기와 연관되어 있다. 이런 기억이나 이야기들은 어떤 이미지를 통해 움직임을 하는 사람에게 나타난다. 즉, 움직임을 하는 동안 심리적 현상들이 발현되는 것이다(Halprin, D., 2006).

세 수준의 소통은 개인의 신체, 인지, 정서 수준에서 일어나는 모든 경험을 알아차리고, 표현하며, 타인과의 관계에서 반응하는 의사소통 모델이다. 예를 들면, '나는 이러한 움직임을 경험했다. 그때 내 몸에서는 어떤 감각이 느껴졌고, 그 감각은 어떤 감정을 일으켰다. 또한 그 감정들은 어떤 이미지를 가져왔으며 그것은 어떤 기억을 생각나게 하였다'와 같은 형식으로 의사표현을 한다.

세 수준의 소통은 신체 자각이나 동작 자각, 정서 자각, 인지 자각을 상호 순환적으로 반복 사용될 수 있으며 어느 수준에서 먼저 시작될 수 있다. 다른 사람의 움직임을 보고 '나는 당신이 하늘을 보며 목을 뒤로 제치고 양쪽 팔과 손을 위로 올리는 것을 보았어요. 그때 나는 무언가를 기원하는 사람이 상상되었어요. 그리고 나 역시 어떤 소망하는 것들이 생각나면서 그 일이 잘 이루어졌으면 하는 기대감이 올라왔어요'와 같이 자신이 주관적으로 느낀 자각을 표현할 수 있다.

신체적 수준(Physical level)의 자각에는 감각, 호흡, 신체 자세, 신체 부분과 동작들, 정서적 수준(Emotional level) 자각으로 불안, 기쁨, 평안, 흥분, 분노,

슬픔 등의 감정과 느낌들, 인지적 수준(Mental level)의 자각으로 이미지, 계획, 기억, 상상, 환상, 연상, 관계, 일 등의 내용들이 포함된다. 좀 더 심리치료적 관점으로 보면 의식적 차원과 무의식적 차원에서 3가지 수준의 각성과 반응을 경험적으로 그리고 상징적으로 다루어야 한다. 3가지 수준에 관련된 무의식적 내용들에 접근하여 의식화하고 통합해야 한다(임용자, 2004).

또한 개인의 각성과 반응 수준의 정도가 모두 동일할 수는 없다. 신체 중심으로 정서와 인지가 통합되건, 인지를 중심으로 정서와 신체가 통합되건 신체적 수준까지 통합된다는 점을 강조한다. 자각을 통합시키기 위해 다음과 같은 질문을 상담자가 내담자에게 한다.

- 당신의 몸에서 무슨 감각이 느껴지나요?
- 당신의 자세가 어떤지 알아차려 보세요?
- 당신의 몸 어느 부분에서 무슨 일이 일어나고 있나요?
- 당신의 몸에서 어떤 움직임이 일어나고 있나요?
- 당신의 정서는 무엇을 느끼고 있나요?
- 당신은 지금 어떤 기억이 떠오르나요?
- 지금 어떤 이미지가 생각나나요?
- 당신에게 연상되는 일들이 생각나나요?

2) 심리동작 이미지화 과정(PKIP)

움직임 경험은 청각, 시각, 촉각, 후각적인 이미지를 불러일으키는데, 이러한 경험을 분석하거나 환원하지 않고 그림 그리기나 글쓰기, 동작하기 등의 예술 은유 작업을 통해 스스로 의미가 드러나도록 하는 현상학적 표현 예술 작업이다(Halprin, A., 1979). 이 작업을 심리동작 이미지화 과정(Psycho-Kinetic Imagery Process)이라고 한다(이정명, 2015).

이 모델은 거의 모든 표현 예술치료 접근방법의 주요 도구가 되었고, 많은 표현 예술치료자와 교육자들에게 다양한 방법으로 활용되고 있다. 움직임, 시각화된 이미지 그리고 느껴지는 경험들을 상호작용시켜서 무의식적 자료들이 심층에서 표면으로 떠오르게 함으로써 경험과 표현을 치료에 활용한다. 세 가지 양식, 동작, 그림 그리기, 시적 대화는 인간 존재 양식의 3수준인 신체, 정서, 인지수준을 상호작용하면서 각기 독특한 방식으로 나타난다(임용자, 2004). 이때 상담자가 활용할 수 있는 반영질문은 다음과 같다.

- 이 그림이 말을 한다면 무엇이라고 하나요?
- 그림의 특정 색이 말을 한다면 무엇이라고 하나요?
- 그림의 형태가 말을 한다면 무엇이라고 하나요?
- 그림을 보고 동작으로 표현해 보세요.
- 몸에서 어떤 일이 일어나고 있나요?
- 움직임을 계속 따라가 보세요.
- 동작이 말을 할 수 있다면 무엇이라고 하나요?
- 지금 동작을 변화시켜 보세요.
- 동작을 자유롭게 바꾸어 보세요.
- 이상의 요소들이 함께 이야기할 수 있다면 무엇이라고 하나요?

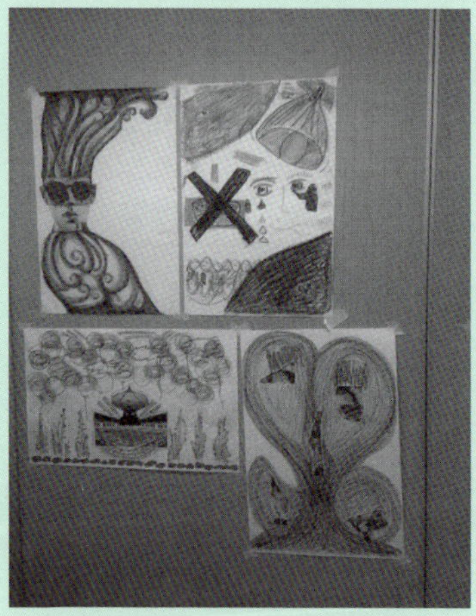

그림 8-3 국제 표현 예술치료학회-자기 나라가 가지고 있는 당면 주제 표현하기

3) 동작중심 표현 예술치료의 실제

실제에서는 병영생활 전문상담관들을 위한 집단상담과 군 지휘관들의 상담교육에 동작중심 표현 예술치료를 활용한 경험을 통해 좋은 반응을 얻은 프로그램들을 소개한다. 용사와 지휘관들에게 다소 낯선 상담기법인 동작 중심 표현 예술치료를 활용할 때는 그림 그리기로 시작해서 그린 그림의 형태나 색을 선택해서 그것을 몸으로 표현해 보게 한다. 이렇게 그림

에서 움직임으로 그것을 다시 단어로, 문장으로, 하고 싶은 말로 표현하는 순서로 상담에 적용한다. 처음부터 크고 화려한 움직임보다는 일상에서의 움직임이나 습관화된 동작들로 시작해서, 점차 동작을 더 크게 확대시켜 움직이게 하고, 공간도 자유롭게 이용하는 것으로 발전시켜 나가는 것이 좋다.

(1) 몸으로 하는 공감

① 서서 2명이 짝을 짓는다.

② 서로 마주 보며 한 명은 거울 역할, 한 명은 사람 역할을 나눈다.

③ 거울 역할을 하는 사람은 앞에 있는 사람이 움직이는 모습과 동작을 따라 한다. 이때부터는 말은 하지 말고 동작과 표정으로만 소통한다.

④ 리더는 1분의 시간을 주고 시작을 알린다. "앞에 있는 상대방의 얼굴을 보며 내 앞사람의 동작을 따라 해 보세요."

⑤ 리더는 시간을 재고 1분이 지나면 서로 역할을 바꾸게 한다.

⑥ 역할을 한 번씩 하고 나면 리더는 "다시 1분을 줄 것이니 이번에는 사람과 거울 역할을 서로 알아서 바꾸어 가며 동작을 따라 하세요. 1분 안에 여러 번 역할이 왔다 갔다 할 수 있어요."라고 지시한다. 역할을 바꿀 때도 말로 바꾸지 말고 동작으로 표현해서 서로의 순서를 넘긴다는 것에 주의한다.

⑦ 1분이 지나면 리더는 종을 치고 모두 동작을 서서히 마치며 짝과 함께 그 자리에 앉으라고 한다.

⑧ 리더는 몸으로 하는 공감을 실습했음을 알려주고 하면서 무엇을 느꼈는지 5분간 이야기 나눈다.

⑨ 집단에 실시한 경우는 그룹이 한자리에 모여 몸 동작으로 공감 연습을 하고 난 느낌을 몇 명만 대표로 말한다.

(2) 리더와 팔로우

① 두 명이 짝을 만든다.

② 서로 마주 보고 한 사람은 손바닥을 위로 한 사람은 손바닥이 아래로 향하게 하며 손을 상대방 위에 가만히 얹는다.

③ 손을 위에 놓은 사람이 팔로우 역할이며 눈을 감으라고 한다.

④ 상대방의 손을 받쳐주는 사람은 리더 역할이고 눈을 뜨고 동작을 한다. 이때 리더가 팔로우 손을 꼭 잡지 않도록 주의한다. 리더는 단지 팔로우 손을 가만히 받쳐준다.

⑤ 리더는 팔로우의 손을 위, 아래, 좌, 우로 움직이며 팔로우를 이끈다. 이때 공간을 이동하며 움직일 수도 있고 가만히 그 자리에서 앉았다 일어났다 손을 벌렸다, 오므렸다 자유롭게 움직일 수 있다. 3분의 시간을 준다. 집단에 실시할 경우 여러 명이 한꺼번에 움직이기 때문에 서로 부딪히지 않도록 리더들의 세심한 배려가 필요함을 강조한다.

⑥ 집단 총 리더는 3분이 지나면 서로의 역할을 바꾸어 실시하게 한다.

⑦ 이렇게 역할을 한 번씩 교대로 실시한다.

⑧ 이번에는 3분 동안 팔로우 역할을 하는 사람이 역할을 바꾸고 싶으면 상대방의 손을 꼭 잡으면 서로의 입장을 바꿀 수 있다고 지시한다. 만약 팔로우가 바꾸고 싶지 않으면 계속해서 각자의 역할대로 해도 된다고 지시한다.

⑨ 집단 리더는 3분이 되면 종을 쳐서 프로그램을 끝낸다.

⑩ 집단 리더는 15분의 시간을 주고 짝끼리 리더가 되었을 때, 팔로우로 이끌림을 받았을 때 느낀 점과 들었던 생각을 나눈다. 또한 자기 삶의 현장과 연결해서 어떤 리더의 모습이 있는지, 팔로우를 할 때는 어떤 모습인지를 탐색해 보게 하고 대화를 나눈다.

⑪ 그룹이 한자리에 모여 리더와 팔로우 실습을 하고 난 느낌을 몇 명만

대표로 이야기한다.

(3) 손의 역사

① A3 용지에 자신의 손을 대고 색연필이나 크레파스로 손 모양을 따라 그린다. 이때 오른손, 왼손을 다른 색으로 그리게 한다.

② 모사한 손 아래에 형용사+손으로 된 제목을 붙인다. 오른손에는 힘듦을 표현한 형용사, 왼손에는 자신의 삶을 일으키는 힘 있는 형용사 이름을 붙인다(예: 오른손은 고생한 손, 왼손은 용기 있는 손).

③ 다른 용지 한 장에 이름을 붙인 오른손과 왼손이 대화하는 형식의 글을 쓴다. 이때도 색연필이나 크레파스를 사용한다.

④ 집단원이 모여 자신의 손 그림을 보여주고 쓴 대화 글을 소리 내어 읽는다. 다른 집단원의 피드백 없이 그저 돌아가며 자신의 글을 읽고 타인의 글을 듣는다.

⑤ 발표를 다 했으면 종이 한 장에 다시 자신의 제3의 손 하나를 그리고 제목을 붙인다. 이 손은 앞으로 자신이 어떻게 살고 싶은가를 결심하는 손임을 알려 준다.

⑥ 집단원 전체가 모인 자리에서 자신의 제3의 손의 제목을 큰 소리로 말하면서 손으로 그 제목에 대한 동작을 3번 반복해서 실시한다. 집단 리더와 집단원은 공감적 태도로 손동작을 하는 사람을 바라본다.

⑦ 한 사람씩 돌아가며 모두 다 실시하고 나면 집단원이 박수로 마친다.

⑧ 집단원이 모두 모여 느낀 점을 대화한다.

⑨ 누구에게나 삶의 힘든 부분과 건강하게 자신을 이끄는 힘이 자신에게 있음을 깨닫고 잘 통합하게 하는 것이 이 프로그램의 목표임을 말하고 프로그램을 마감한다.

(4) 요즘 나는 ________ 다

① A3 용지에 자신의 요즘 드는 생각(인지), 느낌(정서), 동작(행동)을 그림으로 표현한다.

② "요즘 나는 ____________ 다."라는 문장을 만든다.

③ 3인 1조가 되어서 1인은 동작자, 1인은 증인, 1인은 관찰자로 나눈다.

④ 일어서서 동작자와 증인은 마주 보고 관찰자는 옆에서 조금 거리를 두고 본다.

⑤ 동작자가 "요즘 나는 ____________다."라는 문장을 소리 내서 외치며 동작을 한다. 이 동작을 반복해서 3분 정도 하고 시간이 되면 관찰자가 종을 쳐서 서서히 끝을 낸다.

⑥ 끝나면 증인과 관찰자가 동작자에게 "나는 당신의 어떤 동작을 보았고 어떤 소리를 들었다. 이 동작은 나에게 어떤 감정을 일으키게 했다"라고만 피드백한다. 피드백을 들은 후 동작자는 동작을 하면서 어떤 마음이 들었는지 이야기 나눈다.

⑦ 돌아가며 다음 사람이 동작자가 되어 처음부터 실시한다.

⑧ 모두 했으면 앉아서 자신의 느낀 점을 이야기 나눈다.

(5) 무너지고 세우기

① 가사가 없는 조용한 음악을 준비한다.

② A3 용지를 가로로 3번 접는다. 맨 앞에는 사람이 무너지는 그림을, 가운데는 서 있는 그림을, 3번째는 현재 그림을 간단하게 그린다. 사람으로 표현하게 한다.

③ 무너지는 사람 그림 밑에 삶에서 무너질 때 자주 쓰는 단어나 문장을 2개 찾아 쓰게 한다.

④ 가운데 세울 때 표현한 사람 그림 밑에도 자주 쓰는 단어나 문장을

쓴다. 3번째 현재에 대한 그림 밑에도 단어나 문장을 2개 쓴다.

⑤ 2명이 짝을 지어 서서 동작자의 그림을 동작자가 볼 수 있도록 관찰자가 들고 둘이 마주 본다.

⑥ 음악을 들으며 동작자는 자신의 그림 중 무너지는 그림을 보고 자신이 서 있는 자세에서 머리부터 시작해서 서서히 몸을 아래로 숙이기 시작한다.

⑦ 척추의 뼈들을 하나씩 아래로 서서히 숙인다고 상상하고 계속 몸을 아래로 숙인다. 이때 무릎도 천천히 따라서 구부린다.

⑧ 몸을 다 숙여 손이 바닥에 닿아 앉은 자세까지 아래로 숙인다.

⑨ 이렇게 몸을 숙이면서 무너지는 그림 밑에 쓴 단어나 문장을 반복해서 계속 소리 내어 말한다.

⑩ 몸을 서서히 세우면서 세우는 그림 아래에 쓴 단어나 문장을 조용히 말하면서 서서히 무릎에 힘을 주고 골반에, 허리에, 목에 힘을 주어 몸을 똑바로 세운다. 이때 서서히 하는 것이 더 중요함을 말해 준다.

⑪ 리더는 10분 시간을 주고 동작자와 관찰자가 서로 교대로 실시하라고 지시한다. 한 사람이 다했으면 관찰자가 동작자가 되어 위의 동작을 실시한다.

⑫ 모두 실시했으면 다른 용지에 3번째 요즘 상황의 사람 그림을 보며 글쓰기를 대화체로 쓰며 무너짐과 세우기를 글로 표현한다. 10분 정도 충분한 시간을 준다.

⑬ 리더는 끝났음을 종을 쳐서 알리고 집단원이 모두 모여 자신의 글을 돌아가면서 낭독하고 다른 사람들은 듣는다.

⑭ 리더가 삶의 무너짐과 세울 때의 자기 스스로 하는 언어와 행동의 중요성을 언급하고 프로그램을 마친다.

(6) 깨어있음과 잠듦

① 누울 수 있는 마룻바닥 공간이 있으면 좋다. 색이 다른 테이프나 줄로 3등분 한다.

② 한 곳은 깨어있음(활동하는 시간, 의식을 가지고 생활하는 시간)의 공간, 가운데는 중간지대라 움직임을 하다가 쉴 수 있는 장소이다. 또 한 곳은 잠듦의 공간(실제 잠자는 시간이 아니라 의식 없이 흘러가는 시간, 의식이 있어도 그저 혼이 빠진 것처럼 살아가는 날)이라고 집단원에게 알려준다.

③ 깨어있음과 잠듦의 공간에서 그 공간에 맞는 자신만의 동작을 하며 공간을 서서히 왔다 갔다 이동한다. 이때 한곳에 오래 머물 수도 있다. 중간지대는 방석을 두어 잠시 쉬면서 다른 사람들을 관찰할 수도 있고 그저 쉴 수 있는 공간임을 알려준다.

④ 처음 실시할 때는 잠듦의 공간에서 모두 누워서 시작한다. 종을 치며 시작을 알린다.

⑤ 종을 듣고 서서히 자신의 움직임을 만들며 서서히 일어나서 깨어있음의 공간으로 이동한다.

⑥ 깨어있을 때와 잠듦의 움직임을 반복해 봄으로써 자신이 삶에 깨어있을 때와 잠들 때 어떻게 행동하고 있는지를 탐색하게 한다.

⑦ 10분 정도 실시한 후 종을 쳐서 동작을 서서히 마치게 하고, 도화지에 그림을 그려 움직임으로 시연했을 때 들었던 자신의 느낌과 생각들을 표현한다.

⑧ 3인이 한 조가 되어 그림을 서로 보여주며 동작했을 때의 느낀 점, 생각난 것들을 나눈다.

⑨ 전체 집단이 모여 자신이 느낀 것을 나눈다.

⑩ 삶에 깨어있는 시간들과 잠든 시간에 어떻게 반응하고 살아가고 있는지를 통찰하게 돕는데 프로그램의 목표가 있음을 리더가 짧게 설

명하고 마친다.

(7) 자신의 감정을 춤으로 표현하기와 미러링

① 집단원들이 동그랗게 원을 만든다. 이때 리더는 분위기에 맞는 경쾌한 음악을 틀어준다.

② 원 안에 한 명이 들어가서 음악에 맞춘 자신의 동작이 연결된 춤을 춘다. 춤을 잘 추는 것이 목적이 아니라 자신의 몸을 가지고 자연스럽게 놀면 된다고 말해주어 춤에 대한 부담감을 덜어준다.

③ 원을 만든 밖의 집단원들은 원 안에서 춤을 추는 사람의 춤을 따라 춘다.

④ 한 명이 춤을 다 추었다고 생각하면 천천히 뒷걸음질하며 원으로 나오고 옆에 있는 다른 집단원이 천천히 몸을 움직이며 자연스럽게 원 안으로 들어가 중심에서 춤을 춘다.

⑤ 이렇게 집단원 모두가 함께 춤을 추고 타인의 춤을 따라 한다.

⑥ 모두 한 번씩 했으면 새 음악으로 바꾸어서 이제 자신의 몸에서 나오는 자유롭게 춤을 추면서 마감한다.

⑦ 음악은 가사가 없는 것을 활용하는 것이 좋다. 이는 움직임과 음악에 집중하면서 자신의 느낌에 더 집중할 수 있도록 하기 위한 것이다. 곡의 길이가 3~4분 정도의 음악을 고른다.

⑧ 이 프로그램은 집단 시작과 끝낼 때 활용할 수 있다.

그림 8-4 2015년 홍콩에서 개최된 국제 표현 예술치료 학회

생각해 봅시다

1. 동작중심 표현 예술치료의 장점과 한계점에 대해 생각해 봅시다.

2. 동작중심 집단상담 프로그램을 만들어 보고 실행해 봅시다.

09

CHAPTER

집단교육 프로그램

제2차 세계대전의 참상을 그린 영화 '라이언 일병 구하기'를 보면, 집단상담과 유사한 장면이 나온다. 특수임무를 부여받은 팀이 전투를 마치고 약 세 시간 정도의 휴식을 취하는 장면이다. 팀원들은 각자의 심리 내적 갈등과 두려움, 그리고 무기력감을 허심탄회하게 대화로 풀어낸다. 이 장면에서 존 밀러 대위(톰 행크스 분)는 휴식의 마무리에 이런 말을 남긴다.

> War educates the senses, calls into action the will, perfects the physical constitution, brings men into such swift and close collision in critical moments that man measures man.
>
> 전쟁은 감성을 교육하고 작전수행은 육체를 완벽하게 만들며, 인간과 인간이 충돌하는 위기의 순간은 자기 자신을 돌아볼 수 있게 한다.

이 글은 19세기 미국의 사상가이자 시인인 랄프 왈도 에머슨(Ralph Waldo Emerson)의 'War'에 나오는 글을 인용한 것이다.

전쟁을 수행하는 군인들은 끊임없이 갈등하고 고민하며 두렵고 괴로워한다. 그 두려움을 애국심과 적개심, 용맹과 충용으로 바꾸려 고군분투한다. 군대는 전사(warrior) 개개인의 갈등과 두려움을 진정시키고 마음을 무장시켜 전투력 향상을 위해 노력해야 한다. 그래서 또 다른 전투로, 또 다른 세상으로 나아갈 수 있는 힘을 만들어 주기 위해 조력하고 교육해야 한다.

이번 장에서는 군 구성원들 간 의사소통능력과 군 생활 적응력, 집단의 효능감을 향상시켜 부대의 사기와 응집력을 강하게 만들고, 전역 후의 사회생활을 걱정하는 용사들을 지도하기 위한 집단 교육프로그램에 대해 알아보자.

1. 군 의사소통 프로그램

군 의사소통 교육 프로그램은 군대의 주요 구성원인 용사들에게 기초적인 의사소통 기술을 교육시킴으로써, 구성원 간에 기능적이고 협력적인 대화를 나눌 수 있도록 성장시켜 주는 집단상담 프로그램이다. 이 프로그램을 통해 용사들 상호 간에 친밀하고 만족스러운 대인관계를 형성하여, 용사들의 병영생활을 질적으로 향상시킬 수 있으며, 군 생활 적응력을 높이는 데 도움을 줄 수 있다.

원활하고 효과적인 의사소통은 군조직의 응집력을 높일 수 있으며, 용사 개인에게도 심리적 성장을 할 수 있는 기회를 제공할 수 있다. 이러한 의사소통 교육은 현재까지 군대에서 시도하고 적용해온 여러 상담에 대한 노력에 더욱 힘을 불어넣는 기본적 집단상담 프로그램이다.

1) 프로그램의 특징

본 프로그램의 특징은 크게 세 가지이다.

첫째, 한국 문화적 맥락을 고려한 의사소통 기술 교육 프로그램이다. 의사소통 양식은 그 문화가 배태되어 창조, 변형, 전승되어 온 것이다. 본 프로그램은 직관을 사용한 비언어적 의사소통, 우리 의식을 강화하기 위한 심정교류, 공경험(co-experiment) 확인을 위한 심정(心情)공감 등으로 도출된 한국 문화 속 의사소통 가치와 특성을 반영하여 제작되었다.

둘째, 탈 전문가 중심 교육 프로그램이다. 기존 집단상담 프로그램들은 전문가의 진행과 개입으로 그 효과를 달성할 수 있다. 하지만 군 구조와 특성상 모든 교육 진행을 심리학 및 상담전문가가 아닌 초급간부들에 의해 진행될 수 있어야 한다. 그러므로 군 의사소통 교육 프로그램은 군에서 정신교육 및 인성교육을 담당하는 초급 간부들이 직접 교육할 수 있도록 필수적이면서도 기본적인 의사소통 기법으로 구성되었으며, 프로그램 전 과정에 대한 진행방법, 강의 내용 등을 초급간부들이 특별한 교재 연구 및 세미나 없이도 진행할 수 있도록 쉽고 자세하게 풀이된 교육 매뉴얼을 제공한다[4].

셋째, 군대의 교육 여건과 내용 등을 고려하여 제작하였다. 군대의 교육이 주 단위(5일)로 진행되는 점을 감안하여, 5회기로 구성하였고, 각 회기별 교육 시간은 교육 내용과 '강의, 시범, 실습 및 자기평가'로 이루어지는 진행과정을 반영하여 120~150분으로 이루어지도록 하였다.

2) 프로그램의 구성과 교육목표

프로그램의 구성 내용과 각 회기별 목표는 **표 9-1**과 같다.

4) 자세한 프로그램 진행 매뉴얼은 송경재(2011)의 박사학위논문과 육군3사관학교 심리학과에서 제공한다.

표 9-1 각 회기별 구성내용과 교육목표

회기	내 용	목 표
1	• 마음 열기 – 별칭 짓기 – 나의 의사소통 유형은?	• 집단원 간 신뢰감을 형성하고 자신의 의사소통 방식을 확인한다.
2	• 적극적 경청(1) – 의사소통 추임새	• 대화 속 추임새를 이해하고 실생활에서 적용하여 상대방의 이야기를 경청할 수 있다.
3	• 적극적 경청(2) – 감정 알아차리기 – 내용, 상황, 감정 찾기	• 감정 읽기의 중요성을 이해하고 대화를 통해 상대방이 처한 상황과 심정을 이해할 수 있다.
4	• 심정 공감 – 사리대화와 심정대화 – 네 심정 내가 알아	• 사리대화와 심정대화의 차이를 이해하고, 상대 심정 공감하여 공경험 표현을 할 수 있다.
5	• 피드백 – 나-전달하기 – 칭찬하기	• 자신의 심정을 표현하는 방법을 숙달하고, 상대방에게 힘이 되는 칭찬을 할 수 있다.

[1회기 : 마음 열기]

군 입대 후, 군대 체계 속에서 군인화 단계를 거쳐 군인으로서의 모습으로 병영생활을 한 부대원들끼리 사회에서 생활하던 자신의 이전 모습을 진솔하게 보여주기란 어려운 일이다. 특히 철저히 계급과 서열에 입각한 모습을 보여야 하기 때문에 자신의 솔직한 내면을 드러내기 어렵고, 그 기회도 없다. 그래서 군인 이외의 자신의 모습을 노출하고 공유하기 위해 별칭을 짓고 소개하는 과정을 프로그램 첫 모듈(module)로 선정하였다.

의사소통 유형 판단은 가족 구성원들 간 역기능적 의사소통에 초점을 맞추어 이를 분류하기 위해 사티어(Satir, 1975)가 만든 의사소통 유형 척도를 심경섭(2009)이 재구성한 것을 이용하였다. 그는 개인의 의사소통 방식은 어떤 장소나 시간, 대상, 상황에 맞는 자신의 생존 유형으로 이루어진 것으로, 환경에 의해 학습된 것으로 보았다. 그러므로 부자중심축의 가족 구조(한성열, 1993; Hsu, 1972)에서 형성된 수직적 의사소통 방식의 특징이 군이라는 수직적 조직에 그대로 반영될 것이기 때문에 개인 내 형성된 역기능적 의사소통 유형을 확인할 필요가 있다.

[2회기 : 적극적 경청(Ⅰ)]

효과적인 의사소통이 이루어지기 위해서 가장 먼저 이루어져야 할 것이 의사소통의 분위기이다. 이를 위한 가장 기본적인 사항은 관심 기울이기를 잘해야 한다는 것이다. 의사소통이 언어적 방식뿐만 아니라 비언어적 방식으로 이루어지는 과정이다. 특히 대화 중 비언어적 의사소통이 차지하는 비중이 93%이기 때문에, 비언어적 의사소통 방식을 습득하는 것은 의사소통을 원활하게 하기 위해 가장 중요한 요인이 될 수 있다.

토의과정을 통해 자신의 비언어적 의사소통 태도(눈빛, 자세, 음성, 손의 움직임 등)를 확인하고, 잘못된 부분을 고침으로써 원활한 의사소통 기술을 습득해야 한다.

특히 군대와 같은 수직적 의사소통 구조에서는 상급자가 하급자의 말을 매우 제한적으로 듣게 된다. 일방적 의사소통이 주로 이루어진다. 그래서 상대방의 말을 듣는 기술이 매우 결여되어 있다. 이러한 점을 보완하기 위해 판소리의 추임새를 의사소통 기법으로 적용하였다.

의사소통이 살아 움직이게 하기 위해 가장 쉬운 방법은 맞장구를 치는 것이다. 말하는 사람의 감정기복에 맞추어 반응을 해주면 말하는 사람은 자신의 말에 자신감을 갖게 되고 더 많은, 더 자세한 이야기를 하게 된다. 판소리에서는 청중들을 귀명창이라고 이야기한다. 이는 청중들이 그저 자리에 가만히 앉아서 소리를 듣는 존재가 아니라 정말로 열심히 소리를 들어주는 존재라는 뜻을 포함하고 있는 것이다. 그리고 이러한 귀명창을 대표하는 사람이 바로 '고수'이다. 고수는 여러 추임새를 통해서 명창에게 '지금 내가 너의 이야기를 잘 듣고 있다.'는 식의 지속적인 피드백을 하게 된다. 이처럼 우리도 누군가와 대화를 할 때에는 자신이 명창이 되는 것이 아니라, 상대방을 명창으로 만들어 주기 위해서 노력하는 고수가 되어야 한다.

그러므로 본 회기에서 추임새를 배워봄으로써 의사소통의 흐름을 살리는 방법을 배우게 된다.

[3회기 : 적극적 경청(II)]

본 연구에서 한국의 의사소통 특징을 직관적 의사소통으로 도출하였다. 직관적 의사소통에 의해 발생할 수 있는 오해와 곡해로 인해 관계 및 심정의 손상이 일어나기도 한다. 직관적 의사소통은 겉으로 드러난 내용보다는 내면에 함축된 내용을 알아차리는 것이 오해와 곡해가 일어나지 않게 하기 위한 가장 중요한 일이다. 그러므로 상대방의 말의 표면적인 내용을 잘 듣고, 그 속에 감추어진 상대방의 생각, 감정, 심정 등을 알아차려야 한다. 또한 상대방의 차마 말로 표현하기 어려운 심정을 읽고 이에 반응할 수 있어야 의사소통이 촉진된다.

사람의 말은 크게 두 가지 요소, 즉 생각과 감정으로 구성된다. 일반적으로 군대에서는 감정의 표현이 억압되고, 이성적이고 사실적인 대화가 주로 이루어진다. 하지만 의사소통이 원활하게 이루어지기 위해서는 상대방의 심정을 잘 파악해야 하며, 이를 위해서는 상대의 말을 통해서 감정을 읽을 수 있어야 한다. 그러므로 대화 속 사실과 감정을 읽을 수 있는 능력을 배양해야 하고, 말의 내용과 생각 그리고 그 사람이 처해 있는 사적 처지, 감정과 욕구 등을 파악할 수 있어야 한다.

[4회기 : 심정 공감]

3회기 내용의 심화과정이다. 대화를 잘한다는 것은 듣기와 말하기를 잘한다는 것이다. 최상진 등(1999b)은 대화를 사리담론과 심정담론으로 구분하여 설명하였다. 일반적으로 군대에서는 정확한 지식과 정보를 주고받는 사리담론 중심적 의사소통이 이루어지고 있다. 그러나 훈련이나 고된 작업을 끝내고 난 후 병영생활에서는 사리 중심적 상황에서 발생한 마음과 관계의 손상을 해소할 수 있는 심정담론 중심적 의사소통이 이루어져야 한다. 그런데 군대에서의 의사소통은 수직적이기 때문에 조언과 충고, 훈시 등으로 구성되어 심정담론이 이루어지기 어렵다. 즉, 말을 들어주어야 하는 상황에서 더욱 자신의 말을 하게 되는 문제를 지니고 있다. 이는 심정담론이 오고 가야 할 상황에서 사리담론을 하는 것이다. 이렇게 되면 마음과 관계의 손상은 더욱 심화될 수 있다. 그러므로 사리담론과 심정담론의 차이를 알고, 심정담론하는 방법을 배워 병영생활에 적용할 수 있어야 한다.

일반적으로 감정 반영하기는 상대방의 감정을 정확히 이해하고, '너는 지금 어떠한 감정이구나?'의 형식으로 상대방의 감정을 반영해주는 기법이다. 그러면 상대방은 자신의 감정을 알아차리게 되고, 그 감정에 대해 더욱 자세한 이야기를 할 수 있게 된다. 대화의 주체를 '너'로 만드는 기법이다. 그런데 심정을 공감하고 공감한 상대방의 심정을 나 자신의 심정처럼 들려주는 것이다. 예를 들어, 감정을 반영하는 말은 '너 화나겠구나?'이지만, 심정을 공감하는 것은 '(네 말을)듣다 보니 내가 다 화가 나네' 식으로 상대방의 감정을 동감(同感)하고 내 감정처럼 반영해주는 것이다. 즉, 상대방의 총체적 경험을 공유하는 공경험(co-experience)을 표현하는 것이다. 이는 한국의 관계는 우리를 강조하고, 우리의 핵심은 일심동체이기 때문에 내가 느끼는 것을 상대방도 동일하게 느끼고 있다는 느낌을 가장 확실하게 전달하는 것은 우리성 관계 만들기에 매우 기능적이며, 그러한 관계에서는 더욱 친밀하고 긴밀한 대화가 진행될 수 있다.

[5회기 : 피드백]

부대 내에서 벌어지는 상급자와 부하 그리고 동료 간 갈등과 불만은 일반적으로 상급자가 하급자에게 토로하는 경우가 많다. 하급자는 상급자에게 상급자로 인해 발생하는 불만을 표현할 수 없다. 이러한 수직적 위계구조 관계에서는 상급자가 하급자에게 불만을 토로하게 되는 경우가 많은데, 이러한 상급자의 불만으로 인해서 하급자는 자신의 감정을 표현할 수도 없고 일방적으로 상대의 불만을 들을 수밖에 없는 입장에 놓이게 된다. 특히 군대는 책임에 대한 소재가 민감한 사안이므로, 책임 전가 식 불만 토로는 하급자에게 매우 심각한 심리적 손상을 초래할 수 있다. 또한 용사들의 경우 외재적 동기에 의해 입대한 용사들이 많기 때문에 책임 전가 식 불만 토로는 더욱 상처가 될 수 있으며 매우 역기능적 의사소통의 대표적 예가 될 수 있다.

이러한 갈등과 불만을 표현하는 언어적 방법에는 대표적으로 '나-전달하기'와 '너-전달하기'가 있다. 이것은 궁극적으로 어떤 상황에 대한 책임 소재와 관련이 있는데, 나-메시지는 나의 책임으로 받아들이는 것이지만 너-메시지는 상대방에게 책임을 지우는 것이다(Gordon, 1975). 이 모듈은 이론적 배경에서 언급한 의사소통 프로그램들의 핵심요소로, 자신의 감정을 표현하는 방법 중 하나이다. 특히 군에서 사용되는 의사소통의 특징으로 명령, 충고, 심문, 조언 등이며 이러한 특징은 의사소통을 방해하는 걸림돌이 된다. 그래서 '나-전달하기'를 배움으로써 군의 특징적 대화 패턴을 변화시켜 상대방의 자존심을 상하게 하지 않으면서, 솔직한 나의 심정을 효과적으로 전달할 수 있다.

한편 용사들은 군 생활을 열심히 함으로써 얻게 되는 외적 보상이 많지 않다. 기껏해야 휴가나 외박이 전부인데, 이 또한 받을 수 있는 기회가 매우 적다. 칭찬은 용사들에게 그들의 노고를 인정해주고 치하하는 가장 손쉽고 효과적인 보상이다. 그러나 위계적 관계에서 상급자들은 칭찬에 인색할 뿐만 아니라, 한국적 의사소통의 특징이 말로 많은 것을 표현하지 않는 것이기 때문에, 칭찬과 같은 언어적 표현을 꺼리게 되고, 그러한 표현을 많이 하는 것은 상급자의 권위가 손상되는 것으로 여기는 잘못된 인식을 하고 있다(대한민국 부사관 총연맹, 2007).

물론 '수고했다' 또는 '고생했다' 정도로 끝나는 군대의 칭찬 표현에는 그 말 속에 담긴 많은 의미와 맥락이 내포되어 있고, 그 내포된 의미를 공유하지만, 조금 더 구체적으로 상대방에 대한 인간적 특성을 자세히 포착하고 외면화시켜 칭찬을 통해 표현한다면 상대방의 기분을 더욱 좋게 해줄 수 있다. 그래서 효과적으로 칭찬을 하는 방법을 배워봄으로써 상급자와 하급자 간의 관계가 좋아지고, 이를 통해 병영생활에 활기를 불어넣을 수 있다.

생각해 봅시다

1. 군에서 의사소통 교육이 필요한 이유를 생각해 봅시다.
2. '대화를 잘한다'는 것이 무엇을 의미하는지 생각해 봅시다.

2. 진로교육 프로그램

1) 프로그램의 필요성

군 복무 중인 용사의 경우 발달 단계상 대부분 후기 청소년기에 해당되며, 이 시기의 진로발달과업을 달성하기 위해서는 자신의 진로 탐색이 충분히 이루어지고, 진로에 대한 의사결정 기술을 습득해야 한다(Thompson & Lindeman, 1981). 진로탐색은 흥미, 적성, 가치 등 개인의 특성과 그것에 부합하는 직업에 관한 적절한 정보를 획득하는 것을 말하며, 의사결정 기술 습득은 탐색을 통해 획득한 정보를 활용하여 당면한 진로문제를 해결하는 능력을 갖추는 것을 뜻한다(Super & Thompson, 1979).

그러나 군대조직은 일반사회와 달리 진로발달에 특수한 환경일 수 있다. 개인은 군복무 수행으로 인해 인생의 중요한 시기에 공백을 경험하면서, 부모와 가까운 친구와의 이별로 인한 외로움을 경험하고, 취업활동의 지연으로 인한 경제적 손실 등 불이익을 지각하지만, 군복무 경험을 통해 조직 적응력이나 인내심 등의 이익을 얻을 수 있어, 군 생활 중 개인의 역량 발휘를 어떻게 하였는가에 따라 사회생활에 유리한 면도 있다(안상수, 2007). 특히 군복무 자체는 회피하고 싶은 부분도 있지만 군복무를 시작하기 전의 마음가짐이나 동기부여 또는 군복무를 하면서 얻어진 경험을 자신에게 어떻게 의미 부여하고 활용하느냐에 따라 이후의 삶의 질은 달라질 수 있다.

슈퍼(Super, 1972)는 행복한 직업인이란 개인의 발달 단계에 해당하는 연령에 적합한 진로성숙도를 지녀야 한다고 강조하였다. 즉, 생애목표의 달성은 자기실현이고 자기실현한 사람은 행복한 사람이다. 따라서 군대에서 진로교육의 중요한 목적도 개인의 흥미, 적성, 성격, 가치관 등 개인의 지식을 습득하고 이해하는 것을 기초로 다양한 직업과 관련된 정보를 습득하고 자원을 개발함으로써 진로를 탐색하고 결정할 수 있도록 돕는 데 있다. 특히 군대조직에서 개인마다 지각하는 군복무 경험을 보다 긍정적으로 인식하고, 군복무 경험을 통해 획득한 다양한 학습경험을 활용하여 자신감을 가지고 앞으로의 미래를 설계하는 작업은 매우 중요하다.

2) 프로그램의 목적 및 목표

본 프로그램의 궁극적인 목적은 용사들이 자기 이해를 통해 진로에 대한 목표를 설정하고 성취 수준을 높여 자신의 미래를 설계하는 데 도움을 주는 동시에 군 생활을 통해 얻은 다양한 경험을 긍정적으로 인식하고 활용할 수 있도록 조력하여 진로성숙도를 높이고 행복감을 증진시키는 데 있다.

이와 같은 목적을 달성하기 위한 프로그램의 구체적인 목표는 다음과 같다.

첫째, 진로교육 집단 프로그램을 통해 군 용사들이 미래에 자신의 진로를 선택하는데 자기 이해에 필요한 정확하고 객관적인 정보를 얻을 수 있다.

둘째, 진로교육 집단 프로그램을 통해 군 용사들이 일과 직업의 세계에 관해 체계적으로 탐구하여 객관적인 정보를 얻을 수 있다.

셋째, 진로교육 집단 프로그램을 통해 군 용사들이 자신에 대한 정보와 직업세계에 대한 정보를 토대로 합리적인 진로 의사결정을 할 수 있다.

넷째, 진로교육 집단 프로그램을 통해 군 용사들이 자신의 진로목표와 관련한 구체적인 계획을 세우고 실천할 수 있다.

3) 프로그램의 구성

본 프로그램은 군 용사의 진로성숙도를 높여 궁극적으로 행복감을 증진하기 위한 것이다. 이를 위해 장서영 외(2014), 정선영(2013), 백현정 외(2011)의 연구를 바탕으로 프로그램 내용을 구성하였으며, 회기별로 '진로수첩'을 작성하는 활동을 추가하였다. '진로수첩'에는 매 회기별 칭찬스티커를 붙일 수 있는 스티커 판과 함께 회기별 집단교육이 끝나고 집단 내에서 다루는 주요 내용에 대한 느낀 점이나 자신에게 하고 싶은 말 또는 필요한 사항에 대해 작성할 수 있도록 구성하였다. 그래서 매회기 진로수첩을 잘 작성한 사람에게는 칭찬스티커를 제공하고, 이를 바로 붙일 수 있도록 하였다. 그리고 마지막 회기에는 모든 칭찬스티커를 합산하여 약속된 최종 강화물을 제공한다는 점을 안내하였다.

본 프로그램은 크게 도입, 전개, 마무리 단계로 진행하며, 총 7회기로 구성하였다. 구체적으로 도입 단계는 1회기에서 2회기에 해당되며, 용사들 간의 친밀감을 형성하고 지금까지 가졌던 진로고민을 나누고 진로의식을 고취하는데 목표가 있으며, 진로선택 시 나타나는 다양한 의견이나 어려움에 대한 토론을 포함한다. 둘째, 전개 단계는 3회기에서 6회기에 해당되며, 자기 이해와 직업 세계의 이해를 통해 원하는 진로를 결정하는데 목표가 있으며, 이를 위해 자신의 성격특성과 진로유형을 파악하고, 일과 직업에 대한 정보를 찾아 의사결정하는 과정을 포함한다. 그리고 자신이 원하는 진로를 계획하고 진로 로드맵을 설정하여 발표하는 과정을 포함한다. 마지막은 마무리 단계로 7회기에 해당되며, 앞으로의 진로계획을 실천하기 위한 다짐을 하며 마친다. 각 회기는 90분을 기준으로 지도자의 숙련정도나 보조지도자의 유무, 집단원의 특성에 따라 120분까지 운영할 수 있다.

4) 프로그램의 개요

표 9-2 진로교육 프로그램의 개요

구분	회기	주제	주요활동	세부내용
도입	1	새로운 시작	• 오리엔테이션 • 집단원 친밀감 형성 • 참여동기 고양	• 프로그램 소개 및 서약서 작성 • 자기소개하기: Who am I • 군 생활 이전과 이후 • 진로수첩활동 안내
	2	진로의식 고취	• 나는 어떤 사람 • 나의 진로고민	• 나에게 영향을 미친 인물 • 내 인생의 3대 뉴스 • 진로와 관련된 고민과 대처 • 진로수첩활동 안내
전개	3	자기이해	• 나의 성격유형 • 나의 직업흥미	• MBTI 성격유형과 직업 • Holland 직업흥미와 직업 • 진로수첩 작성하기
	4	직업세계 이해	• 일과 직업의 의미 • 뜨는 직업과 지는 직업 • 관심 있는 분야와 자격증	• 진로가계도 그리기 • 직업정보 검색하기 • 진로수첩 작성하기
	5	진로 의사결정	• 진로 의사결정유형 • 가상전역식 • 전역 후 나의 미래	• 진로 의사결정유형 탐색 • 10년 후 나의 미래모습 인터뷰 • 진로수첩 작성하기

구분	회기	주제	주요활동	세부내용
	6	진로목표설계	• 장·단기목표설정 • 진로준비행동 • 진로 로드맵	• 장·단기목표설정 작성방법 • 진로 로드맵 만들기 • 진로수첩 작성하기
마무리	7	희망찬 나의 미래	• 꿈 실현을 위한 나와의 약속 • 집단원 간의 지지와 격려 • 마무리	• 미래명함 만들기 • 진로수첩 작성하기 • 시상식 및 소감 나누기

5) 회기별 세부내용

(1) 1회기: 새로운 시작

본 프로그램의 도입 단계이며, 전우들과의 친밀감을 형성하고 진로교육 프로그램에 대한 이해를 통해 동기부여를 가질 수 있도록 하는 것이 주된 목표이다. 먼저 지도자는 본 프로그램의 전반적인 소개를 한 후, 참여자는 프로그램이 진행될 때 지켜야 할 약속을 정하고, 서약서를 작성한다. 그리고 집단원은 자기소개 활동지 Who am I를 작성한 후 지도자에게 제출하고, 지도자는 한 명씩 읽으며 누구를 말하는지 맞추는 게임 형식으로 진행한다. 그리고 정답을 맞히면 실제 본인이 자신을 소개하는 시간을 한 번 더 갖는다. 모든 집단원의 자기소개를 마친 후 군 생활 이전과 이후에 대한 생활의 변화와 함께 자신이 가진 진로에 대한 생각을 지유롭게 이야기한다. 이러한 과정을 통해 앞으로 진행할 프로그램의 내용을 자연스럽게 수용할 수 있도록 한다. 마지막으로 '진로수첩'을 작성한 후 마무리한다.

(2) 2회기: 진로의식 고취

2회기에는 참여자를 둘러싼 많은 사람들 중에서 지금의 자신이 있기까지 중요한 영향을 미친 인물들에 대해 나누고 그 이유를 살펴봄으로써 자신의 삶의 가치와 방향성을 살펴본다. 그리고 집단원마다 인생 3대 뉴스를 작성한 후 가장 중요한 1가지 뉴스에 대해 선택하고 발표한다. 그리고 집단원에게 메모지를 나눠주며, 각자 자신의 진로고민과 갈등에 대해 작성한 후 이를 발표한다. 다른 집단원들은 이야기를 경청한 후 공감되는 부분에 대해 피드백을 주고받는다. 이 과정을 통해 집단원은 진로와 관련된 고민과 갈등이 자신만 있는 것이 아니라 비슷한 고민을 하고 있다는 점을 인식할 수 있도록 안내한다. 그리고 이전과 동일한 방식으로 메모지를 나누어주고, 각자 진로 고민에 대한 대처방안과 준비행동을 기록하게 한 후 발표할 수 있도록 안내한다. 마지막은 '진로수첩'을 작성한 후 마무리한다. 이러한 과정을 통해 집단원은 진로선택의 중요성과 진로선택 시 고려해야 할 사항과 능력 등을 알게 하여, 진로의식을 고취시키고 집단원의 이야기를 경청하는 태도를 연습하고 공감하면서 집단 응집력을 키운다.

(3) 3회기: 자기이해

3회기에는 MBTI 성격유형검사와 Holland 직업흥미검사(직업선호도 S형, 고용노동부 '워크넷' 참고)를 통해 자신의 성격유형과 진로유형을 살펴봄으로써 진로선택에서 중요한 성격과 직업흥미와 관련된 직업을 살펴본다. 나와 어울리는 직업은 무엇이며, 현재 나의 전공, 내가 잘하는 과목, 나의 가치관에 대해서도 종합적으로 살펴본다. 집단원은 객관적인 진로심리검사 결과를 통해 어릴 적부터 자신의 꿈이 어떻게 변해왔는지 적어보고 왜 그렇게 변화되었는지 그 이유에 대해 이야기를 나눈다. 마지막은 '진로수첩'을 작성한 후 마무리한다. 이 과정을 통해 집단원들이 진로선택에 필요한 자기이해를 충분히 해보고 자신의 다양한 특성을 탐색해 보는 시간을 갖는다.

(4) 4회기: 일과 직업이해

4회기에는 지도자가 직업의 역할에 대해 예를 들어 설명하며 삶과 직업은 밀접히 연결되어 있음을 알려주고, 집단원은 일을 하는 이유와 일을 통해 얻고자 하는 것이 무엇인지 명료화하여 관심을 가진 직업과 그 직업이 개인의 삶에서 필요한 이유에 대해 작성하고 발표한다. 또한 지도자는 진로가계도 그리기를 통해 집단원 가족과 친척들의 직업유형을 살펴봄으로써 가족의 직업 유형의 공통점과 특이한 직업을 가진 친척을 찾아본다. 이를 통해 집단원은 자신이 갖고 싶은 직업을 작성하고 가족 중에 누구의 영향을 받았는지 살펴본다. 그리고 지도자는 직업세계의 동향 및 향후 전망을 알려주고 자신이 원하는 직업에 대한 구체적인 직업정보(하는 일, 적성, 준비과정, 보수, 향후 전망 등)를 워크넷이나 커리어넷의 '직업사전'을 통해 찾아보는 방법을 시연한다. 집단원은 자신이 관심을 가진 직업에 대해 스스로 검색한 후 발표를 한다. 마지막으로 '진로수첩'을 작성한 후 마무리한다. 이 과정을 통해 일의 의미와 중요성을 생각해보고, 자기실현이나 사회에 기여하는 방법으로 직업을 선택할 수 있음을 알고, 희망직업에 대한 구체적인 직업정보를 탐색한다.

(5) 5회기: 진로의사결정

5회기에는 지금까지 살펴본 자기이해와 직업세계의 이해활동을 통해 알게 된 다양한 정보를 적절하게 매칭(matchimg)하는 방법으로 진로의사결정 유형을 알아보고 합리적 의사결정 단계를 연습해 본다. 집단원은 진로의사결정유형 체크리스트를 작성하고 채점해봄으로써, 자신의 진로의사결정유형을 발견하고 각 유형별 장점과 보완점을 이해한다. 또한 합리적인 의사결정 방법을 8단계에 맞게 연습한다. 이를 통해 집단원은 현재 부딪치고 있는 진로 문제나 갈등 중 지금 결정을 내려야 할 부분이 무엇인지,

모든 가능한 대안을 알아보고 현실적으로 성공적인 결과를 가져올 대안이 무엇인지 결과를 예측해봄으로써 합리적인 해결방법을 찾는다. 또한 집단원은 지나온 군 생활과 앞으로 남은 군 생활의 방향성을 설정하기 위해 전역사를 작성하여 '가상전역식' 활동을 한다. 이를 통해 집단원은 전역 전과 후의 진로준비 방향성에 대하여 논의한다. 그리고 2인 1조로 짝을 지어 전역 이후 10년 후 자신의 모습과 생활을 구체적으로 떠올리며 인터뷰를 실시한다. 마지막으로 '진로수첩'을 작성한 후 마무리한다. 이 과정을 통해 집단원은 미래의 자신의 모습을 생생히 떠올려 이미지화하여 자신감을 향상시킨다.

(6) 6회기: 진로목표 설계

6회기에는 집단원들이 잠정적으로 결정한 진로목표 항목을 검토하고 최종 결정된 진로목표에 대한 장·단기목표를 계획한다. 이를 위해 5회기에서 다루었던 10년 후의 자신의 모습을 떠올리며 진로에 대해 구체적인 모습을 그려볼 수 있도록 하고, 목표를 이루기 위해 지금부터 해야 할 일들을 생각해보는 시간을 가짐으로써 진로목표를 구체화한다. 먼저 집단원에게 '진로목표의 설정' 활동지를 배부하여 잠정적으로 결정한 진로목표를 순위대로 적게 하고, 구체적인 직업정보(하는 일, 흥미, 성격, 적성, 가치지향성, 근무여건, 자격기준, 향후전망 등)에 대해 자신의 이상적인 기대와 현실적인 모습 그리고 일치 여부를 검토한다. 그리고 앞으로 10년 후에 진로목표 달성을 위해 매일 또는 일주일간 우선적으로 해야 할 일, 단기간(3개월~1년) 내 실행목표, 중기간(3~5년) 내 실행목표, 장기목표(10년)를 계획한다. 다음으로 집단원마다 세운 진로목표를 달성하기 위해 지속적으로 노력을 기울이기 위해 진로 로드맵 만들기를 진행한다. 진로 로드맵은 자기탐색 →진로탐색 → 기업탐색 및 직무분석 → 목표설정 → 경력관리 → 실행계획 →미래의 나의 삶 순서로 적으며 발표를 한다. 마지막으로 '진로수첩'을 작성한 후 마무리한다. 이 과정을 통해 자신의 꿈과 비전을 실현할 수 있는 확신을 갖고, 진로목표 달성을 위한 실천노력을 기울일 수 있게 한다.

(7) 7회기: 희망찬 나의 미래

7회기에서는 본 프로그램을 통해 배우고 나눴던 내용을 돌아보며, 꿈을 위한 나와의 약속과 미래 자신의 명함 만들기를 통해 마무리하고, 지금까지의 프로그램에 참여한 집단원 서로에게 힘이 되고 격려가 되는 말과 글을 롤링페이퍼 형식으로 작성하여 나눈다. 먼저, 꿈 실현을 위한 나와의 약속은 자신의 비전을 한 문장으로 압축하여 구체적으로 작성하고 집단원 앞에서 선언한다. 그리고 자신의 꿈과 희망을 담아 직업의 특징과 '나'만이 가지고 있는 색깔(이미지)이나 모습이 잘 표현될 수 있도록 명함을 만든다. 그리고 집단원에게 자신을 소개하며 만든 명함을 나눈다. 마지막으로 지도자는 모든 프로그램을 마친 후 집단원에게 진로수첩에 붙어 있는 칭찬스티커 수를 확인하도록 안내한 후, 가장 많이 받은 집단원에게 처음 약속한 최종 강화물인 상을 제공한다. 그리고 지도자는 집단원 한명 한명씩 악수를 하고 앞으로의 삶에 희망과 긍정적인 에너지를 갖도록 격려하고 마무리 인사를 한다.

3. 인성 · 리더십 함양 프로그램

여기에서는 군 집단상담의 기초적인 내용을 소개하며, 군에서 적용할 수 있는 집단상담의 형태를 제시하고자 한다. 군 집단상담에 대해 자세히 알고 싶은 독자들은 권소영 외(2016)의 『군상담의 이론과 실제』, 심윤기 외

(2017)의『군 집단상담의 기초』, 강진령(2011)의『집단상담의 실제』 등을 참조하기 바란다. 또한 여기에서는 2021년 발간된 육군의 교육참고『리더상담』과 2013년 발간된『병영상담』의 주요내용과 맥을 같이 하여 실제 군에서 리더들이 어떻게 집단상담을 진행하고, 집단교육을 하고 있는지 알 수 있도록 기술하였다. 군 집단상담의 이해 파트에는 육군에서 정의하고 있는 군 집단상담의 정의와 특성, 그리고 집단상담 기술에 대해 작성하였다. 그리고 관련 프로그램에는 집단상담 형태를 띠고 인성·리더십 함양을 위해 활용되는 프로그램을 제시하였다.

1) 군 집단상담의 이해

① 군 집단상담의 정의

집단상담의 정의는 야전교범『병영상담』에서는 '상담자가 다수의 집단 구성원을 대상으로 신뢰할 수 있고 수용적인 분위기 속에서 집단의 역동적인 상호작용을 통해 개인의 성장발달 및 인간관계 발달능력을 촉진시키는 활동'으로 설명하고 있다. 또한 교육참고『리더상담』에서는 '집단상담자가 다수의 집단원들을 대상으로 집단의 역동적인 상호작용을 통해 문제해결을 조력하고, 잠재능력 개발을 도와주는 활동이다'라고 정의되어 있다. 이처럼 군 집단상담은 민간에서 정의한 집단상담의 정의와 크게 다르지 않다.

② 군 집단상담의 필요성

군조직은 24시간 같이 생활하며 위계적인 관계의 만남이 지속되는 특성이 있다. 따라서 군 집단이 지닌 상호신뢰성이 발휘되는 상담일 경우에는 단시간에 집단효능감과 응집력이 발달될 수 있다는 특수성을 가지고 있다. 그리고 이러한 특수성으로 인해 집단상담은 군에서 매우 필요한 활동이라

할 수 있다. 군에서 집단상담이 필요한 이유는 다음과 같다.

첫째, 장병 개인의 행동을 면밀히 관찰할 수 있고 그 사람의 성격 및 행동양식을 파악할 수 있다. 외향적인 성격을 지니고 있는 집단원은 집단상담 간 모든 활동에 적극적으로 참여할 것이다. 하지만 내성적인 성격을 가진 집단원은 지목이 되기 전까지는 먼저 얘기를 하지 않을 것이다. 따라서 집단상담자는 집단원들의 개인 행동을 면밀히 관찰하여 개인상담 간 그들의 특성을 잘 활용하도록 한다.

둘째, 용사들 상호 간의 관계와 생활관에서의 활동 위치를 알 수 있게 하며, 이러한 관계를 파악하는 것은 군 병력관리에 중요한 요소가 된다. 집단상담 간 집단원들의 역동을 파악하면 일상생활에서 그들의 모습을 유추해 볼 수 있다.

셋째, 군 집단상담은 반드시 문제가 있어서 참여하는 것이 아니므로 부적응 장병들을 상담에 참여시키기가 용이하다. 또한 상담에 참여한 다른 적응적인 장병들을 관찰하고 학습할 수 있게 한다. 집단상담을 통해 상담의 긍정성을 경험하게 한다. 더불어 부적응 용사들도 함께 참여시켜 적응적 용사의 적응방법을 자연스레 관찰하고, 스스로 터득하도록 할 수 있다.

넷째, 집단상담을 통해 병 상호 간의 이해와 신뢰를 촉진시키고, 가족적인 분위기를 도모할 수 있게 하여 부대의 사기와 단결력을 고취시킬 수 있다. 집단상담은 집단상담자에 대한 신뢰감을 증진시키며, 집단원들에 대한 존중감을 고취시킨다. 이를 통해 궁극적으로 집단효능감을 향상시키며, 집단응집력과 집단자존감을 향상시켜 궁극적으로 군 전투력 향상에 기여할 수 있다(리더상담, 2021). 군 장병을 대상으로 한 권소영(2016)의 연구에서 집단효능감이란 '자신이 속한 집단이 능력이 있다'고 믿는 정도를 의미한다. 군 장병의 집단효능감은 '지휘관의 능력, 부대원의 능력, 부대 분위기, 부대의 물리적 환경'이라는 4가지 하위요소로 구성된다.

③ 군 집단상담의 특성

군에서 실시되는 집단상담은 두 가지 양상을 띤다. 병영생활 전문상담관에 의해 실시되는 집단상담은 민간에서 실시하는 집단상담과 유사하다. 하지만 군 간부에 의해 실시되는 집단상담은 집단상담의 형태를 띤 집단교육에 가깝다. 예를 들어, 유격 훈련 전에 부대원을 모아놓고 유격 훈련이라는 주제로 집단상담을 실시한다. 지휘관은 집단리더의 역할을 수행하면서 긍정 피드백 주기, 연결시키기, 행동제한하기, 초점 문제로 유도하기 등의 집단상담 기술을 활용한다. 집단원들은 자신의 경험을 나누기도 하고, 자신만 어려움을 느끼는 것이 아니라는 것을 깨달으며 안심하기도 한다. 또한 이전에도 같은 어려움을 느낀 선배 전우들이 있었지만 잘 이겨냈다는 간접 경험을 통해 자신감을 갖기도 한다. 그리고 필요시 지휘관은 당부할 말이나 유격 훈련에 관련된 교육으로 집단상담을 마무리하게 된다.

표 9-3 집단상담 진행 Ⅰ(예)

- 대상 : 중대 내 이등병(10명)
- 주제 : 전입병 비전설계교육
- 목적 : 군 인성 함양(비전을 설계하고 목표 설정)을 통해 군 적응 조력
- 시간 / 장소 : 목요일 지휘관 시간 / 부대 내 강당
- 진행방법: 주제 및 진행방법 설명 ➪ 인생 비전 설계(목적, 청사진, 가치)
  ➪ 비전 나누기 ➪ 군 생활 간 목표 세우기 ➪ 목표 나누기
  ➪ 성공적인 군 생활을 위한 다짐 ➪ 느낌 나누기

표 9-4 집단상담 진행 Ⅱ(예)

- 대상 : ○중대 분대원 8명
- 주제 : ○○이병의 고민사항 해결(체력측정에 대한 부담감)
* 주제는 사전 의견수렴 및 개인 동의 후 선정
- 시간 / 장소 : 목요일 지휘관 시간 / 병영식당
- 진행방법: 주제 및 진행방법 설명
  ➪ 고민에 대한 원인 탐색(원하는 것, 하고 있는 것)
  ➪ 해결방안 탐색(집단원을 도와줄 수 있는 것, 구체적 계획)
  ➪ ○○일병의 다짐 및 소감 나누기

2) 집단상담의 기술

집단상담을 진행하기 위해서는 집단 안에 일어나는 상호 역동적 에너지를 민감하게 감지해 낼 수 있는 기술이 필요하다. 집단상담자는 개인상담 시 필요한 상담기술이 갖추어진 상태에서 집단에 대한 지도기술을 겸비해야 한다. 집단상담에 필요한 대표적인 기술은 **표 9-5**와 같다. 집단상담의 기술에는 다양한 종류가 있지만, 여기서는 군대 내 리더들이 주로 쓰는 집단상담의 4가지 기술(리더상담, 2021) 위주로 작성하도록 한다.

표 9-5 집단상담 기술

• 긍정적 피드백 주기	• 연결시키기
• 행동 제한하기	• 초점 문제로 유도하기

(1) 긍정적 피드백 주기

집단상담은 집단원으로 하여금 타인들이 자기를 어떻게 보고 있고, 또 어떻게 반응하고 있는지 스스로 배울 수 있는 기회를 주는 효과가 있다. 일반적으로 집단원들은 다른 집단원으로부터 비난받을지 모른다는 두려움을 갖는다. 이때 집단상담자의 격려와 지지는 집단원들이 느끼게 되는 두려움이나 불안을 감소시킬 수 있다. 따라서 집단상담자는 집단원들을 쉽게 도울 수 있는 격려와 지지를 제공해주고 상호 간에 그러한 역할을 할 수 있도록 유도해야 한다.

긍정적 피드백 주기의 요령은 다음과 같다. 피드백은 상대방의 행동을 강제로 바꾸도록 강요하는 것이 아니라 자신의 생각과 느낌을 전달하는 것이므로 충고가 아닌 느낌 형태로 표현해야 한다. 구체적으로 관찰 가능한 행동에 대하여 그 행동이 일어난 직후에 하는 것이 효과적이며 변화 가능한 행동에 대해 피드백을 주고 가능한 대안까지 제시하는 것이 좋다.

집단상담자가 먼저 제공하는 긍정적 피드백의 모습을 지켜보면서 집단원들 또한 상호 간 긍정적 피드백을 제공할 수 있게 된다.

(2) 연결시키기

연결시키기는 집단원과 집단원 간의 역동적 상호작용을 위해 사람들을 연결하는 기술이다. 집단원들의 사고나 행동의 유사점과 차이점들을 공유하고 집단원의 말과 감정을 연결함으로써 집단원 간 상호작용과 응집력을 높이는 데 효과적이다.

연결시키기의 요령은 다음과 같다. 집단상담자는 한 집단원이 이야기한 것이 집단 내 다른 사람에게 적용될 수 있는가에 항상 민감해야 한다. 유사점을 연결할 수도 있고, 집단원 간 차이점을 연결시킬 수도 있다. 집단리더가 잘 연결시키기 위해서는 집단원들에 대한 관심이 있어야 하고, 집단원들의 말에 집중해야 한다.

(3) 행동 제한하기

행동 제한하기는 집단원이 바람직하지 못한 행동을 할 때 그러한 행동을 하지 못하도록 제한하는 기술이다. 행동을 제한해야 하는 경우는 집단원이 지나치게 질문만 계속할 때, 주제와 관련 없는 이야기를 길게 늘어놓을 때, 타인을 비방할 때, 다른 집단원의 비밀을 캐내려고 강요할 때 등이다.

행동 제한하기의 요령은 다음과 같다. 잘못된 행동을 하는 집단원을 비난하거나 공격하는 것이 아니라 비생산적이고 옳지 않은 행동이라는 것을 알려주는 것이다. 예를 들어, 질문만 계속할 경우 질문 자체에 대한 피드백을 통해 질문의 의도와 영향을 생각하게 하고 질문 대신 자신의 느낌이나 생각을 이야기하도록 유도한다. 주제와 관련 없는 이야기를 늘어놓을 때 집단상담자는 적절한 선에서 제한하고 그 내용이 자신의 느낌이나 사건과 어떤 관련이 있는지 질문할 수 있다.

(4) 초점 문제로 유도하기

초점 문제로 유도하기는 집단상담의 초점이 되는 주제를 벗어났을 때 초점 문제로 되돌아오도록 유도하는 방법이다. 초점 문제로 유도하기 요령은 집단상담자는 집단의 초점이 어디에 맞추어져 있는지, 집단의 목적과 일치하는지 여부를 지속해서 관찰한다. 중요한 것은 집단의 목표를 달성하기 위해 설정한 주제나 활동도 중요하지만, 그것보다 변화의 주체인 집단원들에게 초점을 두어 관찰하는 것이다.

3) 인성 · 리더십 함양 프로그램

앞서 제시한 것처럼 육군에서는 군 복무기간 동안 존중과 배려의 실천으로 올바른 군 복무를 유도하고, 전역 후에는 건전한 민주시민으로 국가발전을 선도해 나갈 수 있는 소양 함양을 목적으로 '장병 인성 바로 세우기'를 추진하고 있다. '장병 인성 바로 세우기'의 목표는 개인의 성장을 통한 군의 존재가치 실현이며, 구체적으로는 '좋은 인간, 훌륭한 군인, 건전한 민주시민 육성'이 그것이다.

병 복무단계별 인성함양교육은 총 5단계로 진행이 된다. 1단계는 신병교육으로 군 생활 조기적응 및 자신감 배양을 목표로 한다. 2단계는 전입병 비전설계 교육으로 자발적인 군 생활을 할 수 있도록 하고, 인생을 재설계 하도록 한다. 3단계는 자대 복무기간 중에 실시하는 인성함양 교육으로 리더십과 팀워크 증진이 목표이다. 4단계는 분대장 교육으로 분대장으로서의 품성, 임무수행능력 등 리더십 배양이 목표이다. 5단계는 전역병 미래설계 교육으로 군 생활 정리 및 복무 자긍심 고취에 중점을 둔다. 교육 프로그램은 육군 표준프로그램을 원칙으로 하되, 필요시 부대별 창의적 프로그램 시행도 가능하다. 3단계 자대 복무기간 중에 실시하는 인성교육은 반기 1회 집중인성교육 시간에 교육하되, '신뢰관계 형성·공동체 의식 향상·전우애 함양'에 중점을 두고 실시한다. 유형은 총 3개로 이뤄지며, 유형 I은 사회정서 역량 증진 프로그램, 유형 II는 협력적 문제해결 프로그램, 유형 III은 군인정신과 삶의 가치 고양 프로그램이다. 자대 복무기간 중 인성함양교육의 유형은 **표 9-6**과 같다.

표 9-6 자대 복무기간 중 인성교육의 예

유형	유형 I 사회정서 역량 증진 프로그램	유형 II 협력적 문제해결 프로그램	유형 III 군인정신과 삶의 가치 고양 프로그램
1일차 (8H)	자기인식, 자기조절능력 증진 • 잠입과 탈출(30′) • 팀 편성 및 자기소개(1H30′) • 변화와 성장(1H30′) • 지금의 내 기분(1H) • 상장하는 나의 나무(1H30′) • 자기비전설계(2H)	자기이해에 기반을 둔 문제해결 • 팀 편성 및 자기소개(1H) • 거짓과 진실(1H30′) • 나는 누구인가?(1H30′) • 나는 너를 사랑해(1H) • 추억의 창고(2H) • 나의 사명서(2H)	• Yes, No 인터뷰(30′) • 팀 편성 및 팀CF(1H30′) • 내 인생의 최고의 배려(1H30′) • 팀 줄넘기(1H) • 주파수를 맞춰라(1H30′) • 똘똘 뭉친 우리팀(30′) • 대화 스타일(11H30′)
2일차 (8H)	사회적 인식, 관계관리 능력 증진 • 인간도미노(30′) • 오감으로 소통하기(1H30′) • 관계를 좋게 하는 의사소통(2H) • 미안하다 전우야, 고맙다 전우야(1H) • 칭찬하는 병영문화(2H) • 선물게시판(1H)	타인이해에 기반을 둔 문제해결 • 전우 인터뷰(1H) • 더불어 짓는 시(1H30′) • 착한 거짓말(1H) • 내게 영향을 준 사람(30′) • 서로 성격 이해하기(1H) • 그림 이어 그리기(1H) • 상대방 입장 이해하기(1H) • 사랑의 꽃 한송이(1H)	• 해본 적 있나요(30′) • 세 컷의 자서전(1H30′) • 바꿀 수 없는 것에 대한 태도(1H30′) • 사슬 풀기(30′) • 조해리의 창(2H) • 생명의 띠(1H) • 마음의 근육키우기(1H30′)
3일차 (8H)	책임 있는 의사결정 능력 증진 • 금전 등록기(1H30′) • 나의 선택은(1H) • 바꿔 쓴 안경(1H) • 우주선 불시착시 문제해결(1H) • 진정한 충성이란(1H) • 의미 있는 병영 이야기(2H) • 소감 나누기(30′)	협업을 통한 문제해결 • 뭉쳐야 산다(1H) • 똬리굴 여행(30′) • 팀 카드게임(1H) • 그림을 맞추어라(30′) • 도약의 다리(1H) • 버팀목 되어주기(1H) • 만장일치로 정해요(1H) • 목표를 향해 전진(1H) • 칭찬과 감사로 크는 나무(1H)	• 승자 패러다임(1H30′) • 나의 갈등 대응유형(2H) • 구명 로프 만들기(1H) • 도덕 판단의 두 렌즈(1H) • 막대기의 변신(30′) • 예술 활동이 주는 위로(1H) • 칭찬 릴레이(30′) • 소감문 쓰기(30′)

각 활동마다 함양해야 할 인성 덕목과 하위요소들이 있으며, 2박 3일의 교육프로그램이 종료가 되면 유형에 맞는 인성수준이나 리더십이 향상된 것으로 볼 수 있다.

생각해 봅시다

1. 군조직에서 집단상담을 실시하기에 적합한 계층(계급)은 무엇이며, 그 이유는 무엇인지 생각해 봅시다.

Part 4

군상담자 되기

10

CHAPTER

군상담자의 자질 및 역량

상담은 전문적인 자질을 가지고 있는 상담자와 내담자 간의 상호작용을 통해서 내담자가 겪고 있는 심리적인 갈등이나 직면하는 문제를 합리적이고 바람직한 방법으로 대처하고 해결해 나갈 수 있도록 도와주는 전문적인 조력활동이다. 이 과정에서 상담자는 내담자의 발달과 성장을 위한 인간적인 자질을 기반으로 성숙한 마음과 자세를 가지고 전문적인 자질을 활용하여야 한다.

군이라는 특수한 환경 속에서 상담활동이 잘 수행되기 위해서는 상담자의 인격적인 자질을 기반으로 상담에 대한 전문적인 능력과 역량을 갖추고 있어야 한다. 그러므로 본 장에서는 일반 상담에서의 상담자의 자질과 역량을 기술하고, 이를 바탕으로 군상담자의 자질과 역량을 살펴보고자 한다.

1. 상담자의 자질

상담자의 자질은 상담효과에 지대한 영향을 미치는 요인이다. 상담과정에서 상담자의 조력적인 역할 수행이 적절하게 이루어졌느냐에 따라서 상담의 효과는 다르게 나타났다. 웰펠과 패터슨(Welfel & Patterson, 2005)은 상담 과정에서 조력자의 주요한 특성에 대해서 첫째, 내담자에게 다가갈 수 있는 능숙한 대인관계기술, 둘째, 내담자에게 진실감, 신뢰감, 자신감을 일으키고, 셋째, 내담자를 존중과 배려하고, 넷째, 타인이해뿐만 아니라 자기이해를 바탕으로 성숙된 삶을 영위하며, 다섯째, 내담자와의 갈등을 효과적으로 처리하고, 여섯째, 내담자에게 상담자의 가치판단을 강요함이 없이 내담자의 행동을 이해하고, 일곱째, 내담자에게 특별한 가치가 있을 영역에 전문적인 지식과 경험을 갖고 문화에 대한 전문적 지식, 인간 행동의 심층적인 이해를 바탕으로 발달시키는 능력 등이 있어야 한다고 하였다. 이와 같은 내용을 종합하면 상담자의 인간적인 자질과 전문적 자질을 말하고 있어 이를 구체적으로 살펴보고자 한다.

상담이 효율적으로 진행되기 위해서는 인간적 관계를 구축하여 치료적 관계를 발전시켜야 한다. 상담의 실제 과정에서 상담자가 내담자와 원만한 상호작용을 하면서 내담자의 변화를 촉진해 나가도록 하기 위해서는 상담자의 인간적인 자질이 중요하다. 상담자의 인간적 자질에 대해서 정원식 외(1999)는 다음과 같이 제시하고 있다.

첫째, 인간에 대한 깊은 관심을 가져야 한다. 상담은 인간관계를 기초로 하여 인간을 변화시키는 과정이다. 이 과정에서 상담자는 역할 수행을 위해 다양한 종류의 인간과 상호작용을 하게 된다. 상담자가 인간의 행동 및 문제에 대해 깊은 관심과 호기심을 갖지 않고서는 상담자 역할을 수행하는 상호작용을 감당할 수가 없다. 상담자에게는 자기 자신 및 내담자의 행동과 그 이면의 동기에 대해 깊이 이해하고 탐구하는 지적인 관심이 요구된다. 또한 인간에 대한 지적인 관심과 더불어 타인을 돕고자하는 온정적인 마음이 있어야 한다. 상담자는 내담자가 어떠한 사람이든, 어떠한 문제를 지니고 있든지 간에 선입견 없이 수용하고, 그의 필요에 따라 융통성있는 도움을 줄 수 있어야 한다. 상담자는 인간에 대한 사랑과 따뜻한 태도를 기본적으로 갖추고 있어야 한다.

둘째, 상담자는 원숙한 적응상태를 유지하여야 한다. 한 인간으로서 자신의 내면세계에 아무런 문제나 갈등을 갖고 있지 않은 상태에서 상담자 역할을 수행하기는 어렵다. 상담자는 자신의 내면적인 문제와 갈등을 해결하기 위한 동기로 상담을 직업으로 택할 경우가 상당수에 이른다. 상처를 입은 경험이 있는 상담자들이 그 상처를 치료적으로 활용할 때 훨씬 공감적이고, 민감하고, 효과적으로 내담자의 상처를 치료할 수 있을 것이다. 이러한 의미에서 상담자가 원숙한 적응상태를 지니고 있다는 것은 자신이 아무런 개인적 갈등을 갖고 있지 않다는 것이 아니라, 자신의 개인적 갈등을 긍정적으로 극복하고 이를 치료적으로 활용할 수 있을 만큼 심리적으로 안정돼 있음을 의미한다.

셋째, 자신과 타인의 감정인식, 수용능력을 가지고 있어야 한다. 상담자는 상담과정을 통해 내담자 및 자기 자신의 다양한 감정을 여러 강도로 체험하게 된다. 내담자의 감정에 관한 상담은 어떠한 감정이 어떠한 강도로 표현되든지 그것을 편안하고 침착하게 수용하고, 나아가서는 내담자가 자유롭게 자기의 감정을 표현하도록 격려할 수 있는 능력이 요구된다. 상담자는 내담자가 경험하는 다양한 감정의 세계와 폭에 대해 스스로 편안함을 느낄 수 있어야 한다. 상담자는 상담관계에 있어서 내딤자 자신에 대하여 그리고 내담자의 문제에 대하여 지니고 있는 자기 자신의 감정을 투명하게 이해하고, 이것을 치료적으로 활용할 수 있어야 한다.

넷째, 상담자는 대화에 대한 편안함을 유지하여야 한다. 상담은 상담자와 내담자 간의 상호작용을 다양한 방법의 대화를 통해서 진행한다. 상담자는 내담자의 이야기를 듣고 말하는 것을 편안해 하고, 또한 이러한 대화를 즐길 수 있는 사람이어야 한다. 사람을 만나 대화하는 것이 피곤하고 부담스러운 사람이 내담자의 말을 적극적으로 청취하고, 그 내면의 본질을 이해하기는 매우 어려운 일일 것이다.

다섯째, 상담자는 의미 있는 인간관계 형성 및 유지능력을 가지고 있어야 한다. 상담에서 진실하고 의미 있는 상담관계는 내담자의 변화를 유발·촉진할 수 있는 기본적인 조건이다. 치료적으로 의미 있는 상담관계를 형성하기 위해 상담자에게는 타인과의 친밀성을 지탱하고 유지할 수 있는 능력이 요구된다. 이러한 의미 있는 상담관계의 친밀성을 형성하기 위해서 상담자는 무엇보다 내담자와 대화를 편안히 나눌 수 있는 능력을 지니고 이어야 한다. 어떠한 기법을 사용하든지 간에 내담자와 상담자가 어떠한 관계를 맺고 있느냐가 상담효과를 좌우하는 관건이 된다.

초심상담자의 경우 내담자의 변화가 빨리 나타나지 않으면 자신의 전문적 능력에 대해 쉽게 좌절하거나, 내담자에게 책임전가를 하는 경우가 많다. 성공적인 상담결과에만 연연하지 않고 내담자의 치유능력을 진실로 신뢰하며, 내담자의 변화속도와 정도를 정확하게 이해할 때 상담자는 진실한 의미의 친밀성을 내담자에게 전달할 수 있을 것이다

여섯째, 상담자는 자기성찰적 태도를 가지고 있어야 한다. 상담자는 자신이 원하든, 원치 않든 상담과정을 통해 하나의 모델로서 내담자에게 제시된다. 상담자는 내담자에게 당면한 시급한 문제를 해결해주는 일 외에도 더 깊이 이해하고 활용할 수 있는 상담과정을 통해 인간적 잠재성을 제시해줄 필요가 있다. 상담자의 자기성찰적 자세는 의식적으로 혹은 무의식적으로 내담자에게 전달되면서 삶의 문제와 그 본질을 깊이 성찰할 수 있도록 도와준다. 그렇게 되면 삶에 대한 이해의 폭도 넓어지고, 그 질도 향상될 것이다.

이상과 같이 상담자의 인간적 자질에 대해서 인간에 대한 이해, 환경에 대한 적응, 수용능력, 인간관계 유지, 분위기 조성, 자기성찰적 태도 등을 제시하고 있으며, 김충기와 강봉규(2003)는 상담자의 인간적 자질에 대해서 첫째, 상담자의 진실성, 둘째, 인간에 대한 깊은 관심, 셋째, 정서적 성숙, 넷째, 심리적 안정감, 다섯째, 민감성으로 보았으며, 코리(Cory, 2017)는 상담

자의 인간적 자질에 대해서 상담자의 정체성, 자기 자신을 존중하며 자신의 가치인식, 개방적 태도, 삶을 향한 선택, 진실성, 유머감각, 실수를 저지르지만 기꺼이 인정하는 것, 현재에 사는 것, 문화의 영향력, 인간관계기술, 열정적, 건강한 경계선 유지 등을 제시하고 있다.

상담활동이 인간의 심리적 현상을 다루는 전문적인 조력활동이므로 상담자의 인간적인 자질 이상으로 상담에 대한 전문적인 지식과 기술이 요구된다. 정원식 외(1999)는 상담자의 전문적 자질은 전문적 지식, 기법 및 태도를 의미한다고 하였으며, 상담자가 갖추어야 할 전문적 자질로는 내담자와의 관계 측면, 상담진행과정 측면, 상담자 자신에 대한 태도 측면, 동료상담자와의 관계 측면에서 제시하였다.

내담자와의 관계에서 요청되는 전문적 자질로는 내담자 이해를 위한 전문적 지식습득, 내담자에 대한 개방적 태도, 내담자와의 명확한 관계설정 능력을 제시하였고, 상담진행과정에 요청되는 전문적 자질로는 상담이론과 실제에 관한 전문지식 습득, 상담과정에의 선택적 개입, 상담과정에의 융통성, 상담효과에 대한 내적인 평가기준을 제시하였다. 상담자 자신에 대한 태도에서 요청되는 전문적 자질로는 일치성, 자기한계성의 인정을 제시하였고, 동료상담자들과의 관계에서 요청되는 상담자의 전문적 자질로는 상담자가 전문성을 유지하고 성장해 나가려면 동료상담자와 상급상담자들에게 끊임없이 피드백을 구하고 받으면서 자신을 자극해 나갈 필요가 있다. 상담자의 내성적인 태도가 전문성 발달에 지대한 영향을 미친다는 것이다. 상담자의 내성적 태도란 자기에게 영향을 준 경험들을 자기 혼자서 또는 타인들과 함께 분석하려고 의식적으로 시간과 에너지를 투자하는 자세를 의미한다. 상담자들이 피드백을 주고받을 때는 서로를 비판하고 잘못을 지적하는 것이 아니라 서로의 성장을 고무하기 위한 지지적이고 개방적인 작업환경이 조성되어야 한다.

이장호(1982)는 상담자의 전문적 자질에는 지식과 기술이 필요하다고 하였다. 상담지식은 상담이론이나 내담자의 발달 단계, 성격의 구조와 형성 과정, 심리적 역동과 같이 상담활동에 필요한 지식을 말하며, 기술에는 상담활동의 기법에 대한 지식을 토대로 하지만 단순히 아는 수준을 넘어서 이론과 기법을 실제 상담장면에 통합하여 가장 적절한 개입을 하고 상담 과정에서 순간순간 내려야 하는 판단을 적절히 할 수 있는 능력이다.

김충기와 강봉규(2003)는 상담자의 전문적 자질에 대해서 첫째, 성격에 대한 이해, 둘째, 사회환경에 대한 지식, 셋째, 개인의 진단평가, 넷째, 상담의 이론과 실제, 다섯째, 상담실습, 여섯째, 연구방법과 통계적 기술, 일곱째, 책임과 윤리, 여덟째, 기타 영역(상담이 적용되는 분야에 대한 기본적인 이해)으로 분류하였다.

이상과 같이 유능한 상담자는 인간적 자질과 전문적 자질이 균형을 갖추는 것이 필요하다. 상담자 자신의 성품 및 대인관계능력, 인간에 대한 기본적인 자세를 통한 내담자를 도울 수 있는 전문적인 준비가 필요하며, 이를 바탕으로 상담이론과 실제, 심리평가, 성격의 구조와 형성과정, 상담방법을 통한 전문적인 조력활동이 이루어져야 할 것이다.

2. 군상담자의 자질

1) 군상담자의 인간적 자질

병영생활 전문상담관은 각 군에 소속되어 고충을 호소하는 군인 및 장기복무 군인가족에 대한 전문적인 심리상담과 상담교육을 실시하고, 병력관리에 대해 지휘조언을 하는 역할을 담당하고 있다(병영생활 전문상담관 운영에 관한 훈련, 2020).

병영생활 전문상담관은 한국표준직업분류의 색인 부분에 군상담사로 표기되어 상담전문가 직업군으로 분류되고 있다. 상담전문가는 개인 및 가족, 조직의 심리정서관계문화에 대한 상담업무를 수행한다. 즉, 내담자의 심층적인 내면을 탐색하여 이것이 내담자의 사고, 행동, 정서에 어떠한 영향을 미치는지 개념화하고 상담기법을 활용하여 발달지도 및 치유활동을 하는 자를 말한다(7차 한국표준직업분류, 2017).

군 법령을 통해 병영생활 전문상담관의 직무범위를 구체적으로 살펴보면 먼저 군인 기본법 제41조 제1항에는 전문상담관은 군생활 부적응, 가족관계 및 개인 신상, 구타 폭언 및 가혹 행위, 집단, 따돌림 등 군 내부에서의 기본권 침해와 질병, 질환 및 건강 악화, 장기복무 군인가족의 자녀교육 및 현지 생활부적응 등 사회복지 및 그 밖에 군생활로 인하여 발생하는 고충이나 어려움에 대해 상담을 하고, 해당 부대의 장에게 필요한 조치를 요청할 수 있다. 나아가 조치를 요청받은 부대 또는 기관의 장은 조치계획 또는 결과를 3일 이내에 상담을 실시한 당사자에게 통보하여야 한다고 명시되어 있다. 이러한 측면에서 군상담자의 자질을 인간적인 자질과 전문적인 자질로 구분하여 제시하고자 한다. 군상담자의 자질도 일반적인 상담자의 자질을 기반으로 제시하면 다음과 같다.

군상담을 전문적으로 수행하는 병영생활 전문상담관들의 인간적인 자질을 구체적으로 제시하면 다음과 같다. 첫째, 군상담자는 군이라는 특수한 환경에서 생활하고 있는 청년들에 대한 깊은 관심을 가져야 한다. 군이라는 조직은 일반조직과 다르게 특수한 임무를 수행하는 조직이므로 군이 가지고 있는 특성과 환경에 관심을 가져야 할 것이다. 또한 군상담 대상자들의 대부분은 청년기에 해당되는 사람이므로 이들에 대한 지적, 정서, 행동적 발달에 대한 기본적인 이해가 선행되어야 할 것이다.

둘째, 군상담자는 자신에게 주어진 환경에 대한 원숙한 적응상태를 유지하여야 한다. 군상담을 수행하기 위해서는 상담자 자신에게 제공되는 환경과의 상호작용이 원만하게 이루어져야 할 것이다. 우리는 세계 유일의 분단국가로 현재도 준전시상태에 있기 때문에 상담자들에게도 제공되는 환경이 일반인들이 접근하기 어려운 특수한 환경일 수밖에 없다. 이러한 환경에 상담사들도 능동적인 원만한 적응이 이루어질 때 상담자의 역할을 적절하게 수행할 수 있다.

셋째, 군상담자는 내담자에 해당되는 용사(병사), 간부들의 감정인식과 수용능력이 있어야 한다. 군상담은 일반 상담을 기반으로 하면서 군상담이 지향하는 상담목표 아래 상담을 진행하게 된다. 이 과정에서 상담사가 추구하는 상담목표와 내담자가 추구하는 상담의 목표에 차이가 나타날 수 있다. 이런 경우 내담자의 부적응적인 감정과 행동, 사고를 수용하고 충분한 수용을 기반으로 상담이 진행될 수 있는 자질이 요구된다.

넷째, 군상담자는 군이라는 수직적인 의사소통이 이루어지는 환경 속에서 내담자와 수평적인 대화와 온화한 분위기를 조성하고 편안함을 유지하여야 한다. 군이 가지고 있는 의사소통의 체계가 계급에 따른 명령에 의한 수직적인 의사소통이 주로 이루어지고 있다. 그러므로 군상담과정 속에서 상담자와 내담자 간에 수평적인 의사소통을 위한 상담실의 분위기 조성, 표정관리, 억양과 어투 등에 관심을 가져야 한다. 특히 군상담과정에서 상담자와 내담자 간의 인간적인 관계 형성을 통한 치료적인 관계로 전환할 수 있는 자질이 요구된다.

다섯째, 군상담자는 군이라는 조직 속에서 의미 있는 인간관계 형성 및 유지능력을 가지고 있어야 한다. 군상담은 군조직 속에서 상호협력체제 속에서 이루어져야 하므로 상담자가 내담자와의 인간관계뿐만 아니라 조직 구성원들과 원만한 인간관계를 구축하여야 한다. 각 부대의 용사, 간부, 지휘관 등과 원만한 인간관계를 형성하고 유지할 수 있는 대인관계, 인간관계의 자질이 요구된다.

여섯째, 군상담자는 군상담의 목적에 알맞은 태도를 갖추고 생활하고 있는가 하는 자기성찰적 태도를 가지고 있어야 한다. 군상담자는 군에 속하는 민간인에 해당된다. 군에서 근무를 하면서도 민간인이라는 한계성을 가지고 있으므로 늘 군에 상담자의 역할과 상담과정 속에서의 군상담자의 역할에 대한 자기성찰적인 자세가 매우 필요하다. 군상담자의 자기성찰적인 자세는 과거 상담한 내용에 대한 성찰을 넘어 현재 군에서 생활하면서 느끼는 감정, 사고, 행동, 상담과정 속에서의 내담자와의 관계, 상담과정 속에서 말하는 어투, 질문, 적용하는 기법까지를 순간순간을 알아차리고 성찰하는 자질이 요구된다.

일곱째, 군상담자는 군이 존재하는 목적과 이유를 알고 군에 대한 애정과 사랑이 있어야 한다. 군상담자는 세계 유일의 분단국가에서 군의 존재의 이유와 목적을 정확하게 인지하고 내재화, 행동화가 이루어진 상태에서 상담이 진행되어야 한다. 군상담자가 일반 상담자의 역할을 넘어 군이라는 특수한 상황 속에서 용사와 간부들이 잘 적응하여 최상의 전투력을 발휘할 수 있도록 하여야 한다는 사실을 인정하고 군에 대한 애정과 무한한 사랑을 기반으로 상담이 이루어져야 한다. 군에 대한 긍정적 사고와 행동을 넘어 어떤 상황에서도 군을 사랑하는 마음과 관심, 지지를 밑바탕으로 상담이 이루어질 수 있는 자질이 요구된다.

여덟째, 군상담자는 군조직과 관련한 지휘관과의 관계에 대한 이해가 있어야 한다. 군은 지휘관의 명령에 의해서 이루어지는 집단이며, 지휘관의 명령에 의해서 목숨까지를 바쳐가면서 임무를 수행하는 집단이다. 그러므로 상담자가 일반 상담의 윤리적인 측면이나 비밀보장만을 강조하게 되면 군상담의 본래의 취지에 벗어나게 되는 경우가 종종 나타날 수 있다. 군상담의 상담자도 지휘관의 지휘 아래에서 상담이 이루어져야 한다는 사실을 인지하는 자질이 요구된다.

2) 군상담자의 전문적 자질

군상담자는 인간적인 자질을 기반으로 전문적인 자질을 발휘할 때 효율적인 상담이 진행될 수 있을 것으로 사료된다. 군상담자의 전문적인 자질을 구체적으로 살펴보면 다음과 같다.

첫째, 군이라는 새로운 환경에 적응하는 사람들의 성격에 대한 이해가 이루어져야 한다. 내담자가 군이라는 새로운 환경에 적응하기 위해서 나타내는 일관적인 성향이라고 할 수 있는 성격에 대한 체계적인 이해와 전문적인 능력이 요구된다. 군상담의 내담자에 해당되는 용사들이 발달 단계상 청년기에 해당되므로 이들에 대한 정서적인 발달 과업, 성격발달에 대한 기본적인 이해와 전문적인 지식이 있어야 한다. 내담자들이 군이라는 새로운 환경에 대한 부적응의 문제로 상담이 진행하는 경우가 많다. 그러므로 환경에 대한 적응과 관련한 성격에 대한 전문적인 이해는 가장 기본적인 자질에 해당된다고 할 수 있다.

둘째, 군상담자는 군 문화 및 환경에 대한 기본적인 이해가 이루어져야 한다. 군조직은 크게 육군, 공군, 해군으로 구분하여 운영되고 있다. 육군에 근무하는 용사들의 대부분은 후방보다는 휴전선을 중심으로 근무지가 형성되어 있다. 육군에 근무하는 부대들은 용사들이 사회에서 일상생활을 했던 환경에 비해 교통이나 시설 등이 낙후되어 있으며, 이로 인한 스트레스, 적응, 군이라는 수직적인 문화에 대한 적응의 어려움을 겪는 경우가 많다. 해군은 우리나라가 삼면이 바다이며, 대부분 바다에서 생활하면서 중국이나 일본, 북한 등과 늘 접경지역에서 대치해야 하는 상황 등에 있는 상태이기 때문에 군에 대한 환경과 문화에 대한 전문적인 이해가 선행되어야 한다.

셋째, 군에서 사용하고 있는 심리검사 및 개인 진단평가에 대한 전문적인 지식이 있어야 한다. 군에서 사용하고 있는 표준화되어 있는 군인성검사에 대한 이해를 바탕으로 용사들의 심리검사 결과를 해석·설명할 수 있어야 한다. 『군상담관의 직무』에서도 "각종 심리검사 및 심리상담 결과에 대한 분석을 통해 건전한 병영문화 조성을 위한 제도적 보완사항 등을 건의할 수 있어야 하며, 군에서 사용하는 인성검사 분석 및 후속조치 조언 등을 할 수 있어야 한다. 표준화된 심리검사와 비표준화되어 있는 투사적 심리검사에 전문적인 지식과 임상적인 경험이 있어야 한다. 표준화된 심리검사와 비표준화되어 있는 투사적 심리검사에 전문적인 지식과 임상적인 경험이 있어야 한다.

넷째, 군상담의 이론과 실제에 대한 임상적인 경험과 전문적인 지식이 있어야 한다. 군상담도 일반 상담이론을 기반으로 이루어지지만, 군이라는 특수한 환경과 군이 추구하는 상담의 목적 달성에 적절한 이론, 군에서 근무하고 있는 용사와 간부들이 직면하고 있는 주호소문제에 적절하게 대응할 수 있는 상담이론에 대한 전문적인 지식이 있어야 하며, 특히 군상담과정에서 이론을 적용한 실제적인 임상 경험 및 수련과정 중 수퍼비전 경험 등이 있어야 한다.

다섯째, 군상담자의 윤리성이 강조된다. 군상담자의 윤리적인 측면에서 상담자의 전문능력, 상담자는 내담자의 성장촉진 및 문제해결과 예방에 최선을 다해야 한다는 충실성, 내담자의 사생활과 비밀유지에 대한 비밀보장, 내담자의 사적인 정보에 대한 정보보호, 군상담과정에서 가족상담이 이루어질 때 가족에 대한 비밀보장, 상담기록은 안전하게 보관하고 허가된 사람 외에는 접근할 수 없으며, 상담자는 어떤 경우라도 내담자의 권리보호 및 다양성을 존중해야 한다. 군상담자는 상담과정에서 내담자에게 얻어지는 정보를 군지휘관과 공유하는 문제로 비밀보장의 원칙에 갈등할 수 있다. 그러나 군상담이 일반 상담과 다른 점은 상담도 지휘관의 지휘를 받아야 한다는 것이다. 우리 군은 지금 준전시 상태에 있다. 이러한 군의 특수성을 고려하여 상담과정에서 얻어지는 정보는 지휘관에게 유연하게 보고하면서도 내담자 수혜자의 원칙을 적절하게 고려하여야 한다.

군상담은 '상담'이라는 측면과 '지휘조치'라는 측면이 함께 고려될 필요가 있다. 일반 상담에서 상담자와 내담자 간의 철저한 비밀보장의 원칙이 준수되지만 군에서의 상담은 군의 특수성을 고려하여 내담자의 문제에 대해 지휘계통을 통해 보고해야 하는 절차가 존재한다. 상담을 하게 되면 내담자의 고민이 부대관리에 영향을 미치며, 현재와 같이 적과 대치하고 있는 준전시상태에서 군상담자 혼자 비밀을 보장하게 되면 부대의 전투력 약화에 영향을 미치게 된다. 특히 군이라는 제한된 환경 속에서 가족처럼 숙식을 같이하면서 생활하는 관계 때문에 비밀보장의 한계가 존재한다는 측면에서 상담자의 역할수행이 중요하다.

여섯째, 군상담과정에서 가족상담이 진행될 수 있다. 그러므로 군상담자는 가족상담에 대한 전문적인 지식을 바탕으로 가족상담을 진행할 수 있는 능력이 요구된다.

일곱째, 군상담관은 행정업무를 수행할 수 있는 자질이 요구된다. 군은 국가의 안보를 책임지고 있는 중요한 하나의 정부부처에 해당된다. 군에서 일어나는 모든 일은 행정적인 처리가 이루어져야 한다. 상담자가 상담결과의 보고, 상담결과에 따른 조치보고, 상담계획, 상담 후 부대원들의 심리예방을 위한 계획 등을 행정적으로 처리하여야 한다. 모든 행정은 규정과 규칙에 의거하여 명확한 실행계획 및 결과를 문서화하여 실행하여야 한다. 군상담이라는 행위 자체가 공무집행이므로 이러한 공무집행을 위해서는 행정적인 조치가 이루어져야 하므로 군상담자는 행정능력이 절대적으로 필요하다.

3. 군상담자의 역량

상담자 역량에 대한 규정에서 김봉환(2012)은 상담자가 실제 상담 현장에서 요구되는 역할을 적절히 수행하기 위해 필요한 지식, 기술, 태도라고 하였다. 상담자의 역량 내용으로는 이론에 대한 이해, 개인차 및 다양성에 대한 지식, 상담수행, 검사수행, 자문 및 연계, 연구 및 저술, 조직관리, 개인인성, 전문가윤리 및 사회적 책임감, 성찰 및 자기계발로 제시하고 있으며(김봉환, 2012), 장영신(2018)은 상담자의 역량을 이론 및 지식, 기술 및 수행, 태도 및 개인 자질로 제시하였다. 이론 및 지식에는 상담이론지식, 상담실제, 개인차 및 다양성에 대한 지식, 상담환경에 대한 지식으로 4개의 역량을 제시하였고, 기술 및 수행역량에는 상담수행, 심리검사수행, 집단상담수행, 상담자 교육 및 연수수행, 자문 및 연계기술, 상담연구 및 저술기술, 상담행정기술, 조직관리기술로 8개의 역량을 제시하였고, 태도 및 개인자질에는 개인인성, 성찰 및 사기계발, 상담자 윤리준수 및 사회적 책임감, 자기관리 3개의 영역을 제시하였다.

상담자의 역량과 관련하여 학교상담분야의 전문상담교사 역량군과 역량요소에 대해서 정환경과 김수경(2017)은 전문적 자질과 인간적 자질로 구분하여 제시하였다. 전문적 자질에는 상담, 교육, 행정으로 제시하고, 인간적 자질에는 태도와 관계로 구분하여 제시하였다.

이상과 같이 상담자의 역량에 대해서 다양하게 제시되고 있는데, 군상담자의 역량은 병영생활 전문상담관 운영에 관한 훈령과 육군지휘교범, 병영생활 전문상담관 선발계획에 구체적으로 제시되고 있어 이를 중심으로 살펴보면 다음과 같다.

군상담의 정의를 살펴보면 육군 지휘교범(육군 본부, 2004)에서는 군상담을 부하들의 심리적 갈등이나 애로사항 등에 대하여 지휘통솔자가 문제의 핵심을 파악하고 해결방안을 찾도록 도와주어, 맡은 바 임무를 효과적으로 수행해나갈 수 있도록 하는 과정이라고 하였으며, 김완일(2006)은 군대에서 상담교육을 받은 상관이 부하와의 관계에서 전문적인 조력활동을 하도록 돕는 과정이라고 정의하였다. 육군 야전교범(2013)에서는 병영상담을 통해 군상담에 대한 전체적인 틀을 다음과 같이 제시하고 있다. 군상담이란 전투력 발휘를 위해 상담자가 상담대상자와 상호이해 및 신뢰관계를 바탕으로 상담대상자의 문제해결과 잠재능력개발을 도와주는 활동이라고 정의하고 있다. 또한 군에서 상담자는 리더, 병영생활 전문상담관, 군종장교, 동료 등 다양하며 상담대상자는 지휘관계에 있는 부하는 물론, 동료 및 기타 임무수행에 관계된 모든 부대원이라고 명시하고 있다. 군상담의 목표는 부대원 개인의 성장과 안정이며, 상담의 목적은 부대원의 문제해결과 적응력 향상을 통해 정신건강을 증진시키고, 더 나아가 부대원의 다양한 가능성과 잠재능력을 발휘하도록 함으로써 부대의 전투력을 극대화하는 데 있다.

군상담 업무를 수행하는 병영생활 전문상담관은 각 군에 소속되어 고충을 호소하는 군인 및 장기복무 군인가족에 대한 전문적인 심리상담과 상담교육을 실시하고, 병력관리에 대해 지휘조건을 하는 역할을 담당하고 있다(병영생활 전문상담관 운영에 관한 훈련, 2020).

병영생활 전문상담관은 한국표준직업분류의 색인 부분에 군상담사로 표기되어 상담전문가 직업군으로 분류되고 있다. 상담전문가는 개인 및 가족, 조직의 심리정서관계문화에 대한 상담업무를 수행한다. 즉, 내담자의 심층적인 내면을 탐색하여 이것이 내담자의 사고, 행동, 정서에 어떠한 영향을 미치는지 개념화하고 상담기법을 활용하여 발달지도 및 치유활동을 하는 자를 말한다(7차 한국표준직업분류, 2017).

군 법령을 통해 병영생활 전문상담관의 직무범위를 구체적으로 살펴보면 다음과 같다. 먼저 군인 기본법 제41조 제1항에는 전문상담관은 군생활

부적응, 가족관계 및 개인 신상, 구타·폭언 및 가혹 행위, 집단, 따돌림 등 군 내부에서의 기본권 침해와 질병, 질환 및 건강 악화, 장기복무 군인가족의 자녀교육 및 현지 생활부적응 등 사회복지 및 그 밖에 군생활로 인하여 발생하는 고충이나 어려움에 대해 상담하고, 해당부대의 장에게 필요한 조치를 요청할 수 있다. 나아가 조치를 요청받은 부대 또는 기관의 장은 조치계획 또는 결과를 3일 이내에 상담을 실시한 당사자에게 통보하여야 한다고 명시되어 있다.

병영생활 전문상담관 운영에 관한 훈련 제18조 제1항에서는 군인의 지위 및 장기복무 군인가족에 대한 전문적인 심리상담이라는 역할에 대한 규정을 명시하고 있다.

국방부 병영생활 전문상담관 운영에 관한 훈령 제18조에서 다음과 같이 직무범위를 정하고 있다. 첫째, "군인의 지위 및 복무에 관한 기본법" 제41조 제1항 각호의 사항으로 고충을 호소하는 군인 및 장기복무 군인가족에 대한 전문적인 심리상담과 그 밖에 상담과 관련하여 지휘관이 부여한 임무를 수행한다. 둘째, 복무부적응을 겪고 있는 장병이 상담실을 방문시 대면상담하거나 출장, 상담, 심리검사 및 각종 집단상담 프로그램 등을 실시한다. 셋째, 상담역량의 구비가 필요한 간부 및 병에게 상담 관련 교육을 시행 또는 지도가 가능하며, 넷째, 각종 심리검사 및 심리상담결과에 대한 분석을 통해 건전한 병영문화 조성을 위한 제도적 보완사항 등을 건의할 수 있다. 다섯째, 슈퍼바이저로 지정된 상담관은 상담관들의 직무역량강화, 고충의 수렴 및 제도적 발전을 위한 제언 등의 활동을 실시 가능하다.

또한 병영생활 전문상담관 운영에 관한 훈령(2020) 제19조 상담관 세부 업무를 다음과 같이 규정한다. 병영생활전문상담관실 세부운영계획 수립 시행, 사고우려자 및 도움, 배려병 등에 대한 현장 위주 상담관리, 장병기본권 보장 관련 갈등관리 및 지휘조언, 군내 사용하는 인성검사 분석 및 후속조치 조언, 각종 집단상담 프로그램 지도 및 시행, 그린캠프, 병역심사관리대 운영지원 및 장병상담교육, 군생활, 성고충, 개인신상, 가족관계 및 자녀교육 등으로 인한 어려움을 겪고 있는 군인 및 장기복무 군인가족에 대한 상담조언을 한다. 성고충(피해)을 인지하거나 식별 시는 성고충 전문상담관에게 피해자 상담을 연계하며, 연계 전까지 상담 조언한다로 되어 있다.

병영생활전문상담관을 임용하기 위한 선발계획에 역량이 구체적으로 제시되고 있다. 병영생활 전문상담관 운영에 관한 훈령에 의하면 장병들의 복무부적응 해소와 사고예방 등을 위한 병영생활 전문상담관의 채용, 복무관리, 임금, 교육 등의 운영에 필요한 사항을 규정함을 목적으로 하며, 이 훈령의 제11조에서는 상담관의 임명 결격사유로 피성년후견인 또는 피한정후견인(금치산자와 한정치산자를 포함한다), 파산선고를 받고 복권되지 아니한 자, 금고 이상의 실형을 선고받고 그 집행이 종료되거나 집행을 받지 아니하기로 확정된 후 5년이 지나지 아니한 자, 금고 이상의 형을 선고받고 그 집행유예 기간이 끝난 날부터 2년이 지나지 아니한 자, 금고 이상의 형의 선고유예를 받은 경우에 그 선고유예 기간 중에 있는 자, 법원의 판결 또는 다른 법률에 따라 자격이 상실되거나 정지된 자, 징계로 파면처분을 받은 때부터 5년이 지나지 아니한 자, 징계로 해임처분을 받은 때부터 3년이 지나지 아니한 자, 각 군 참모총장 및 직할부대장은 군사보안업무훈령에 따라 상담관 지원자에 대한 신원조사를 면접시험 전에 실시하여 결격사유(파렴치범죄, 직무범죄, 뇌물죄, 횡령죄 등의 형사·징계 전력) 발견 시 선발대상자 명단에서 제외한다.

병영생활 전문상담관의 선발방법은 다음과 같다. 국방부장관(인사기획관)은 서류전형(50%) 및 면접시험(50%)을 실시하여 성적순으로 상담관을 선발하되, 면접위원의 2/3 이상의 의결로 전문성 및 상담관 자질 부족 판정시 서류전형 획득점수에 관계없이 최종 선발명단에서 제외한다. 각 군 참모총장 및 직할부대장은 서류전형을 통하여 채용 예정인원의 150%에 해당하는 인원을 국방부장관(인사기획관)에게 선발·추천하며, 동일지역에서 동점자 발생 등 우수자원의 추천이 필요한 경우에는 추가로 추천할 수 있다. 다만 국방부장관(인사기획관)은 직할부대의 채용소요 발생 시 육군 채용 예정인원에 포함하여 추천하도록 할 수 있다. 국방부장관(인사기획관)은 각 군 참모총장 및 직할부대장이 선발추천한 자를 대상으로 면접시험을 실시하여 최종 합격자를 선발한다. 다만 최종 합격자는 위원회의 심의·의결을 통하여 결정하되, 계약해지 등의 사유로 발생할 수 있는 결원을 보충하기 위하여 자격요건 충족 범위 내에서 채용 예정인원의 20%에 해당하는 예비합격자를 선발할 수 있다. 국방부장관(인사기획관)은 계약해지 등의 사유로 각 군내 결원이 발생한 때에는 예비합격자 중에서 면접시험 및 서류전형 점수가 높은 순으로 우선 채용하되, 각 군별 예비합격자가 결원인 경우에는 각 군 구분 없이 예비합격자의 의사를 확인 후 면접시험 및 서류전형 점수가 높은 지원자 순으로 채용한다.

병영생활 전문상담관에 채용된 이후 세부 업무는 병영생활전문상담관 운영에 관한 훈령 19조에 명시되어 있다. 상담관의 세부업무로는 "병영생활 전문상담관실" 세부 운영계획 수립 시행, 사고우려자 및 도움·배려 용사 등에 대한 현장위주 상담관리, 장병 기본권 보장 관련 갈등관리 및 지휘조언, 군내 사용하는 인성검사 분석 및 후속조치 조언, 각종 집단상담 프로그램 지도 및 시행, 그린캠프(Green Camp) 운영지원 및 장병 상담교육, 군생활, 성고충, 개인신상, 가족관계 및 자녀교육 등으로 인한 어려움을 겪고 있는 군인 및 장기복무군인가족에 대한 상담 조언, 주기적인 상담결과 분석 및 분석결과의 지휘 참고자료 제공, 그 밖에 제18조 상담관 임무와 관련하여 운영부대장 또는 직접운영부대장이 부여한 업무이다.

병영생활 전문상담관의 교육 및 전문성 제고를 위해서 각 군 참모총장은 신규로 채용된 상담관과 계속근무 상담관에 대하여 다음 각 호의 내용이 포함된 교육을 실시(직할부대장은 각 군 참모총장에게 위탁할 수 있다)하여야 하며, 그 기간은 2주 이내로 하되, 상담관 유경험자와 추가채용 인원에 대해서는 합당한 범위 내에서 교육기간을 단축할 수 있고, 국방부장관(인사기획관)은 과목 및 일정 등 교육에 관하여 조정·통제할 수 있다. 상담관의 임무 및 역할, 병영생활 관련 규정의 이해, 군에서 요구하는 전문 상담과정 및 기법, 상담사례 발표, 군 인성검사의 이해 및 활용, 자살 장병의 특성과 관리방안, 진로·성·다문화상담 능력제고 및 집단상담, 그 밖에 병영체험 등 상담관의 임무수행에 필요하다고 인정되는 내용이며, 각 군 참모총장 및 직할부대장은 상담관의 상담능력을 향상시키기 위하여 자살예방 교관화 교육 등을 실시하여야 하고, 그 외 필요시 사례토의 중심의 직무보수교육을 연 1회 이상 실시할 수 있으며, 국방부장관(인사기획관)은 이를 조정·통제할 수 있으며, 상담관이 업무상 필요에 의하여 군내·외 각종 교육 및 회의, 세미나, 집단상담 및 심리검사 교육 등에 참가하고자 할 경우에는 운영부대장의 승인 후 출장으로 참석할 수 있다. 다만 개인의 필요에 의한 것은 개인휴가를 활용한다로 되어 있다.

병영생활 전문상담관의 2021년 국방부의 병영생활 전문상담관 채용계획에 의거하면 자원자격을 자격증과 학력 및 경력을 동시에 충족해야 하며, 10년 이상의 군경력자는 심리상담 또는 사회복지 분야 관련 자격증을 소지한 사람, 심리상담 또는 사회복지분야와 관련된 학사 이상 학위를 소지한 사람은 지원할 수 있다. 군생활을 하지 않은 일반 상담사들이 지원할 수 있는 자격을 구체적으로 살펴보면 다음과 같다.

구 분	내 용
자격증	■ 민간자격 중 국방부장관이 인정하여 고시하는 자격증 – 임상심리전문가(한국임상심리학회), 상담심리사 1·2급(한국상담심리학회), 전문상담사 1·2급(한국상담학회), 군상담수련전문가(대한군상담학회), 군상담심리사1·2·3급(대한군상담학회), 한상담수련전문가(한상담학회), 한상담전문가 1·2급(한상담학회), 가족상담전문가 수련감독전문가(한국가족문화상담협회), 가족상담전문가 1·2급(한국가족문화상담협회), 사티어가족상담전문가 지도감독(한국사티어변형체계치료학회), 사티어가족상담전문가 1급(한국사티어변형체계치료학회) ※ 국가기관(한국직업능력개발원)에 등록된 자격증에 대해 '17년 전문가 평가를 통해 선정된 결과이며, 향후 신규 등록 자격증 및 기존 자격증의 변경사항에 대해 지속 평가하여 재고시 및 변경 적용 가능 ■ 국가자격증 – 임상심리사(한국산업인력공단), 직업상담사(한국산업인력공단), 사회복지사(보건복지부), 정신보건임상심리사(보건복지부), 정신보건사회복지사(보건복지부), 전문상담교사(교육부), 청소년상담사(여성가족부)
학 력 / 경 력	■ 아래 요건 중 하나를 충족하는 자 ① 5년 이상의 상담경험이 있는 사람 ② 심리상담 또는 사회복지 분야와 관련된 학사학위 소지자로서 3년 이상의 상담경험이 있는 사람 ③ 심리상담 또는 사회복지 분야와 관련된 석사 이상의 학위 소지자로서 2년 이상의 상담경험이 있는 사람

병영생활 전문상담관의 담당업무는 상담활동을 통한 복무부적응 장병 식별·관리 및 지휘보좌, 사고우려자 및 복무부적응장병 등에 대한 현장 위주 전문 심리상담 및 관리, 장병 기본권 제한사항 식별 및 시정을 위한 지휘조언, 심리검사 시행, 간부 및 상담병 대상 상담능력 향상 교육, 장병·군인가족에 대한 사회복지 관련 상담 등, 전화 및 사이버 상담지원(국방헬프콜), 군범죄, 성범죄와 관련된 상담 및 신고 접수(국방헬프콜), 기타 운영부대장 등이 부여한 업무 등으로 제시하고 있다.

병영생활 전문상담관 임용 시 상담경력 인정기준으로 상담기관에서 정규직·임시직·파트타임 등으로 일정 기간 근무한 경력이 아닌 '실제로 상담을 실시한 경력'을 말하며, 상담경력 인정기관으로 공공기관은 청소년단체(청소년기본법 제3조 제8호), 청소년쉼터(청소년복지지원법 제31조), 청소년상담복지센터(청소년복지지원법 제29조), 각급 "학교"(초·중등교육법 제2조) / 각종

"대학"(고등교육법 제2조), 정부기관 · 공공상담기관 · 법인체 상담기관(병영생활 전문상담관 임무의 특성을 고려하여 진학 및 취업상담 기관은 제외), 육 · 해 · 공군의 대령급 장교 이상 지휘부대를 말한다. 민간기관으로는 1인 이상의 者가 설립하거나 근무하고 있는 상담기관으로서 관할 관청에 신고 또는 등록을 필한 후 2년 이상의 상담활동(개인상담 · 집단상담 · 심리검사 · 상담교육 등)의 실적을 제시할 수 있는 상담기관을 말한다.

병영생활 전문상담관 임용 시 상담경력 인정기준으로는 개인상담, 집단상담, 심리검사 실적을 동시에 갖춘 연도만 경력으로 인정한다. 1년 인정기준 : 대면상담 50회기, 집단상담 24시간, 심리검사 10사례 이상을 인정한다. 개인상담기록 및 개인상담 상세기록으로는 전화상담이나 사이버상담 등은 해당되지 않으며 대면 개인상담 경력만 인정한다. '개인상담 회수'란 개인상담 사례수를 말하는 것이 아니라 회기수를 말하며, '개인상담 1년간 기준 50회기'의 의미는 내담자 50명에 대한 50사례가 아니라 내담자별로 당해년에 시행한 상담횟수를 통합하여 50회기를 실시해야 하며, '개인상담상세기록'은 내담자 50명에 대한 50사례 작성이 아니라 50명 중 1명의 사례만 통합 작성하며, 개인상담기록은 근무기관이 다를 경우에는 기관별로 작성하여야 하며, 개인상담상세기록은 개인상담기록에 제시된 사례 중 동일기관의 연도별 1개 사례만 작성하되, 기관 변경 시 해당 기관 활동간 사례 추가로 작성한다. 상담사례를 작성할 때에는 사례번호, 상담기관 및 장소, 내담자 인적사항, 상담기간, 주호소문제, 상담목표, 상담과정 및 내용, 평가 등이 구체적으로 제시되어야 한다.

집단상담의 경우에는 집단상담 실시/참가기록 및 집단별 실시/참가 상세기록, 비구조화집단상담, 구조화 집단 프로그램 참가 시만 인정하며, 집단상담 실시/참가기록은 근무기관별로 작성하여야 하며, 상세기록수는 실시/참가기록 중 연도별 1개 집단사례만 작성, 기관 변경 시에 개인상담 상세기록과 동일한 기준을 적용하여 작성한다. 집단상담 상세기록 시에는 번호,

집단명, 참가인원, 실시/참관기관 및 장소, 집단참가대상, 집단상담기간, 집단의 목표, 집단의 과정 및 내용, 평가 등을 구체적으로 기술하여야 한다.

심리검사는 전국표준화 및 투사검사만 인정하며, 실시기록과 상세기록 수는 개인상담 상세기록과 동일하다. 심리검사의 상세기록에는 사례번호, 실시기관 및 장소, 피검자 인적사항, 성별, 연령, 학력, 검사일시, 검사소요시간, 실시검사종류, 검사결과, 피검자에 대한 평가의 내용을 구체적으로 제시하여야 한다.

11
CHAPTER

군상담자의 직업환경

병영생활 전문상담관은 군 생활에서 부적응 문제를 보이는 장병들의 적응력을 향상시키기 위해 전문적인 상담을 진행하고, 지휘관의 의사소통능력을 증진시키는 등 심리상담 및 상담교육을 진행하는 군 조직내 상담전문가를 말한다.

직업환경은 종사자가 직무를 수행하는 환경을 의미한다. 이러한 근무환경은 직무에 관련된 조직 구성원의 경험과 행동에 지속적인 영향을 미치는 속성이 있어 직업 선택에 많은 영향을 미치게 된다. 이번 장에서는 병영생활전문상담관의 자격기준, 선발과정, 근무여건 등에 직업환경에 대해 살펴보자.

1. 채용절차

1) 지원자격

병영생활 전문상담관 지원자격에서 요구하는 상담경험은 이상심리증상의 치료를 위한 개인 및 집단상담 등 실제 상담한(상담 관련 업무 종사 경험은 제외) 경험을 말한다. 세부 인정기준은 위원회에서 정하게 된다.

상담관 임명의 결격사유는 다음과 같다.

① 피성년후견인 또는 피한정후견인

② 파산선고를 받고 복권되지 아니한 자

③ 금고 이상의 실형을 선고받고 그 집행이 종료되거나 집행을 받지 아니하기로 확정된 후 5년이 지나지 아니한 자

④ 금고 이상의 형을 선고받고 그 집행유예 기간이 끝난 날부터 2년이 지나지 아니한 자

⑤ 금고 이상의 형의 선고유예를 받은 경우에 그 선고유예 기간 중에 있는 자

⑥ 법원의 판결 또는 다른 법률에 따라 자격이 상실되거나 정지된 자

⑦ 징계로 파면처분을 받은 때부터 5년이 지나지 아니한 자

⑧ 징계로 해임처분을 받은 때부터 5년이 지나지 아니한 자

2) 선발방법

선발방법은 서류전형(50%), 면접시험(50%)을 실시하여 성적순으로 상담관을 선발하며 면접위원의 2/3 이상의 의결로 전문성 및 상담관 자질 등을 평가 후 최종 선발하게 된다. 서류전형에서 상담경력의 인정기준은 특정 상담기관에서 정규직·임시직·시간제 등으로 일정 기간 근무한 경력이 아닌 실제로 상담을 실시한 경력을 말하며, 상담경력 인정기관은 공공기관으로 청소년단체, 청소년쉼터, 청소년상담복지센터, 학교, 정부기관, 공공상담기관, 법인체 상담기관, 대령급 장교 이상 지휘부대이며, 민간기관은 1인 이상인 자가 설립하거나 근무하고 있는 상담기관으로서 관할 관청에 신고 또는 등록을 필한 후 2년 이상의 상담활동의 실적을 제시할 수 있는

상담기관을 말한다. 상담경력은 개인상담, 집단상담, 심리검사 실적을 동시에 갖춘 연도만 경력으로 인정하며 1년간 인정되는 상담 기준은 대면상담 50회기, 집단상담 24시간, 심리검사 10사례 이상으로 정하고 있다. 면접은 실제 상담(전화상담)을 진행한 후 내담자 만족도 평가와 가상사례에 대한 대응방안을 통해 상담 역량을 평가하게 된다.

3) 채용계약

채용계약은 기간제근로자 신분으로 계약기간은 2년이다. 계약기간 종료 후 필요시 계속 근무기간이 5년을 넘지 아니하는 범위 내에서 1년 단위로 연장이 가능하고 채용기간은 본인의 희망과 근무성적, 교육성적 등을 참고하여 각 군별 선발심사위원회 의결을 통해 계속근무 및 공무직 근로자 전환 여부 등을 결정하게 된다. 이때 심사 기준은 근무 부대의 지휘관 의견과 근무 기간 동안의 성실근무 여부에 대한 평가로 이루어지며 개인표창(영관급 이상 표창)이 있을 경우 긍정요소가 된다. 무기계약 전환심사는 특수지에 2년 이상 성실근무, 대령급 이상 표창 수상, 근무 기간 중 교육평가 상위 20% 이상일 경우 긍정평가 요소로 반영되며, 기타 근무 기간 징계 부정평가 요소를 고려하여 심사하게 된다.

상담관의 근무상한연령, 즉 정년은 만 60세이다. 단 정년에 도달한 날이 1월부터 6월 사이에 있으면 6월 30일에, 7월부터 12월 사이에 있으면 12월 31일에 각각 퇴직하게 된다.

2. 근무여건

1) 근로시간

근로시간은 주 40시간(휴게시간 제외)으로 1일 8시간으로 하고 있다. 휴게시간은 4시간 근무 시 30분 이상, 8시간 근무 시 1시간 이상 부여할 수 있다. 상담관의 근무형태는 일반적인 근무시간과 동일하게 적용한다. 근무시간 조정은 위기상담을 위한 부득이한 야간상담과 상담관 업무와 관련된 상담 관련 자격증 취득을 위한 학회활동(슈퍼비전, 집단상담, 심리검사, 연차대회, 학위 과정 수강 등) 참석을 위해 운영책임자와 합의 하에 1주 40시간 내에서 근무시간을 조정할 수 있다.

육아휴직을 신청할 수 있는 상담관이 휴직 대신 근무시간 단축을 신청하는 경우 부대별 상담여건을 고려하여 상담업무에 지장이 없는 범위 내에서 허용할 수 있다. 근무시간 단축을 허용한 경우 단축 적용 근무시간은 15시간 이상이며, 35시간을 넘어서는 아니 된다.

2) 휴가

상담관의 휴가는 연차 유급휴가는 1년에 80% 이상 출근했을 경우 15일을 부여하게 된다. 근로기간이 1년 미만일 때와 1년 80% 미만 출근한 경우에는 1개월 개근할 때 1일의 유급휴가가 부여된다. 3년 이상 근속한 상담관은 매 2년에 1일을 가산한 유급휴가를 부여하게 되며 총 휴가 일수는 25일 한도로 사용할 수 있다.

특별휴가는 상담관 본인이 결혼하거나 기타 경조사가 있을 경우 휴가를 얻을 수 있다.

① 본인 결혼 : 7일

② 배우자, 본인·배우자 부모의 사망 : 5일

③ 본인·배우자의 조부모·외조부모의 사망 : 3일

④ 자녀와 그 배우자의 사망 : 3일

⑤ 자녀의 결혼 : 1일

⑥ 배우자의 출산 : 10일

⑦ 입양 : 20일

임신 중인 상담관은 1일 2시간의 범위에서 휴식이나 병원진료 등을 위한 모성보호 시간을 받을 수 있으며 1일 5시간 미만 근무자는 1시간 이내로 받을 수 있다. 출산 휴가는 출산 전과 출산 후를 통하여 90일이며 출산 후의 휴가 기간이 연속하여 45일 이상이 되게 하여야 한다. 만 5세 이하의 자녀가 있는 상담관은 운영부대장의 승인에 따라 자녀를 돌보기 위해 24개월 범위 내에서 1일 최대 2시간의 육아시간을 받을 수 있다.

3) 근무지

근무지는 일반근무지와 특수근무지로 구분된다. 일반근무지는 특수근무지를 제외한 지역을 말하며, 근무여건과 강도에 따라 3개 유형으로 분류하고 있다. 특수근무지는 근무환경이 열악하거나 업무 강도가 강해 상담관들이 근무를 기피하는 지역을 말한다.

근무지에 대한 세부 분류는 다음과 같다.

'가'급 근무지역은 서북도서(백령도, 대청소, 소청도, 연평도, 우도)와 해당 지역 부대에 대한 상담활동을 주로 실시하는 상담관의 근무지역, 슈퍼바이저는 업무 난이도 및 여건을 고려 가급으로 분류한다.

'나'급 근무지역은 비무장지대(인접부대 포함) 및 북방한계선 인접 4개 도서(볼음도, 주문도, 거섬도, 말도)와 해당 지역 부대에 대한 상담활동을 주로 실시하는 상담관의 근무지역으로 분류한다.

'다급 근무지역은 '가'·'나'급 외 기타 특수근무지와 그린캠프, 병영심사 관리대, 국방헬프콜센터, 신병훈련소 등 특수한 직무를 수행 지역을 말한다.

일반근무지는 특수근무지 이외의 지역을 말하며 근무여건과 업무 강도 등을 고려하여 라급, 마급, 바급으로 분류하고 있다.

신규채용 시 근무희망지역 및 연고지 등을 고려하여 배치하게 되며, 부대별 최소 근무 기간은 2년으로 하게 된다. 최대 근무 기간은 5년(특수근무지는 10년)으로 규정하고 있다. 다만 특수근무지는 10년을 초과했을 경우 상담관 본인의 희망과 부대장 동의에 따라 1년 단위로 추가 연장 근무가 가능하게 되어 있다.

4) 급여 및 수당

상담관의 급여는 채용계약 체결 시 계약서에서 정한 금액으로 하며, 채용 다음 달 10일에 지급하게 된다. 상담관의 급여는 예산범위 내에서 따로 정하게 된다(2020년 기준 월 305만 원 수준). 수당은 예산범위 내에서 정액 급식비, 복지포인트, 명절휴가비를 지급할 수 있으며, 특수근무지 상담관에 대해서는 근무 기간 중 특수지 근무 가산금을 지급할 수 있다.

3. 주요 업무

병영생활 전문상담관의 주요 업무는 고충을 호소하는 군인 및 장기복무 군인가족에 대한 전문적인 심리상담과 상담과 관련하여 지휘관이 부여한 업무수행을 하게 되며, 복무부적응을 겪고 있는 장병이 상담실을 방문 시 대면상담하거나, 출장상담, 심리검사, 집단상담 프로그램 등을 실시한다. 또한 상담역량의 구비가 필요한 간부와 병에게 상담 관련 교육을 시행하고 지도하고 각종 심리검사 및 심리상담 결과에 대해 분석하고, 건전한 병영문화 조성을 위해 제도적 보완사항을 건의할 수 있다. 마지막으로 자살 징후자를 식별하고, 생명지킴이를 양성하기 위한 군 자살예방 교관에 대한 교육 및 지도를 실시한다.

병영생활 전문상담관의 세부업무는 다음과 같다.

표 11-1 병영생활 전문상담관의 세부업무

병영생활 전문상담관 세부업무
1. 병영생활 전문상담관실 세부 운영계획 수립 및 시행
2. 사고우려자 및 도움·배려 장병에 대한 현장 위주 상담관리
3. 장병 기본권 보장 관련 갈등관리 및 지휘 조언
4. 군내 사용하는 인성검사 분석 및 후속조치 조언
5. 각종 집단상담 프로그램 지도 및 시행
6. 그랜캠프, 병영심사관리대 운영지원 및 장병 상담교육
7. 군생활, 성고충, 개인신상, 가족관계 및 자녀교육 등으로 인한 어려움을 겪고 있는 군인 및 장기복무군인가족에 대한 상담 조언
8. 주기적 상담결과 분석 및 분석결과의 지휘 참고자료 제공
9. 그 밖에 상담관 임무와 관련하여 부대장이 부여한 업무

4. 업무수행 절차

상담관은 소속된 부대에서 업무를 수행하며 소속된 부대 이외의 부대에서 장병상담 지원 요청 등이 있을 시 요청부대가 동일 군일 경우에는 운영부대장의 승인하에 지원하게 된다. 상담관의 업무수행절차는 상담소요를 종합하여 운영부대장에게 보고하게 되며, 월간 상담계획을 수립하여 활동하게 된다. 상담관은 장병이 배치되어 있는 부대의 지휘관으로부터 부적응이 예측되는 병의 인성검사 및 신상파악 결과를 통보받은 경우 인성검사 결과를 분석하고 평가를 하여 병에 대한 상담을 실시하고 결과를 부대의 지휘관에게 제공하고, 절차에 따라 상담계획을 수립하여 상담을 진행한다. 상담관은 사전에 계획된 일정에 따라 상담을 실시하게 된다. 다만 위기상담이 발생했을 경우 가능 범위 내에서 우선적으로 상담을 진행할 수 있도록 계획을 조정하여 실시한다.

상담관은 내담자의 소속부대에 피해자의 보호 등 필요한 조치를 요청할 수 있으며, 상담내용은 비밀보장을 원칙으로 하지만 내담자 또는 타인의 생명과 신체, 사회의 안전을 위협하는 경우나 내담자가 감염성이 있는 치명적인 질병이 있어 2차 피해가 예상될 때, 상담 중 자해, 자살시도, 탈영, 상습구타, 성추행 등 복무부적응에 의한 사고 및 기본권 침해 사례를 인지한 경우에는 소속 부대장의 상담결과를 요구하거나 상담관이 필요한 조치를 부대에 요청할 경우에는 보고할 수 있다.

12
CHAPTER

군상담 체계(제도)

군상담은 내담자의 문제해결 및 개인 성장을 이끌어주기 위해 실시하는 '대면 상담'과 간부들의 상담역량 향상을 위해 실시하는 '상담교육'으로 크게 나눌 수 있다. 각군 리더십센터에서는 간부들을 대상으로 주기적으로 상담교육을 실시하여 용사들과 1차적으로 상담을 실시하는 간부들의 상담역량 향상을 위해 노력하고 있다. 각군 리더십센터에서 2018년부터 현역 장교 및 부사관 외에 민간전문가들을 상담교관으로 선발하기 시작했다. 민간전문가들 중 석·박사학위 소지자들 중 일정 경력을 충족하면 지원이 가능하며 자세한 사항은 국방부 홈페이지에서 확인 가능하다.

군상담의 또 다른 축인 대면상담은 군 간부들에 의해서 주기적으로 실시되고 있다. 가장 가까이에서 용사들과 함께 하는 간부상담은 적시 실시가 가능하여 효과성이 높을 수 있지만, 심도 깊은 심리적 문제나 이상심리와 같은 문제 등을 조력해 주는 데는 한계가 있을 수 있다. 따라서 필요시 바로 연계할 수 있도록 군에서는 전문상담관 제도를 운용한다. 이번 장에서는 전문상담관 제도를 중심으로 군상담 제도에 대해 알아보도록 하자.

1. 전문상담관 제도

전문상담관 제도는 2005년 2월 육군본부에서 국방부에 건의하면서 시작되었다. 이후 다양한 토의를 거쳐 국방부 지침이 하달되었고, 같은 해 7월에는 육군과 해군에 시험적으로 운영되었다. 이후 전문상담관 제도는 지속적으로 보완되고 발전을 거듭하여, 2021년 현재 500여 명의 전문상담관이 육·해·공군 및 생명의 전화, 병역심사관리대 등에 배치되어 상담 관련 업무를 수행하고 있다. 이 장에서는 제도의 발달과정을 제도 도입과정과 제도 운영과정 그리고 전문상담관 선발과정으로 구분하여 살펴보고자 한다.

1) 제도 도입과정

(1) 제도 건의 및 토의

육군은 2005년 2월, 군에 전문상담인력 확보 및 운영계획을 국방부에 **표 12-1**과 같이 건의하였다. 이를 토대로 국방부 관계자들이 2005년 3월에 1차 토의를 가진 후, '기본권 전문상담관'(현재는 '병영생활 전문상담관'으로 명칭 변경) 운영계획을 국방부장관에게 보고하였다. 국방부장관은 해·공군도 기본권 전문상담관 채용을 동시에 추진하도록 검토할 것을 지시하였으며, 같은 해 4월에 2차 토의를 하였다. 그 결과 해·공군은 육군이 시험적용을 한 후 2006년부터 적용하는 것으로 최종 결정되었다.

표 12-1 육군의 기본권 전문상담인력 확보 및 운영 계획

구분	계	2005년 (시범운영)	2006년 (사여단급 이상)	2007년 (연대급 이상)
소요 인원(명)	527	7	124	396
연간 예산 소요 (억 원)	135.5	1.4	31.9	102.2

(2) 시험 적용

국방부 지침에 따라 2005년 7월 육군 7명, 해군 2명(해병 2사단) 등 총 9명의 기본권 전문상담관을 선발하였다. 선발대상은 민간 전문상담인력과 10년 이상 군 경력자였고, 신분 및 처우는 계약직 용역관이며, 월 보수는 215만 원으로 공개채용을 원칙으로 하였다. 운영제대 및 인원수는 시험적용 결과에 대한 성과분석 후 추후에 정하도록 하였다. 운영기간은 2005년 7월부터 2006년 6월 말까지 1년간이며, 소요예산은 2005년 불용예산을 활용하여 각각 육군과 해군에서 조치토록 하였다. **표 12-2**에 기본권 상담관 시험운용 부대 및 인원현황을 제시하였다.

표 12-2 기본권 상담관 운용부대 단위: 명

구분	육군훈련소 (논산)	육군○사단 (철원)	육군○사단 (화천)	육군○사단 (조치원)	해병대○사단 (김포)
군 경력자	1(연대)	1(사단)	1(사단)	1(사단)	1(사단)
민간전문가	1(연대)	1(연대)	1(연대)	-	1(연대)

시험운영 간 업무분석은 시험적용부대와 기본권 전문상담관의 업무분석으로 구분하여 실시되었으며, 기본권 전문상담관들은 개인별로 업무분석 내용을 작성하여 E-mail을 통해 육군본부와 해병대에 직접 보고하였다. 또한 육군의 경우에는 기본권 전문상담관들의 업무분석 워크숍도 시행하

였으며, 워크숍 참석대상은 기본권 전문상담관 전원 그리고 육본 및 군내 자문위원, 육본 인사근무과, 육본 감찰감실 조사과, 육군사관학교 심리학과 등의 대표가 참가하였다.

2) 제도 운영과정

(1) 전문상담관의 인원 확충

전문상담관 제도는 2008년부터 전 군에 확대하여 시행되면서 병영문화 선진화와 각종 사고예방, 정예강군 육성 및 전투력 향상에 기여하였다. 그리고 인력운영 규모를 연차적으로 증원하여 2021년 현재에는 500여 명 규모로 확대하여 운영되고 있는 실정이다.

(2) 전문상담관의 유형 확대

전문상담관의 유형은 병영생활 전문상담관, 생명의 전화 전문상담관, 병역심사관리대 전문상담관, 성(性)고충 전문상담관 등 크게 4가지로 확대되어 운용되고 있다.

표 12-3 전문상담관 유형별 구분

병영생활 전문상담관	자살우려자 및 보호관심장병 대상 현장 위주 능동적 상담 및 관리
생명의 전화 전문상담관	장병 자살·위기 상담(전화, 사이버)
병역심사관리대 전문상담관	입소자의 행동관찰·임상심리 평가
성고충 전문상담관	성고충 신고접수 및 성상담전문, 장병 고충상담

3) 전문상담관 선발 과정

(1) 자격기준 변화

전문상담관 제도의 자격기준 변화에 대해 알아보면 **표 12-4**와 같이 연도별로 자격과 기준이 변화하였다. 2010년부터는 자격요건 중 자격증이 보다 세분화되어 [1군 자격증] 1순위 우대, [2군 자격증] 2순위 기본 그리고 [기타 자격증]으로 명시되었으며, 2012년에는 순수 민간인력의 경우 상담경력에 대해 세분화된 기준이 제시되었다. 2013년도에는 학력에 따른 경력의 차등을 두었는데, 석사 이상일 경우 2년 이상의 경력만 있으면 지원이 가능하도록 변경되었다. 또한 자격요건에서 관련 자격증을 좀 더 정교화하여 제시하고, 제시된 자격증 이외의 자격증은 심의위원회의에서 검증한 후 반영한다고 명시되었다.

2015년 공고에서는 관련 자격증을 대폭 추가하여 국가공인 자격증과 민간자격 중 국방부장관이 인정하여 고시하는 자격증으로 구분하여 제시되었다. 이와 관련하여 국방부에서는 국가기관(한국직업능력개발원)에 등록된 자격증들 중 전문가 평가를 통해 우대자격증을 선정하였다. 향후에도 같은 방법을 통해 신규등록 자격증이나 기존 자격증을 지속적으로 심사하여 채용공고에 고시할 것으로 보인다.

표 12-4 전문상담관 임용자격 및 기준

<table>
<tr><th>구분</th><th colspan="2">군 경력 민간인력</th><th>순수 민간인력</th></tr>
<tr><td rowspan="2">2007</td><td colspan="2">• 10년 이상 군 경력자
• 군 경력 민간인력은 채용연도를 기준으로 3년 이전인 1월1일부터 채용공고 3개월 전일까지 사이에 전역한 자일 것
예) 2007년 공고의 경우 2004.1.1일 이후 전역자 2006.12.21일 이전 전역(예정)자</td><td>• 3년 이상 상담경력 보유자
• 채용일 기준('07.1.11) 만 50세 미만 자
• 현역복무를 필한 남자</td></tr>
<tr><td>기타
(우대)</td><td colspan="2">• 군 경력자: 군 경력 중 상담 관련 직위 유경험자
• 민간인력: 유관기관, 유관단체 유경험자</td></tr>
</table>

<table>
<tr><th>구분</th><th colspan="2">군 경력 민간인력</th><th>순수 민간인력</th></tr>
<tr><td></td><td></td><td colspan="2">• 공통: 상담심리학 및 상담학 전공자, 사회복지사 자격 보유자, 기타</td></tr>
<tr><td>2008 추가</td><td colspan="2">• 10년 이상 군 경력자 중 만 56세 미만 자
• 2급 상담사(군, 심리) 자격보유자</td><td>• 1급 상담사(군, 심리) 자격보유자</td></tr>
<tr><td rowspan="3">2009 추가</td><td>학력 요건</td><td colspan="2">• 상담 및 사회복지 관련학과 학사학위 이상 취득 후 1년 이상 상담 및 임상실습을 한 자 또는 이와 동등한 수준인 자
※ 단, 단순한 관련 업무 종사 경험은 제외함</td></tr>
<tr><td rowspan="2">자격 요건</td><td colspan="2">• 아래 자격증을 보유한 자
임상심리사(2급), 정신보건 사회복지사(2급), 청소년 상담사(3급), 사회복지사, 전문상담교사
※ 이외 기타 상담 관련 자격증 소지자</td></tr>
<tr><td colspan="2">• 아래 자격증을 보유한 자(우대)
청소년상담사(1·2급), 임상심리사(1급), 정신보건임상심리사(1·2급), 정신보건 사회복지사(1급), 상담심리사(1·2급), 수련감독 전문상담사, 전문상담사(1·2급), 임상심리전문가</td></tr>
<tr><td rowspan="4">2010 변경</td><td rowspan="3">자격 요건</td><td colspan="2">• [1군 자격증] 1순위 우대
청소년상담사(1·2급), 정신보건임상심리사(1·2급), 임상심리사 1급, 정신보건사회복지사 1급, 상담심리사(1·2급), 수련감독전문상담사, 전문상담사(1·2급), 임상심리전문가 등</td></tr>
<tr><td colspan="2">• [2군 자격증] 2순위 우대
임상심리사 2급, 정신보건사회복지사 2급</td></tr>
<tr><td colspan="2">• [기타 자격증]
청소년상담사 3급, 전문상담교사(1·2급), 사회복지사(1·2·3급), 기타 상담 관련 자격증 등</td></tr>
<tr><td>우대</td><td colspan="2">• 해군 지원자 중 백령도·연평도 지역 지원자는 선발심사 시 가점 부여</td></tr>
<tr><td>2011 변경</td><td>자격 요건</td><td colspan="2">• 2010년과 동등한 자격증이나 [1군 자격증] 우대, [2군 자격증], 기본[기타 자격증] 지원자 부족 시 고려로 변경</td></tr>
<tr><td rowspan="3">2012 변경 추가</td><td>자격 요건</td><td colspan="2">• 2010년과 동등한 자격증이나 [1군 자격증] 1순위 우대, [2군 자격증] 2순위 기본, [기타 자격증] 지원자 부족 시 고려로 변경</td></tr>
<tr><td>우대</td><td colspan="2">• 병영생활 전문상담관 기 경력자, 해군지원자 중 도서지역 지원자, 상담학 관련 석사 이상 학위자 중 1군 자격증 소지자</td></tr>
<tr><td>상담 경력 인정 기준 (민간경력자)</td><td colspan="2">(1년 상담경력 인정기준(민간경력자) 제시)
• 상담경력은 특정 상담기관에서 정규직·임시직·파트타임 등으로 일정 기간 근무한 경력이 아닌 ‘실제로 상담을 실시한 경력’을 말함
• 해당 자격증 취득 후의 경력만 인정
• 개인상담, 집단상담, 심리검사 실적을 동시에 갖춘 연도만 경력으로 인정
• 1년 인정 기준 : 대면상담 50회기, 집단상담 24시간, 심리검사 10사례 이상</td></tr>
</table>

<table>
<tr><th>구분</th><th colspan="2">군 경력 민간인력</th><th>순수 민간인력</th></tr>
<tr><td rowspan="2">2013
추가</td><td>학력
요건</td><td colspan="2">• 순수 민간인력의 경우 상담 관련 석사학위 이상 소지자는 경력 2년 이상</td></tr>
<tr><td>자격
요건</td><td colspan="2">• 청소년상담사(1·2·3급), 정신보건임상심리사(1·2급), 임상심리사(1·2급), 정신보건사회복지사(1·2급), 전문상담교사(1·2급), 상담심리사(1·2급), 수련감독전문상담사, 전문상담사(1·2급), 임상심리전문가, 사회복지사(1·2·3급)
• 기타 상담 관련 자격증 등
※ 기타 상담 관련 자격증 등은 심의위원회의 검증 후 반영</td></tr>
<tr><td rowspan="2">2014
추가</td><td colspan="3">• 5년 이상의 상담경험이 있는 사람
• 심리상담 또는 사회복지 분야와 관련된 학사학위 소지자로서 3년 이상의 상담경험이 있는 사람
• 심리상담 또는 사회복지 분야와 관련된 석사 이상의 학위 소지자로서 2년 이상의 상담경험이 있는 사람
• 10년 이상 군 경력자 중 심리상담 또는 사회복지 분야와 관련된 학사학위 이상 소지자로서 전역 5년 이내인 사람</td></tr>
<tr><td>자격
요건</td><td colspan="2">• 국가자격증
임상심리사(한국산업인력공단), 직업상담사(한국산업인력공단), 사회복지사(보건복지부), 정신보건임상심리사(보건복지부), 정신보건사회복지사(보건복지부), 전문상담교사(교육부), 청소년상담사(여성가족부)
• 민간자격 중 국방부장관이 인정하여 고시하는 자격증
임상심리전문가(한국임상심리학회), 상담심리사1, 2급(한국상담심리학회), 수련감독전문상담사(한국상담학회), 전문상담사1, 2, 3급(한국상담학회), 한상담수련전문가(한상담학회), 한상담전문가1, 2급(한상담학회), 가족상담전문가, 수련감독전문가(한국가족문화상담협회), 사티어가족상담전문가_지도감독(한국사티어가족상담교육원), 사티어가족상담전분가1급(한국사티어가족상담교육원)</td></tr>
<tr><td rowspan="2">2015
~
현재</td><td colspan="3">• 민간인력의 경우 2014년 기준과 동일
• 10년 이상 군 경력자(군종병과 장교 1년 이상)는 아래 중 하나를 충족하는 경우 응시 가능
① 심리상담 또는 사회복지 분야와 관련된 자격증을 소지한 사람(단, 자격증은 위의 자격증과 동일)
② 심리상담 또는 사회복지 분야와 관련된 학사 이상 학위를 소지한 사람</td></tr>
<tr><td>자격
요건</td><td colspan="2">2014년 기준과 동일</td></tr>
</table>

(2) 면접기준 변화

전문상담관 면접기준은 2012년부터 구체화되었다. 2012년 이전의 면접에서는 상담관으로서 갖춰야 할 소양에 대한 내용 위주로 면접을 하였다면, 2012년 이후의 면접에서는 실제 상담사례 위주의 면접과 실제 상담하는 모습을 10분간 녹화하여 평가하는 방법으로 변경되었다. 면접은 면접

시간 30분 전에 대기 장소에 입장을 완료하여 진행절차를 듣게 되며, 실 상담 10분 전에 내담자와 관련된 참고자료를 배분받게 된다. 그리고 면접 시 응시자를 두 개 조로 나누어 A조는 사례 위주의 면접을 먼저 받고, 이후에 내담자와 실제 상담을 10분간 진행(녹화)한다. 동시에 B조는 그 역순으로 진행하나 채용 시마다 약간의 변동이 있다. 2015년 면접에서는 2012년과 동일한 방법으로 진행되었으나, 실 상담시간이 20분으로 10분 더 늘어났다. 면접관에 의한 면접은 먼저 배분받은 가상사례를 20분간 숙지 한 후, 면접관의 질의가 이루어지며 응답을 마치게 되면 면접의 모든 과정이 끝나게 된다.

표 12-5 병영생활 전문상담관 면접진행 절차

		면접심사 I		사례배분 / 숙지		면접심사 II
진행절차 설명	⇨	실 상담 20분 (녹화)	⇨	20분	⇨	가상사례에 의한 질의

※ 사례숙지시간: 개인당 20분

2. 제도의 운영

1) 전문상담관의 역할

(1) 병영생활 전문상담관

① 야전부대 전문상담관

전문상담관의 임무는 국방부 훈령 제1510호(2013. 1. 30 일부 개정) 병영생활 전문상담관 운영 제18조에 제시되어 있다. 구체적인 내용은 첫째, 복무

부적응 장병 식별·관리 및 관련 사항 지휘관 보좌, 둘째, 보호·관심장병 현장위주 상담 및 관리, 셋째, 장병기본권 제한사항 식별 및 시정에 대한 지휘조언, 넷째, 간부 및 상담병 상담능력향상 교육, 다섯째, 장병·군인가족에 대한 사회복지 관련 상담 등으로 명시되어 있다.

세부적인 업무는 ① "병영생활 전문상담관실" 세부 운영계획 수립 시행, ② 사고우려자 및 보호관심장병 등에 대한 현장위주 상담 관리, ③ 장병기본권 보장 관련 갈등관리 및 지휘조언, ④ 군내 사용하는 인성검사분석 및 후속조치 조언, ⑤ 각종 집단상담 프로그램 지도 및 시행, ⑥ 비전캠프(Vision Camp) 및 그린캠프(Green Camp) 운영지원 및 장병 상담교육, ⑦ 군생활, 개인신상, 가족관계 및 자녀교육 등으로 인한 어려움을 겪고 있는 군인 및 장기복무 군인가족에 대한 상담 조언, ⑧ 주기적 상담결과분석 및 분석결과의 지휘참고자료 제공, ⑨ 그밖에 제18조 상담관 임무와 관련하여 운영부대장 또는 직접운영부대장이 부여한 업무 등 9가지로 제시되어 있다.

② 생명의 전화 전문상담관

생명의 전화 전문상담관은 생명의 전화 상담실을 운영하고, 장병들의 자살이나 위기와 관련하여 전화상담이나 사이버상담을 하며, 육본지역 군인·군무원·군인가족이 상담 요청 시 이를 지원해 주는 역할을 한다. 기능으로는 장병의 자살·위기상담 등 각종 상담접수 시 1차 상담을 제공하고(위급 시 소속부대 및 119에 응급조치 전화), 필요시 상담내용을 제대별 지휘관에게 통보한 후에 맞춤식 후속조치를 한다. 또한 상담일지를 작성하여 상담과 조치여부를 확인하고 상담분석의 자료로 활용한다.

③ 병역심사관리대 전문상담관

병역심사관리대 전문상담관의 역할은 '병역심사관리대' 입소자의 행동관찰과 임상심리평가서 의견서를 작성하고, 전역심사위원회 참고인으로 관찰결과에 대한 의견을 제시하며, 군 직할부대원 및 군인가족의 상담요청 시 이를 지원하는 임무를 수행한다. 기능으로는 각 군사령부 및 작전사 전문상담관 운영 책임부서에서 필요한 자료를 요청할 시 이에 대한 자료 지원 및 지휘조언을 하며, 군직부대 요청 시에도 지원을 한다. 또한 비전캠프 운영에 대한 지원과 각종 집체교육 시 상담교육을 제공하며, 주기적인 상담활동 결과를 분석하고, 지휘 참고자료로 활용할 수 있도록 제공한다.

(2) 성(性)고충 전문상담관

국방부 '성고충 전문상담관' 운영지침('21. 1. 20)에 따르면, 군내 성관련 사고의 특성상 독립적이고 비밀이 보장된 전문 인력이 필요함에 따라, 여성 '성고충 전문상담관'을 운용하게 되어 있다.

이들의 임무는 병영 내 여성인력 포함 전 장병을 대상으로 성(性) 관련 고충상담활동을 전담하고, 병영 내 성희롱, 성추행, 성폭력 등 성 군기 사고를 예방하는 활동을 지원하는 것이다. 업무수행의 기본원칙은 전 장병의 성 관련 고충상담을 전담하고, 담당부대(권역) 내 여성인력 현황을 최신화하여 유지하며, 초임여성인력 전입 시에는 전입 후 1개월 내 개별상담을 실시하는 것이다. 또한 '찾아가는 1:1 기동상담'을 원칙으로 계급별·부대별 집단상담 등을 병행하고, 능동적인 예방활동을 통해 성과 관련하여 취약한 인원들을 식별하도록 노력한다. 또한 각급부대의 여성고충 상담관과 유기적인 협조하에 상담을 실시한다.

여성고충상담관제도(여성고충상담관 운영 국방부 훈령, '20. 2. 24)는 여성 군인·군무원의 고충처리를 원활히 하고, 성 군기 사고의 예방을 목적으로 한다. 여성고충상담관이란 국방부 및 육·해·공군 각급 제대에 근무하는 여성들 중 최고 선임자로서, 여성 관련 각종 고충처리와 성 군기 사고 예방활동을 주관하며, 이를 통해 여성의 권익보호와 근무여건 보장의 주도적인 역할을 담당한다. 여성고충상담관의 임무는 첫째, 고충상담의 임무로 여성인력의 고충상담 업무를 수행한다. 특히 여성 초급간부 및 임신여군을 중점적으로 관리한다. 둘째, 성 군기 사고 예방의 임무로 여성인력과 유기적인 교류를 통해 성 군기 사고를 적극 예방하고, 인사실무자와 연계하여 여성인력 현황 최신화 유지, 성 군기 관련 전입자 교육 실시 등을 통해 부대 조기 적응을 위한 지원을 한다. 셋째, 성 군기 사고 발생 시 조치의 임무로 피해 사실을 알았을 경우 피해자에게 처리절차 및 신고방법 등을 안내하고, 필요시 정신과 군의관이나 성고충 전문상담관에게 안내한다. 또한 성 군기 사고 발생 시 피해자 보호를 위한 조치를 적극 요구한다.

2) 전문상담관의 주요 업무

전문상담관들이 수행하는 공통적인 업무는 **표 12-6**에 제시하였다.

표 12-6 병영생활 전문상담관 공통 업무

업무 구분	세부업무 내용	
개인상담	대상	용사, 간부, 군인가족
	방식	내방, 출장, 전화상담
	접수경로	• 자발적 방문·전화 • 신 인성검사를 통해 의뢰 • 간부·타 장병을 통해 의뢰
	주제	• 개인문제: 부적응, 불안/우울, 자살사고·시도, 스트레스 등 • 대인관계 문제: 동기, 선·후임 간 갈등, 간부와의 마찰·갈등 등 • 기타: 이성문제, 성문제 등 ※ 계급에 따른 주제의 차이 – 훈련병·신병: 부적응/우울 – 일병 이상: 대인관계 및 부적응·우울 – 초급간부: 진로 문제
	횟수	단회 상담
집단상담	대상	일반 장병

업무 구분		세부업무 내용
	방식/내용	• 부대별 방식 및 내용이 각기 다름 • 계급별·문제별로 다양하게 운영 • 구조화 및 비구조화된 집단상담 병행
위기장병 식별 및 파악	식별	• 신 인성검사 결과 • 부대·간부의 의뢰 • 개인 및 집단상담 / 심리검사 이용 ※상담자의 경력과 업무에 따라 위기장병 식별방식이 상이함
	개입	개인상담
심리검사 및 평가	검사 안내	전문상담관 안내 교육 및 상담실 소개 시 심리검사 안내
	검사 실시 및 해석	• 부대별로 실시하는 심리검사가 다양 • 병역심사대는 풀 배터리(full-battery) 심리검사 실시 ※ 상담관의 훈련, 교육 및 경험 여부에 따라 활용방법과 필요성에 대한 인식이 상이함
	신 인성검사 활용	• 위기장병 식별 및 개인상담에 활용 • 개인상담 후 부적응 정도에 대한 소견 제시
교육	대상	• 부대별로 다양 • 일반적으로 교육대상은 계급별로 구분
	교육내용	• 자살예방 교육, 상담기법 교육 ※ 부대의 요구에 따라 부대별로 상이한 교육 실시
행정	사례관리 및 보고	• 개인상담 소견서 작성 • 개인상담 결과 기록 ※ 모든 부대는 상부의 요구가 있을 경우 상담소견서, 제출상담소견서·결과에 대한 공통양식이 없음
	업무보고	• 월간실적 보고 ※ 부대별로 보고양식, 보고주기(일간·주간·월간) 및 보고범위가 상이함

3) 전문상담관 교육

병영생활 전문상담관 운영에 관한 훈령 제33조(교육 및 전문성 제고 등)에는 상담관의 전문성 제고를 위한 교육내용이 제시되어 있다.

첫째, 각 군 참모총장은 신규로 채용된 상담관과 계속 근무하는 상담관에 대하여, 다음 각 호의 내용이 포함된 교육을 실시하여야 한다. ① 상담관의 임무 및 역할, ② 병영생활 관련 규정의 이해, ③ 군에서 요구하는 전문 상담과정 및 기법, 상담사례 발표, ④ 군 인성검사의 이해 및 활용, ⑤ 자살 장병의 특성과 관리방안, ⑥ 진로·성·다문화 상담 능력 제고 및 집단상담, ⑦ 그밖에 병영체험 등 상담관의 임무수행에 필요하다고 인정되는 내용 등이다. 교육기간은 2주 이내로 하되, 상담관 유경험자와 추가채용 인원에 대해서는 합당한 범위 내에서 교육기간을 단축할 수 있다. 국방부장관(인사기획관)은 과목 및 일정 등 교육에 관하여 조정·통제할 수 있다.

둘째, 각 군 참모총장 및 직할부대장은 상담관의 상담능력을 향상시키기 위하여 자살예방 교관화 교육을 실시하여야 하고, 그 외 필요시 사례토의 중심의 직무보수교육을 연 1회 이상 실시할 수 있으며, 국방부장관(인사기획관)은 이를 조정·통제할 수 있다. 셋째, 상담관이 업무상 필요에 의하여 군내·외 각종 교육 및 회의, 세미나, 집단상담 및 심리검사 교육 등에 참가하고자 할 경우에는, 운영부대장의 승인 후 출장으로 참석할 수 있다. 다만 개인의 필요에 의한 것은 개인 휴가를 활용한다.

(1) 배치 전 교육

전문상담관 배치 전 교육은 **표 12-7**과 같이 전문상담관제도 소개와 이상심리 및 발달장애, 부적응, 우울과 관련된 교육을 받게 된다. 2015년부터는 기존 배치 전 교육으로만 분류되던 교육을 배치 전 교육과 자살예방 교관화 교육으로 나누어서 자살예방교육을 보다 깊이 있게 다루고 있다.

표 12-7 배치 전 교육내용

교육내용	2016	2018	2019	2020
• 병영생활 소개 * 병영문화개선, 상담관제도, 각종 규정 등 • 병영생활 관련 규정 소개				
• 병영생활 전문상담관제도 소개 * 배경, 자격요건, 중점업무 및 체계 등	7H	4H	4H	3H

교육내용	2016	2018	2019	2020
이상심리 및 발달장애 / 부적응, 우울	12H30		1H30	5H
신 인성검사도구의 이해 및 활용	11H	7H	5H30	4H30
군에서 요구하는 상담 및 기법	4H			
스트레스 식별관리 프로그램 소개				
자살예방교육	34H	4H	2H	18H
• 야전부대 현장체험 * 상담실 소개, 지휘관 및 상담관과 대화 * 상담진행 및 처리절차 * 내담자 비밀보장 * 군조직문화 소개 및 이해(고충처리 절차 및 군내 관련 규정 등)	10H	4H		
• 실무부대 근무 간 유의사항 교육 • 각 군 및 정책소개(2012)	4H			
기존 상담관과 "대화의 장"	7H30			
집단상담의 이해와 기법	4H			
사고사례 분석을 통한 상담관의 역할	4H	3H	3H30	3H30

(2) 선발 후 직무보수교육

선발 후 보수교육은 연 2회(전·후반기) 실시되며, 구체적인 내용은 **표 12-8**과 같다.

표 12-8 선발 후 보수교육

구분	교육내용		시간
전반기 (2박 3일)	1일차	명상훈련 프로그램 교육	4H
		성폭력 피해상담의 실제	4H
	2일차	상담관 운영 관련 교육	1H
		•집단상담 사례 발표 •집단상담 사례 토의	6H 4H
	3일차	• 집단상담 사례 토의 • 집단상담 사례 토의 및 발표	4H 4H

구분	교육내용		시간
후반기 (3박 4일)	1일차	외상 후 스트레스 장애 상담의 실제	4H
		군 인성검사 이해	4H
	2일차	사회불안 상실경험(동성애 사례 중심으로)	8H
		집단상담 이론과 실제	4H
	3일차	상담관 운영 관련 교육	1H
		• 집단상담 사례 발표 • 집단상담 사례 토의	6H 4H
	4일차	• 집단상담 사례 토의 • 집단상담 사례 토의 / 발표	4H 4H

3. 운영 실태 조사결과

2013년 2월부터 6월까지 국방부에서 전문상담관 운영 및 활동 매뉴얼 개발연구 시에 설문조사한 결과를 제시하고지 한다.

1) 제도에 대한 인식

전문상담관 제도에 대해서 간부들은 상담의 효과성 증진을 위해 상담관 인원이 확충되어야 한다고 생각하고 있으며, 상담 접근의 용의성이나 편리성의 증진, 상담환경 조성 등의 필요성을 인식하고 있었다. 또한 상담관의 전문적인 자질의 중요성이나 비밀보장 등 상담자의 윤리, 군 특수성에 대한 이해의 필요성을 인식하고 있었으며, 상담관의 역할로는 도움제도 용사의 식별 및 관리가 우선이며, 일반 용사의 적응도 함께 수행해야 한다고 생각하고 있었다(이동귀 등 2013, p. 21).

2) 상담서비스 경험 실태

상담 관련 서비스 경험 실태는 **표 12-9**에 제시되어 있듯이 간부의 경우는 5명 중 1명이 개인상담 경험이 있으며, 84.3%가 상담서비스 효과에 긍정적으로 대답하였다. 용사들의 경우는 간부들의 경우와 마찬가지로 5명 중 1명이 상담서비스 경험이 있었으나, 그 효과성은 간부들에 조금 못 미치는 73.1%가 도움이 되었다고 응답했으며, 고민을 터놓을 수 있는 대화 기회가 제공된 점이나 심리적 안정, 사고예방 및 대처에 관련해서는 도움이 되었지만, 상담의 주제나 방법, 효과의 문제와 상담자의 비전문성 등으로 도움이 되지 않았다고 응답했다.

표 12-9 상담 관련 서비스 경험 실태

간부			용사		
개별항목	주요결과	사례수	개별항목	주요결과	사례수
상담서비스 경험	있다(20%)	1,576	상담서비스 경험	있다(21%)	2,038
상담서비스 종류	1. 개인상담(30%) 2. 각종 교육(29.4%) 3. 심리검사 및 해석 (16.6%) 4. 집단상담(8.3%)	313	상담서비스 종류	1. 개인상담(30%) 2. 각종 교육(29.4%) 3. 심리검사 및 해석 (16.6%) 4. 집단상담(8.3%)	428
상담서비스 효과 인식	도움이 되었다(84.3%)	264	상담서비스 효과 인식	도움이 되었다(73.1%) 도움이 되지 않았다(26.2%)	313
도움이 된 이유	1. 전문성(26.6%) 2. 장병상담 및 관리에 도움(26.1%) 3. 심리적 상태 안정 (14.5%)	264	도움이 된 이유	1. 고민을 터놓고 동료와 대화 기회 제공 (38.6%) 2. 심리적 안정(25.2%) 3. 사고예방 및 대처관련 (14.5%)	313
			도움이 안 된 이유	1. 상담의 주제 및 방법, 효과 문제(67.1%) 2. 상담자 비전문성 (14.6%)	112

생각해 봅시다

1. 병영생활 전문상담관의 자격지군에 대해 설명해 봅시다.
2. 병영생활 전문상담관의 임무에 대해 설명해 봅시다.
3. 병영생활 전문상담관 제도의 현재 장점, 문제점, 발전방향에는 어떤 것들이 논의해 봅시다.

13
CHAPTER

군상담자 윤리

상담에 대한 인식이 변화하고 상담 서비스를 이용하고자 하는 요구가 증가함에 따라 상담의 영역과 범위가 점차 확장되면서 상담자의 전문성에 대한 관심과 함께 법적·윤리적 책임에 대한 관심 또한 점차 증가되고 있다(강진령 외, 2009). 특히 상담자들은 자신이 근무하는 조직의 구조적 맥락과 특수성으로 인해 조직문화에 특화된 방식으로 대처하기 쉽다(이은정 외, 2019). 실제 성 소수자인 군인이 병영생활 전문상담관에게 자신의 성적 지향을 고백했다가 소속부대 상관에게 알려져 군 검찰에 신고되어 수사를 받는 사건이 일어났다(문제원, 2019.3.13). 이 사건은 상담을 통해 자신의 문제를 해결하고자 했던 내담자가 오히려 군법 위반으로 조사를 받게 된 사례로, 군에서 상담자가 내담자의 비밀보장 등 윤리적 문제를 어떻게 이해하고 대처해야 바람직한지 윤리적 민감성에 대해 생각해 보게 한다.

1. 군상담자 윤리의 개념

윤리는 인간행위의 대한 옳고 그름에 대한 도덕적 원리와 지각의 체계를 반영한 철학에 속해 있는 규율이다. 윤리를 상담이라는 전문직과 관련

지어 보면, 전문가 집단의 일원으로서 옳고 그름으로 판단되는 일련의 품행에 해당된다(강진령 외, 2009).

그래서 상담윤리는 상담자들이 상담을 수행하는 과정에서 선한 목적을 이루고 비윤리적 행위를 하지 않도록 도와주기 위한 것으로 상담자에게 무엇이 필요한 행동이며 어떠한 행동을 하지 말아야 하는지 말해 준다(김봉환, 2016).

일반적으로 군상담자는 상담에 대한 전문적인 교육과 훈련을 받은 군 간부나 군조직의 특수성과 역할을 충분히 이해한 상담전문가를 말한다. 이들에게 상담윤리는 장병 또는 그 가족이 대상인 내담자를 보호하고, 군상담자들에게 윤리적 판단이 필요한 상황에서 전문적 행동의 기준을 제공하는 역할을 한다. 따라서 군상담자의 윤리란 군상담자들이 내담자의 개인적인 성장과 사회 공익에 기여하는 데 최선을 다하기 위하여 마땅히 지켜야 할 도덕적 규범이나 규율이라고 할 수 있다.

2. 상담윤리의 구성요소와 기능

레스트(Rest, 1984)는 상담자가 내담자와 조직 모두를 고려하여 윤리적 의사결정을 할 수 있도록 돕기 위해 적용 가능한 윤리적 의사결정의 4요인 모델을 제시하고 있다. 윤리적 의사결정의 4요인은 윤리적 민감성, 윤리적인 의사결정하기, 의사결정 실행하기, 의사결정에 따라 살기로 구성된다. 또한 강진령 외(2009)는 윤리적 상담이 되기 위한 구성요소로 다음과 같이 4가지를 꼽았다.

1) 윤리적 상담의 구성요소

① 도덕적 민감성(moral sensitivity)

상담자가 다른 사람의 복지에 이로운 상황인지 인식하는 과정으로 내담자 또는 다른 동료 상담자, 일반 대중에 이르기까지 상담자 자신의 행동이 그들의 이익에 어떠한 영향을 미치고 있는지 깨닫는 것을 의미한다. 예를 들어, 도덕적 민감성이 높은 상담자는 공공장소 등에서 동료상담자나 다른 사람에게 상담하는 내담자에 대한 이야기를 하는 것이 내담자의 복지에 바람직하지 못하다는 사실을 깨닫고 하지 않는 것을 말한다.

② 도덕적 추론(moral reasoning)

상담자가 인식한 상황들에 대한 대안을 평가하고 가장 최선의 결정을 하는 능력으로 상담자가 윤리적 갈등이나 딜레마에 부딪힐 때, 전문가로서 취해야 할 최선의 대안들을 일일이 평가해 보고 결정하는 것이다. 예를 들어, 상담자는 내담자의 적극적 상담 참여를 위해 선불로 10회기 분의 상담료를 받았는데, 조기 종결이 되었을 때 나머지 금액을 환불해주지 않는다고 공지하는 것은 도덕적 추론을 해 보면, 윤리적으로 적절하지 못한 행동이 된다.

③ 도덕적 동기(moral motivation)

상담자가 내담자의 복지를 고려하여 행동을 결정하려는 동기를 거쳐야 한다는 의미로, 상담자가 어떤 행동을 하기로 결정했을 때에는 상담자 자신의 이익보다는 내담자의 이익을 중시하며 결정하려는 동기가 있어야 한다는 것이다.

④ 도덕적 품성(moral character)

상담자가 도덕적 행동의 측면에서 실제로 도덕적 행위를 실천하려는 특성으로, 도덕적 행위를 실천하려면 열정, 정결함, 도덕적 용기와 같은 미덕이 요구된다.

2) 상담윤리의 기능

상담윤리의 기능은 상담 장면에서 일어날 수 있는 윤리적 문제를 미리 예방하고 문제를 해결하는 데 있다. 이장호와 이동귀(2014)가 제시한 상담윤리의 기능은 다음과 같다.

① 상담자가 직무수행 중의 갈등을 어떻게 처리해야 할지에 관한 기본 입장을 제공한다.
② 내담자에 대한 상담자의 의무를 분명히 하고 이러한 의무를 이행하도록 함으로써 내담자를 보호한다.
③ 각 상담자의 활동이 전문직으로서의 상담의 기능 및 목적에 저촉되지 않도록 보장한다.
④ 상담자의 활동이 사회윤리와 지역사회의 도덕적 기대를 존중할 것임을 보장한다.
⑤ 상담자로 하여금 자신의 사생활과 인격을 보호하는 근거를 제공한다.

3. 상담윤리의 기본원칙

상담자가 지녀야 할 윤리적 관점에도 기본원칙이 있다. 상담자 윤리의 핵심은 상담자가 상담 서비스를 제공하기에 충분한 능력이 있는가, 즉 내담자의 어려움을 감소시키기 위한 태도와 기술을 상담자가 갖추고 있는가 하는 점이다(공윤정, 2008). 즉, 상담윤리는 상담자의 전문적 정체성의 핵심이며, 상담자로서의 역할수행에 있어 근본 바탕이 되기 때문에 매우 민감하고 중요하게 다루어져야 한다.

미국심리학회의 상담자 윤리강령(APA, 2002)은 상담자 윤리의 기본이 되는 철학적 이념으로 다섯 가지를 제안하고 있는데, 이는 한국상담학회(2016)와 한국상담심리학회(2018)의 윤리강령에도 반영되어 있다. 다섯 가지 이념은 다음과 같다(공윤정, 2008).

첫째, 복지의 증진과 무해성의 원칙이다. 이는 상담자가 내담자에게 도움을 주려고 노력해야 하며, 해를 끼쳐서는 안 된다는 것이다. 상담자는 상담자의 연구, 교육, 상담이 특정 집단에 해가 될 수 있는지에 대해 항상 경계해야 할 뿐만 아니라, 내담자에게 유익함을 주도록 전문성을 키워야 한다. 특히 상담자 자신의 정신적, 신체적 건강이 돕는 능력에 미치는 영향에 민감해야 한다.

둘째, 신의와 책임의 원칙이다. 이는 상담자가 내담자와 신뢰 관계를 형성하고, 자신의 일에서 책임을 다한다는 것이다. 상담자는 전문적 행동기준을 따르고 자신의 일에서 의무를 다하며, 책임을 받아들여야 한다.

셋째, 성실성의 원칙이다. 이는 상담자가 상담 관련 교육, 연구, 상담의 실제에서 정확하고 정직하며 믿을 수 있게 행동할 것을 요구한다. 예를 들어, 상담자는 과학적으로 입증된 범위 내에서 상담 실제를 진행해야 하며, 만약 자신의 상담 기법에 대한 과학적 증거가 충분하지 않다면 이를 내담자에게 미리 알릴 필요가 있다.

넷째, 공정성의 원칙이다. 이는 상담에 대한 접근과 상담 서비스의 혜택이 다양한 배경의 사람들에게 공정하게 제공되도록 노력해야 한다는 것이다. 상담자는 서비스가 주어지는 과정이나 서비스의 질에서 특정 집단에

편파적으로 좋거나 나쁜 서비스가 주어지지 않도록 주의해야 한다.

다섯째, 인간의 권리와 존엄에 대한 존중이다. 상담자는 모든 인간의 존엄과 가치를 존중하고, 개인의 사생활, 비밀보장, 스스로 자신의 일을 결정할 수 있는 주도권을 존중해야 한다. 이를 다른 말로 하면 인간의 자율성에 대한 존중이다. 그러나 다른 사람의 권리가 침해받지 않는 한도 내에서, 자신의 선택에 대한 의미를 이해하고 있다는 것을 전제로 한다. 상담자는 내담자에게 최상의 삶이 무엇인지 결정해주는 것이 아니라 가장 적은 위험으로 내담자가 원하는 삶을 살아가도록 조력하는 것이 중요하다.

이러한 상담자의 행동에 대한 다섯 가지 철학적 기준은 다음에 소개될 상담자 윤리의 구체적인 행동기준이 만들어지는 데 기초적인 토대가 된다.

4. 상담윤리강령

미국상담학회(ACA)의 윤리규정 전문에는 소속 회원들의 윤리적 책임을 밝히고, 상담 서비스를 이용하는 사람들에게 최선을 다해 봉사하며 전문직의 가치를 높일 수 있는 전문가로서의 행동 방향을 안내하는 지침서로서의 윤리규정을 목적에 명시하고 있다(강진령 외, 2009). 또한 미국상담학회와 한국상담학회, 한국상담심리학회의 윤리규정에서 공통적으로 상담자가 상담과정에서 지켜야 할 행동기준을 다음과 같이 제시하고 있다. 전문가로서의 태도와 역할, 사회적 책임, 내담자의 복지와 사생활 보호, 다른 전문가 또는 기관과의 관계, 윤리적 문제에 대한 대처, 훈련과 교육, 연구자로서의 책임 등의 내용이 포함되어 있다. 구체적으로 한국상담학회 윤리강령(2016)을 중심으로 내용을 살펴보면 다음과 같다.

1) 전문적 태도: 전문적 능력

① 상담자는 상담에 대한 지식, 실습, 교수, 임상, 연구를 통해 전문성을 발달시키도록 지속적으로 노력해야 한다.

② 상담자는 자신의 능력 및 기법의 한계를 인식하고, 전문적 기준에 위배되는 활동을 하지 않는다. 만일 자신의 개인 문제 및 능력의 한계 때문에 도움을 주지 못할 것으로 판단될 경우 내담자에게 동의를 구한 후, 다른 동료 전문가 및 관련 기관에 의뢰한다.

③ 상담자는 자신의 활동 분야에 있어서 최신의 과학적이고 전문적인 정보와 지식을 유지하기 위해 지속적인 교육과 연수에 참여한다.

④ 상담자는 윤리적 책임이나 전문적 상담에 대해 의문이 생길 때 다른 상담자나 관련 전문가들에게 자문을 구하는 절차를 따른다.

⑤ 상담자는 정기적으로 전문가로서의 능력과 효율성에 대해 자기반성과 자기평가를 해야 하며, 필요한 경우 자신의 효율성을 증진시키기 위해 지도감독을 받아야 한다.

2) 전문적 태도: 충실성

① 상담자는 내담자를 보다 효과적으로 도울 수 있는 방법에 관하여 꾸준히 연구·노력하고, 내담자의 성장촉진과 문제의 해결 및 예방을 위하여 최선을 다한다.

② 상담자는 자신의 능력의 한계나 개인적인 문제로 내담자를 적절하게 도와줄 수 없다고 판단될 경우 상담을 시작해서는 안 되며, 다른 전문가에게 의뢰하는 등의 적절한 방법으로 내담자를 돕는다.

③ 상담자는 자신의 질병, 사고, 이동 또는 내담자의 질병, 사고, 이동이나 재정적 한계 등과 같은 요인에 의해 상담을 중단할 경우, 이에 대

한 적절한 조치를 취해야 한다.

④ 상담자는 상담을 종결하는 데 있어서 어떤 이유보다도 우선적으로 내담자의 관점과 요구에 대해 고려해야 하며, 내담자가 다른 전문가를 필요로 할 경우에는 적절한 과정을 통해 의뢰한다.

⑤ 상담자는 자신의 기술이나 자료가 다른 사람들에 의해 오용될 가능성이 있거나, 개선의 여지가 없는 활동에 참여해서는 안 되며, 이런 일이 일어난 경우에는 이를 시정하여야 한다.

3) 정보의 보호: 비밀보장

① 상담자는 사생활과 비밀유지에 대한 내담자의 권리를 최대한 존중해야 할 의무가 있다.

② 상담자는 내담자 또는 내담자의 법정대리인에게 비밀보장의 예외와 한계에 대해 설명해야 한다.

③ 상담자는 비밀보장의 한계를 제외하고는, 내담자의 서면 동의 없이는 제 삼의 개인이나 단체에게 상담기록을 공개하거나 전달해서는 안 된다.

4) 정보의 보호: 집단·가족상담의 비밀보장

① 상담자는 특정 집단을 대상으로 집단상담을 시작할 때 비밀보장의 중요성과 한계를 명확하게 설명한다.

② 상담자는 집단 및 가족상담 시 개인의 비밀보장에 대한 권리와 그 비밀보장을 유지해야 할 의무와 관련해 참여한 모든 사람으로부터 동의를 구한다.

③ 상담자는 자발적인 동의 능력이 불가능하거나 미성년인 내담자를 상

담할 때 부모 또는 대리인의 동의를 받고, 그들이 참여할 수 있음을 알린다.

5) 정보의 보호: 전자 정보의 비밀보장

① 상담자는 컴퓨터를 사용한 자료 보관의 장점과 한계를 알아야 한다.

② 상담자는 내담자의 기록이 전자 정보의 형태로 보존되어 제삼자가 내담자의 동의 없이 접근할 가능성이 있을 때, 적절한 방법을 통해 내담자의 신상이 드러나지 않도록 조치를 취한다.

③ 상담자는 컴퓨터, 이메일, 팩시밀리, 전화, 음성메일, 자동응답기 그리고 다른 전자 테크놀로지를 사용해 정보를 전송할 때는 비밀이 유지될 수 있도록 사전에 주의를 기울인다.

6) 정보의 보호: 상담기록

① 상담자는 내담자에게 전문직인 서비스를 제공하기 위해 내담자에 대한 상담기록 및 보관을 본 학회의 윤리강령 및 시행세칙에 따라 시행한다. 또한 상담기록을 안전하게 보관하고 허가된 사람 이외에는 기록에 접근할 수 없도록 한다.

② 상담자는 상담내용의 녹음 혹은 녹화에 관해 내담자 또는 대리인의 동의를 구한다.

③ 상담자는 상담내용의 사례지도나 발표 혹은 출판 시 내담자의 동의를 구한다.

④ 상담자는 내담자가 상담기록의 열람을 요구할 경우, 그 기록이 내담자에게 잘못 이해될 가능성이 없고 내담자에게 해가 되지 않으면 응하도록 한다. 다만 여러 명의 내담자를 상담하는 경우, 내담자 자신과

관련된 부분에 대해서만 공개할 수 있다. 다른 내담자와 관련된 사적인 정보는 제외하고 열람하거나 복사하도록 한다.

⑤ 상담자는 상담과 관련된 기록을 보관하고 처리하는 데 있어서 비밀을 유지해야 하며, 이를 타인에게 공개할 때에는 내담자의 동의를 구한다. 내담자에게 해를 끼치지 않는 범위 내에서 공개해야 한다.

7) 정보의 보호: 비밀보장의 한계

① 상담자는 다음과 같은 내담자 개인 및 사회에 임박한 위험이 있다고 판단될 때 내담자에 관한 정보를 사회 당국 및 관련 당사자에게 제공해야 한다.

㉠ 내담자가 자신이나 타인의 생명 혹은 사회의 안전을 위협하는 경우

㉡ 내담자가 감염성이 있는 치명적인 질병이 있다는 확실한 정보를 가졌을 경우

㉢ 미성년인 내담자가 학대를 당하고 있는 경우

㉣ 내담자가 아동학대를 하는 경우

㉤ 법적으로 정보의 공개가 요구되는 경우

② 상담자는 만약 내담자에 대한 상담이 여러 전문가로 구성된 집단에 의한 지속적인 관찰을 포함하고 있다면, 그러한 집단의 존재와 구성을 내담자에게 알릴 의무가 있다.

③ 상담자는 내담자의 사적인 정보 공개가 요구될 때 기본적인 정보만을 공개한다. 더 많은 사항을 공개하기 위해서는 사적인 정보의 공개에 앞서 내담자에게 알리고 동의를 얻어야 한다.

④ 상담자는 비밀보장의 예외 및 한계에 관한 타당성이 의심될 때에는 다른 전문가나 지도감독자 및 학회 윤리위원회의 자문을 구한다.

8) 내담자의 복지: 내담자의 권리 보호

① 상담자의 최우선적 책임은 내담자의 존엄성을 존중하고 내담자의 복지를 증진시키는 것이다.

② 상담자는 상담활동의 과정에서 소속 기관 및 비전문가와의 갈등이 있을 경우, 내담자의 복지를 우선적으로 고려하고 자신이 소속된 전문적 집단의 이익은 부차적인 것으로 간주한다.

③ 상담자는 내담자에게 전문적인 도움을 주는 것이 어렵다고 판단되면 상담자는 상담관계를 시작하지 말아야 하며, 이미 시작된 상담관계인 경우는 즉시 종결하여야 한다. 이 경우 상담자는 내담자에게 적절한 다른 대안을 제시해 주어야 한다.

④ 상담자는 내담자의 잠재력을 개발하여 건강한 삶을 영위하도록 도움을 주며, 어떤 방식으로도 해를 끼치지 않는다.

⑤ 상담자는 상담관계에서 오는 친밀성과 책임감을 인식하고, 전문가로서의 개인적 욕구충족을 위해서 내담자를 희생시켜서는 안 되며, 내담자로 하여금 의존적인 상담관계를 형성하지 않도록 노력하여야 한다.

9) 내담자의 복지: 내담자의 다양성 존중

① 상담자는 모든 인간의 기본적인 권리, 존엄성, 가치를 존중하며 연령이나 성별, 인종, 종교, 성적 선호, 장애 등의 어떤 이유로든 내담자를 차별하지 않는다.

② 상담자는 내담자의 발달 단계와 문화에 적합한 방식으로 정보를 전달한다.

③ 상담자가 사용하는 언어를 내담자가 이해하는 데 어려움이 있을 때는 내담자가 명확하게 이해할 수 있도록 통역자나 번역자를 배치하

여 필요한 서비스를 제공한다.

④ 상담자는 자신의 고유한 가치, 태도, 신념, 행위가 사회에서 어떻게 적용되는지를 인식하고 내담자에게 자신의 가치를 강요하지 않는다.

⑤ 상담자는 훈련이나 수련감독 실천에 다문화/다양성 역량 배양을 위한 내용을 적극적으로 포함시키고, 수련생들이 이에 대한 인식, 지식, 기술을 습득할 수 있도록 적극적으로 훈련시킨다.

10) 상담관계: 다중관계

① 상담자는 내담자와의 친밀한 관계를 인식하고, 내담자에 대한 존중감을 유지하며, 내담자를 이용하여 상담자 개인의 필요를 충족하고자 하는 활동 및 행동을 하지 않는다.

② 상담자는 객관성과 전문적인 판단에 영향을 미칠 수 있는 다중 관계를 피해야 한다. 상담자가 내담자를 지도하거나 평가를 해야 하는 경우라면 그 내담자를 다른 전문가에게 의뢰한다. 단, 내담자의 복지를 위해 상담자와 내담자가 사전동의를 한 경우와 그에 대한 자문이나 감독이 병행될 때는 상담관계를 맺을 수도 있다.

③ 상담자는 특별한 경우를 제외하고는 내담자와 상담실 밖에서 사적인 관계를 맺지 않는다.

④ 상담자는 내담자와의 관계에서 상담료 이외의 어떠한 금전적, 물질적 거래관계도 맺지 않는다.

11) 상담관계: 성적 관계

① 상담자는 내담자 또는 내담자의 가족들과 성적 관계를 갖거나 어떤 형태의 친밀한 관계를 갖지 않는다.

② 상담자는 내담자 또는 내담자의 가족과 성적 관계를 맺었거나 유지

하는 경우 상담관계를 형성하지 않는다.

③ 상담자는 상담관계가 종결된 이후에도 최소 2년 내에는 내담자와 성적 관계를 맺지 않는다.

④ 상담자는 상담 종결 이후 2년이 지난 후에 내담자와 성적 관계를 맺게 되는 경우에도 이 관계가 착취적이 아니라는 것을 철저하게 검증할 책임이 있다.

⑤ 상담자는 다른 상담자가 자신의 내담자와 성적 관계를 맺는 것을 알았을 경우 묵과하지 않고 적절한 조치를 취한다.

12) 사회적 책임: 사회관계

① 상담자는 사회윤리 및 자신이 속한 지역사회의 도덕적 기준을 존중하며, 사회공익과 자신이 종사하는 전문직의 올바른 이익을 위하여 최선을 다한다.

② 상담자는 경제적 이득이 없는 경우라 하더라도 전문적 활동에 헌신함으로써 사회에 봉사한다.

③ 상담자는 내담자의 재정 상태를 고려하여 상담료를 적정 수준으로 징하여야 한다. 정해진 상담료가 내담자의 재정 상태에 비추어 적정 수준을 벗어날 경우에는, 가능한 비용으로 적합한 상담 서비스를 받을 수 있도록 내담자를 돕는다.

④ 상담자는 수련생에게 적절한 훈련과 지도감독을 제공하고, 수련생이 이 과정을 책임 있고 유능하게 수행할 수 있도록 돕는다.

13) 사회적 책임: 고용기관과의 관계

① 상담자는 자신이 재직하고 있는 상담기관의 설립 목적에 기여할 수

있는 활동을 할 책임이 있다.

② 상담자는 자신의 전문적 활동이 재직하고 있는 상담기관의 목적과 모순되고, 직무수행에서 갈등이 해소되지 않을 때는 상담기관과의 관계를 종결해야 한다.

③ 상담자는 자신이 재직하고 있는 상담기관의 관리자 및 동료들과의 관계를 통해서 상담업무, 비밀보장, 기록된 정보의 보관과 처리, 업무 분장, 책임에 대해 상호 간의 동의를 구해야 한다. 상담자가 재직하고 있는 상담기관과 비밀보장이나 정보의 보관과 처리 등 윤리적인 문제로 마찰이 생기는 경우 윤리위원회에 중재를 의뢰할 수 있다.

④ 상담자는 자신이 재직하고 있는 상담기관의 고용주에게 해를 끼칠 수 있는 상황 혹은 기관의 효율성에 제한을 줄 수 있는 상황에 대해 미리 통보를 하여야 한다.

⑤ 상담자는 해당 기관의 상담활동에 적극적으로 종사하고 있지 않다면, 자신의 이름이 상업적인 광고나 홍보에 사용되지 않도록 해야 한다.

14) 사회적 책임: 상담기관 운영

① 상담기관 운영자는 상담 기관에 소속된 상담자의 증명서나 자격증은 그중 최고 수준의 것으로 하고, 자격증의 유형, 주소, 연락처, 직무시간, 상담의 유형과 종류, 그와 관련된 다른 정보 등이 정확하게 기록된 목록을 작성해 두어야 한다.

② 상담기관 운영자는 자신과 현재 종사하고 있는 직원의 발전에 책임의식을 가져야 하고, 직원들에게 상담 기관의 목표와 상담 프로그램에 대해 알려주어야 한다.

③ 상담기관 운영자는 고용, 승진, 인사, 연수 및 지도감독 시에 연령, 성별, 문화, 장애, 인종, 종교 혹은 사회경제적 지위 등을 이유로 차별

하지 않는다.

15) 사회적 책임: 타 전문직과의 관계

① 상담자는 상호 합의한 경우를 제외하고는 타 상담전문가로부터 도움을 받고 있는 내담자를 대상으로 상담을 하지 않는다.

② 상담자는 자신의 전문적 자격이 타 전문 분야에서 오용되는 것에 적절하게 대처하며, 자신의 이익을 위해 타 전문직을 손상시키는 언어 및 행동을 삼간다.

③ 상담자는 자신의 상담 접근 방식과 차이가 있는 다른 전문가의 접근 방식 및 전통과 관례를 존중한다.

④ 상담자는 상담전문가로서의 자신의 관점, 가치, 경험과 다른 학문 분야에 종사하는 동료의 관점, 가치, 경험을 활용하여 내담자의 복지에 영향을 미칠 수 있는 결정에 참여하고 기여한다.

16) 사회적 책임: 홍보

① 상담기관 운영자는 상담기관을 홍보하고자 할 때 일반인들에게 해당 상담기관의 전문적 활동, 상담 분야, 관련 자격 등을 정확하게 알려주어야 한다.

② 상담기관 운영자는 내담자나 교육생을 모집하기 위해 개인상담소를 고용이나 기관 가입의 장소로 이용하지 않는다.

17) 상담연구: 연구책임

① 상담연구자는 연구의 결과가 상담의 이론과 실제에 바람직한 기여를 하도록 노력해야 하고, 연구로 인한 문제에 대해 책임을 져야 한다.

② 상담자는 연구참여자를 대상으로 하는 연구를 수행할 때 윤리규정, 법, 기관 규정, 과학적 기준에 합당한 방식으로 연구를 계획, 설계, 실행, 보고한다.

③ 상담자는 윤리적인 연구수행에 대한 궁극적인 책임이 연구책임자에게 있다는 것을 인식하고, 연구활동에 참여하는 모든 사람이 윤리적 책임을 공유하며 각자의 행동에 대해 책임을 진다는 사실을 주지시킨다.

④ 상담자는 연구참여 때문에 연구참여자의 삶에 혼란이 초래되는 것을 피하기 위해 합당한 사전 조치를 취한다.

⑤ 상담자는 연구 목적에 적합하다면 문화적인 고려를 통해 연구 절차를 구체화하도록 한다.

18) 상담연구: 연구참여자의 권리

① 상담자는 피험자에게 연구의 필요성을 포함하여 연구에 관한 전반적인 사항에 대해 상세히 설명하여 동의를 얻어야 하며, 그들이 자발적으로 연구에 참여하도록 해야 한다.

② 상담자는 내담자를 포함시키는 연구를 수행할 때 사전동의 절차에서 내담자가 연구활동에 참여할 것인지에 대해 자유롭게 선택할 수 있다는 점을 명확하게 하고 동의를 받는다.

③ 상담자는 연구과정에서 연구참여자에 대해 획득한 정보를 비밀로 유지한다.

④ 상담자는 자료가 수집된 후 연구에 대해 참여자들이 가질 수 있는 오해를 해소하기 위해 연구의 특성을 명확하게 설명한다.

⑤ 상담자는 학술 프로젝트나 연구가 완료되면 합당한 기간 내에 연구참여자의 신분을 확인할 수 있는 자료나 정보가 포함된 오디오, 비디

오, 인쇄물과 같은 기록이나 문서를 파기하는 조치를 취한다.

19) 상담연구: 연구결과의 보고

① 연구결과를 발표할 때에는 그 결과와 관련된 모든 정보를 정확하게 서술해야 하며, 객관적이고 공정한 발표가 되게 하고, 연구결과가 다른 상담자의 연구를 위한 자료가 될 수 있도록 해야 한다.

② 상담자는 출판된 연구에서 중대한 오류를 발견하면, 정오표나 다른 적절한 출판 수단을 통해 그 오류를 수정하는 합당한 조치를 취한다.

③ 상담자는 모든 연구참여자의 신분을 보호하고 복지를 위해 자료를 각색·변형하고 결과에 대한 논의가 연구참여자에게 해를 끼치지 않도록 합당한 조치를 취한다.

④ 상담자는 연구대상자의 요구가 있을 경우 연구의 결과와 결론을 제공하고, 연구대상자가 요구하는 연구의 오류를 바로잡을 수 있다.

⑤ 상담자는 다른 사람의 저작을 자신의 것처럼 표절하지 않는다. 또한 자신의 작품을 이중 출판하거나 발표하지 않는다.

⑥ 상담자는 공동 저자, 감사의 글, 각주 달기 등의 적절한 방법을 통해 연구에 상당한 기여를 한 사람들에게 그런 기여에 합당하게 공로를 인정하고 표시한다.

20) 심리검사: 일반사항

① 상담자는 내담자의 환경(사회적, 문화적, 상황적 특성 등)과 개별적 특성을 고려한 후, 내담자를 조력하기 위한 목적에 적합한 심리검사를 선택해야 한다.

② 심리검사를 실시할 때에는 자격이 있는 사람이 표준화된 절차에 따

라 실시해야 하며, 그 과정을 경시해서는 안 된다. 또한 수련상담자는 지도감독자로부터 훈련받은 검사도구를 제대로 이용하는지의 여부를 평가받는다.

③ 상담자는 검사 채점과 해석을 수기로 하건, 컴퓨터를 사용하건 혹은 다른 서비스를 사용하건 상관없이 내담자의 요구에 적합한 검사 도구를 적용, 채점, 해석, 활용한다.

④ 상담자는 검사 전에 검사의 특성과 목적, 잠재적인 결과, 수령자의 구체적인 결과의 사용에 대해 설명하고 내담자의 동의를 받는다. 이때 상담자는 내담자의 개인적·문화적 상황, 내담자의 결과 이해 정도, 결과가 내담자에게 미치는 영향을 고려한다.

⑤ 상담자는 피검자의 복지, 명확한 이해, 검사 결과를 누가 수령할 것인지에 대한 결정에서 사전 합의를 고려한다.

21) 심리검사: 검사 도구 선정과 실시 조건

① 상담자가 검사 도구를 선정할 때 도구의 타당도, 신뢰도, 실용도, 객관도, 심리측정의 한계를 신중하게 고려한다.

② 상담자는 제삼자에게 내담자에 대한 검사를 의뢰할 때, 적절한 검사 도구가 사용될 수 있도록 내담자에 대한 구체적인 의뢰 문제와 충분한 객관적인 자료를 제공한다.

③ 상담자는 문화적으로 다양한 집단을 위한 검사 도구를 선정할 경우, 그러한 내담자 집단에게 적절한 심리측정 특성이 결여된 검사 도구를 사용하지 않도록 합당한 노력을 한다.

④ 상담자는 검사 도구의 표준화과정에서 설정된 동일한 조건하에서 검사를 실시한다.

⑤ 상담자는 기술적 또는 다른 전자적 방법들이 검사 실시에 사용될 때,

실시 프로그램이 잘 기능하고 있는지 그리고 정확한 결과를 제공하는지에 대해 점검한다.

22) 심리검사: 검사 채점 및 해석

① 상담자는 개인 또는 집단검사 결과 발표에 정확하고 적절한 해석을 포함시킨다.

② 상담자는 검사 결과를 보고할 때 검사 상황이나 피검사자의 규준 부적합으로 인한 타당도 및 신뢰도와 관련하여 발생하는 제한점을 명확히 한다.

③ 상담자는 연령, 피부색, 문화, 장애, 민족, 성, 인종, 언어 선호, 종교, 영성, 성적 지향, 사회경제적 지위가 검사 실시와 해석에 영향을 미친다는 것을 인식하고, 내담자와 관련된 다른 요인들을 고려하여 적절하게 검사 결과를 해석한다.

④ 상담자는 기술적인 자료가 불충분한 검사 도구의 경우 그 결과를 해석할 때 주의해야 한다. 그러한 도구를 사용하는 특정한 목적을 내담자에게 명확히 알린다.

⑤ 상담자는 내담자 혹은 심리검사를 수령할 기관에 심리검사 결과가 올바로 통지되도록 해야 한다.

⑥ 상담자는 내담자 이외에는 내담자의 동의를 받은 제삼자 또는 대리인에게 결과를 공개한다. 또한 이러한 자료는 자료를 해석할만한 전문성이 있다고 상담자가 인정하는 전문가에게 공개한다.

23) 심리검사: 정신장애 진단

① 상담자는 정신장애에 대해 적절한 진단을 하도록 특별하고 세심한

주의를 기울인다.

② 상담자는 치료의 초점, 치료 유형, 추수상담 권유 등의 내담자 보살핌을 결정하기 위해 사용되는 개인상담을 포함한 검사 기술을 신중하게 선택하고 합당하게 사용한다.

③ 상담자는 정신장애를 진단할 때는 내담자의 문제를 규정하는 방식에 문화가 영향을 미친다는 것을 인식하고 내담자의 사회·경제적·문화적 경험을 고려한다.

④ 상담자는 어떤 개인이나 집단들에 대해 오진을 내리고 정신병리화하는 역사적·사회적 편견과 오류에 대해 충분히 이해하고, 이러한 편견과 오류가 발생하지 않도록 특별한 주의를 기울인다.

⑤ 상담자는 심리검사의 결과가 내담자나 다른 사람들에게 해를 끼칠 수 있다고 판단되면 진단이나 보고를 해서는 안 된다.

24) 윤리문제해결: 윤리위원회와의 협력

① 상담자는 본 윤리강령 및 시행세칙을 숙지하고 이를 실천할 의무가 있다.

② 상담자는 본 학회의 윤리강령뿐만 아니라 상담 관련 타 전문기관의 윤리 규준에 대해서도 충분히 이해하고 있어야 한다. 상담자에게 주어진 윤리적 책임에 대한 지식의 결여와 이해 부족이 상담자의 비윤리적 행위에 대한 면책 사유가 되지 않는다.

25) 윤리문제해결: 윤리위반

① 상담자는 다른 상담자의 윤리적인 문제를 알게 되었을 때, 윤리위원회에 제소할 수 있으며 윤리위원회는 본 윤리강령 및 시행세칙에 따라 적절한 조치를 취할 수 있다.

② 상담자는 윤리강령을 위반한 것으로 지목되는 사람에 대해 윤리위원회의 조사, 요청, 소송절차에 협력한다. 또한 자신이 연루된 사안의 조사에도 적극 협력해야 한다.

③ 상담자는 윤리적 책임이 법, 규정 또는 다른 법적 권위자와 갈등이 생기면 학회 윤리규정에 따른다는 것을 알리고 갈등을 해결하기 위한 조치를 취한다.

④ 상담자는 명백한 윤리강령 위반이 비공식적인 방법으로 해결되지 않거나, 그 방법이 부적절하다면 윤리위원회에 위임한다.

⑤ 상담자는 그 주장이 그릇됨을 증명할 수 있는 사실을 무모하게 경시하거나 계획적으로 무시해서 생긴 윤리적 제소를 시작, 참여, 조장하지 않는다.

5. 사례로 살펴본 상담윤리

앞서 살펴본 한국상담학회의 윤리규정은 상담자가 윤리적으로 책임을 다할 수 있도록 일반적인 지침을 제공하고 있지만, 상담 현장 및 실제에서 발생하는 복잡한 윤리적 딜레마 상황에서 상담자가 취해야 할 구체적 행동에 대해 명확한 해답을 제시하지 못한다. 특히 상담자는 때때로 두 개 이상의 윤리적 원칙들이 충돌하여 의사결정을 내리기 힘들거나 어떤 원칙을 적용해야 할지 명확하지 않을 때, 소속 기관이 추구하는 가치나 규정과 상담자의 윤리적 가치가 충돌할 때, 내담자의 권리와 상담자의 법적 책임이 갈등할 때와 같은 상황에서 윤리적 딜레마에 직면하게 된다(공윤정, 2008). 이에 한국청소년상담복지개발원에서 발간한 고위기 상담사례의 윤리적·법적 대응 매뉴얼에 소개된 사례를 발췌하여 상담자의 윤리적 행위에 대해 살펴보고자 한다. 한국청소년상담복지개발원에서는 전국 청소년상담복지센터에서 발생되는 상담 윤리적·법적 어려움을 조사하여 윤리적·법적 대응이 필요한 상담 관련 주제를 선정하고, 상담사례를 구성하여 학계 및 법률전문가의 자문을 받아 최종 작성한 것이다.

사례 1. 내담자의 자해행동을 보호자에게 고지해야 하는가?

고등학교 1학년 A(남, 17세)는 중학교 입학 이후 줄곧 상위권 성적을 유지하다가 지역 명문고에 진학하였다. 부모는 어릴 때부터 공부에 재능을 보인 A에게 거는 기대가 크나, A 스스로는 고등학교 진학 이후 학업에 크게 흥미를 느끼지 못하고 있다. 학업 경쟁이 치열한 학교 분위기를 답답해하며, 친구들과의 관계는 나쁘지 않으나 다들 가식적인 관계를 맺고 있는 것 같아 구역질이 난다고 보고한다. 부모님의 요구대로 3년만 참자고 생각해보지만 숨이 막히는 기분이 들어서 포크로 팔뚝을 찌르는 자해를 하며 기분을 해소하고 있다. 며칠 전에는 커터칼로 자해를 하다가 피가 흘러내릴 정도였는데, 자신도 위험하다는 생각이 들어서 무서운 마음에 학교 상담실을 찾게 되었다. 학교에서는 상담 중에 자해행동을 발견한 경우 상부에 보고할 것을 원칙화한 상황이고, 상담자 또한 내담자의 안전을 위해 자해사실을 부모에게 알리고 안전을 확보할 필요성이 있다고 판단하였다. 따라서 상담자는 학교와 보호자에게 알리고 도움을 받아야 한다고 권유하였으나, 내담자는 부모에게 자해 사실이 알려지는 것을 완강히 거부하고 있다. 자살위험성이 있는 내담자의 경우 상담 초기 구조화를 통해 비밀보장의 예외상황에 대해 설명하고 보호자와 기관에 알린 후 상담을 진행하게 된다. 그런데 자해행동을 보이는 내담자의 경우에는 내담자가 보호자나 기관에 알리는 것을 거부할 때 비밀보장의 원칙이 어디까지 지켜져야 하는지 법적인 관점에서 어떻게 대처해야 하는가?

(한국청소년상담복지개발원, 2019 재인용)

우선 내담자의 자해가 반복되거나 그 수준이 심각하다고 판단되는 구체적인 정황이 있어야 상담자는 내담자의 자해 사실을 보호자에게 알릴 수 있다. 내담자의 자해행동이 일시적이며 생명에는 지장이 없는 것으로 판단된다면 상담자가 비밀유지 의무를 위반할 정도로 내담자가 부당한 위험에 놓여 있다고 보기는 어렵기 때문에 보호자 고지에 대해 신중해야 한다. 내담자의 자해행위의 빈도와 수준이 심각하다고 판단되는 구체적인 정황이 있다면(형법 제21조 및 22조) 상담자의 비밀 유지의무 준수보다 내담자의 생명에 대한 보호가 우선되어 상담자는 내담자의 자해 사실을 보호자에게 알릴 수 있다.

또한 내담자가 원하지 않더라도 자해행위의 빈도, 정도 등 내담자의 위기 수준에 따라서 내담자 보호를 위해 보호자 또는 필요한 경우 학교 등 유관기관에 알릴 수 있다. 보호자 등에게 자해사실을 이야기할 때는 내담자와 사전에 내용을 합의할 수 있다. 이러한 경우 상담자는 내담자의 위기 수준뿐만 아니라 상담자 소속 기관의 윤리 관련 규정도 함께 고려하여 비밀보장 여부를 판단할 필요가 있다.

사례 2. 내담자의 상담동의서의 효력 범위는 어떠한가?

대학생을 상담하는 상담자 H는 첫 상담에서 내담자에게 상담내용의 녹취와 이를 개인 슈퍼비전, 공개 상담사례발표에 활용할 수 있다는 것을 설명하고 동의서를 받았다. 더불어 이 동의서에는 내담자의 사례가 상담사례 발표집에 쓰일 수 있음과 내담자 상담 정보 보존 기간에 대해서도 명시가 되어 있었다. 이후 상담자 H는 소속 기관의 상담사례집 발간 시 내담자와의 상담내용을 제공하였고 그 결과 H의 상담사례가 수록된 상담사례집이 발간되었다. 사례집을 본 내담자는 H에게 인적사항의 많은 부분이 삭제되었지만, 자신의 상담내용이 이런 형태로 이용될 줄 몰랐다며 본인 사례의 삭제와 더불어 상담기관 내에 남아있는 본인이 상담을 받았던 기록, 본인의 정보까지 삭제해주기를 요청하였다. 이러한 경우 상담자는 어떻게 대처해야 하는가? (한국청소년상담복지개발원, 2017 재인용)

개인정보 보호법상 개인정보란 살아있는 개인에 관한 정보로서 성명, 주민등록번호 및 영상 등을 통하여 개인을 알아볼 수 있는 정보로서(개인정보 보호법 제2조 제1항) 한국청소년상담복지개발원 및 청소년상담복지센터에서 상담을 위하여 내담자로부터 수집하여 기록, 보관하는 신상에 관한 정보 및 상담기록 내용 등은 개인정보에 해당하는 것으로 판단된다. 특히 상담기록 내용은 사상, 신념, 건강, 성생활 등의 민감한 정보를 포함하는 민감정보에 해당하는 것으로 판단된다(개인정보 보호법 제23조 제1항). 개인정보 보호법 제36조 제1항에 따르면 위 개인정보의 정보주체인 내담자는 개인정보처리자인 한국청소년상담복지개발원 및 청소년상담복지센터에 개인

정보의 열람을 청구하여 개인정보를 열람할 수 있고, 열람한 개인정보의 삭제를 요구할 수 있으나 다른 법령에서 그 개인정보가 수집 대상으로 명시되어 있는 경우에는 그 삭제를 요구할 수 없다. 즉, 여성가족부장관으로부터 청소년의 체력검사와 건강진단의 실시와 결과통보 업무를 위탁받았거나(청소년복지지원법 제6조 제3항) 청소년 가출 예방 및 보호·지원에 관한 업무를 위탁받은 경우(청소년복지지원법 제16조 3항), 청소년에 대한 전문가상담에 관한 사무 등을 수행하기 위하여 수집한 개인정보는 법령에 따라 개인정보를 수집한 경우, 내담자가 내용의 삭제를 요구할 수 없다. 따라서 첨부된 동의서 양식을 참조하여 내용을 이해하기 쉽게 내담자에게 설명하여 주는 취지로 동의서에 기재된 내용을 설명해주는 것이 바람직하다.

그러나 상담자가 소속된 기관이 국가법령에 따라 내담자의 개인정보를 수집한 것이 아니고 내담자의 동의에 의하여 개인정보를 수집한 것이라면, 내담자로부터 위와 같은 삭제의 요구를 받았을 때에는 지체 없이 그 개인정보를 조사하여 정보주체의 요구에 따라 삭제 등 필요한 조치를 한 후 그 결과를 정보주체에게 알려야 한다(개인정보 보호법 제36조 제2항).

그리고 상담사례발표집에 포함되어 공개된 내담자의 상담내용의 경우, 내담자를 특정할 수 있는 정보가 모두 삭제되었으므로 개인정보 보호법상 개인정보에 해당하지 아니하는 것으로 판단되어, 개인정보가 삭제된 상담내용에 관하여 내담자가 법률상 특별한 권리를 가지지 아니하므로, 위 상담내용의 공개에 관하여는 동의서에 표시된 내담자의 의사에 따르게 될 것으로 판단된다. 또한 동의서의 효력에 관하여는 민법의 의사표시에 관한 조항이 적용될 것인바, 위 동의서가 사기나 강박에 의하여 작성된 것이거나(민법 제110조 제1항), 상담자의 중대한 과실 없이 동의서 내용의 중요 부분에 착오가 있는 것이 아닌 한(민법 제109조 제1항) 취소할 수 없을 것으로 판단된다.

사례 3. 상담 중 내담자의 절도사실을 알게 되었을 때, 수사기관에 신고해야 하는가?

대학생 A군은 사기, 절도 등 범법 행위로 수시로 경찰서를 드나든 이력이 있다. 다행히 그때마다 문제가 원만히 합의가 되었는데, 최근 500만 원 상당의 전자 기기를 훔쳤다. 이미 몇 번의 범법 이력이 있는 A군은 범법 행위 이후 극심한 불안감을 호소하며 상담센터에 내방하였고 상담자에게 이 사실을 털어놓았다. 상담자는 내담자에게 자수할 것을 권유하였고 내담자는 일주일 뒤에 경찰에 자수하기로 하였다. 만약 내담자가 자수하기 전에 상담자의 절도행위가 발각되어 진술과정에서 상담자가 내담자의 범법 행위를 알고 있었다는 사실이 발견되었을 때 상담자가 법적인 처벌을 받게 되는지 알고 싶다. 또한 아동학대, 성폭력 등의 경우 상담자가 법적인 신고의무를 가지는데 이외에 상담자가 신고의무를 가지는 내담자의 범법 행위에는 어떤 것들이 있는지 알고 싶다(한국청소년상담복지개발원, 2018 재인용).

상담자가 내담자의 범법 행위를 알게 되었을 경우 고려해야 하는 부분은 다음과 같다. 첫째, 해당 범법 행위를 신고하는 것이 법적 의무에 해당하는 것인지, 둘째, 범인 도피죄를 구성하는 것인지를 확인해야 한다. 절도죄에 대해서는 상담자에게 별도의 신고의무를 부여하고 있는 법령이 부재하므로 본 사례의 경우 신고를 하지 않더라도 신고의무 위반 사항에 해당되지 않는다. 또한 상담사는 범인을 체포해야 할 지위(예: 수사관)에 있는 자가 아니므로 범법 행위를 신고하지 않아도 범인 도피죄가 성립되지 않는다. 상담자의 신고의무를 가지는 범법 행위에는 상담 도중 아동 대상 성범죄와 아동학대 사실을 알게 될 경우에 이에 해당하며, 이를 위반하는 경우 법적 처벌을 받을 수 있다.

생각해 봅시다

1. 내담자의 비밀보장 규정에서 예외되는 사항에 대해 생각해 봅시다.

2. 군상담자로서 윤리적 문제를 경험한 요소에 대해 생각해 봅시다.

3. 군상담자로서 윤리적 문제가 발생할 가능성이 높은 영역에 대해 생각해 봅시다.

14
CHAPTER

군상담자 소진

상담자는 전문적인 훈련을 통해 내담자가 지닌 심리적 어려움을 해결할 수 있도록 노력을 기울인다. 이 과정에서 상담자는 내담자와 신뢰로운 관계를 맺고 효과적인 상담이 되도록 내담자의 관점에서 생각하며 이해하기 위해 타인에 대한 높은 조망수용능력, 공감적인 감수성을 발휘하며, 대부분 일방적인 배려와 보살핌을 제공해야 한다(Skovholt & Ronnestad, 1992). 그러나 이러한 상담자의 특성 때문에 정작 상담자 자신의 돌봄은 소홀히 대하는 경우가 많다. 특히 내담자가 위기 상황에 놓여 있고 심리적으로 취약한 특성을 많이 지닐수록 상담 과정에서 일반적으로 나타나는 긴장을 넘어서는 극도의 불안과 스트레스를 경험하게 된다. 즉, 상담자라는 직업적 특성에는 다른 직업과 달리 더 빠르게 심리적인 소진(Burn-out)이 니터날 수밖에 없다.

이러한 상담자의 소진은 상담 과정에서 나타나는 특수한 속성일 뿐만 아니라 상담 외적인 다양한 업무에서 나타날 수도 있다. 특히 '조직'은 물리적 환경, 조직의 가치관을 포함하여 기관에서의 상담업무에 대한 공정한 평가와 지원이 부족할 때 소진을 가속화시킨다(최윤미, 양난미, 이지연, 2002). 이로 인해 상담자는 상담의 성과에 중요한 요인인 자신에 대한 관리에 대한 압박뿐만 아니라 직무에 대한 스트레스가 늘어날 수 있다(장한나, 2013). 따라서 군 조직에서 활동하는 상담자들은 일반적인 환경에서의 근무보다 더 높은 직무 스트레스를 경험할 것으로 예상되어, 이 장에서는 상담자의 소진 개념, 원인, 증상을 비롯하여 자기 돌봄을 위한 방안을 살펴보고자 한다.

1. 상담자 소진의 개념

소진(burnout)은 정서적 고갈 개념으로 처음 사용한 것은 프로이덴버거(Freudenberger, 1974)의 연구에서 시작되었다. 프로이덴버거는 지역사회 건강센터에서 일하는 자원봉사자인 사회사업가들이 경험하는 정서적·신체적인 피로, 과민, 냉소주의를 '소진'이라는 용어로 표현하였다.

일반적으로 소진(burnout)은 스트레스를 유발하는 업무환경에서 일할 때 발생하는 신체적, 감정적, 정신적인 고갈상태로써 자기 일에 대한 무능감이나 의미상실을 경험하는 것(Jenaro, Flores, & Arias, 2007)이며, 에너지 및 활력이 점점 줄어드는 상태로 일시적인 증상이 아닌 점진적이고 지속적으로 나타나는 탈진상태이다. 상담자가 내담자와의 관계에서 경계가 없음, 돈과 성공에 대한 지나친 집착, 자신의 능력으로 치료할 수 없는 내담자를 상담하는 것과 같은 비효율적 대처능력, 알코올이나 약물남용, 동료애가 없음, 개인적·직업적 고립, 지나친 과민반응, 정서적 혼돈, 강박적인 직무태도, 급격한 행동변화, 주변인의 피드백 무시, 자신의 욕구를 자각하지 못함 등의 현상을 보인다면 이를 소진상태라 할 수 있다(김춘경 외, 2016).

2. 심리적 소진의 차원

1980년대 이후 사회심리학자인 마슬락(Maslach)을 포함한 연구자들에 의해 Maslach Burnout Invertory(MBI)가 개발되면서 다양한 영역에서 소진현상을 연구하게 되었다(한광현, 2003 재인용). 그리고 소진에 대한 개념을 체계화시킨 마슬락과 잭슨(Maslach & Jackson, 1981)은 심리적 소진을 정서적 고갈, 비인간화, 성취감 감소의 세 가지 차원으로 나누어 분류하였다.

첫 번째 차원인 정서적 고갈은 심리적 소진의 3가지 차원 중 핵심적인 차원으로 지속적으로 주어지는 스트레스와 과도한 업무로 인해 정서적으로 피로감을 느끼고, 에너지 고갈로 주변 일에 대한 관심과 흥미를 잃으며, 상실감과 공허함을 느끼게 되는 것을 말한다.

두 번째 차원인 비인간화는 대인관계에서 멀어지는 것으로 정서적 자원이 소진된 직장인이 타인에게 나타내는 신경질적이거나 부정적인 반응을 말한다. 비인간화를 경험하는 사람들은 자신이 대하는 사람들을 물건처럼 취급하거나 자신과 무관하다고 지각한다(Jackson et al., 1986). 체르니스(Cherniss, 1980)는 직장인이 비인격적인 조직 환경에 자주 노출되고, 조직의사 결정에 참여하는 기회가 적을수록 그리고 조직 내에서의 부당한 처벌과 무분별함을 지각하는 상황이 지속될 때, 조직에 대한 신뢰를 잃고 스스로의 심리적 안정을 유지하기 위해 타인으로부터 거리를 두기 시작한다고 주장한다(곽주현, 2013 재인용).

세 번째 차원인 성취감 감소는 소진의 자기 평가적 차원으로 자신의 노력이 부적절하다는 지각이나 자신의 경쟁력이나 성과가 낮다는 현실적인 인식에서 나타날 수 있다. 이는 정서적 고갈과 비인간화가 장기화될 경우, 자신이 더 이상 조직에서 원하는 존재가 아니라는 사실을 지각하면서 개인적 성취감이 결여되는 것을 말한다. 이러한 세 가지 차원은 점차적으로 진행되는 연속적인 과정으로 정서적 고갈을 유발하는 환경적 요인에서부터 시작하여, 정서적 고갈, 비인간화, 성취감의 감소 순으로 진행된다(Leiter, 1993).

3. 소진의 원인

상담자가 겪는 소진의 원인은 다양한 데 일반적으로 개인적 요인과 환경적 요인으로 나누어 설명할 수 있다.

개인적 요인으로는 나이, 성별, 상담경력 등을 들 수 있는데, 상담자가 나이가 어리고 상담경력이 적을수록 소진을 경험할 확률이 높으며(Acker, 2008), 연령 외에도 월수입이 낮고 학력이 낮을수록 소진의 위험성이 높고 남성보다는 여성 상담자의 소진 위험성이 높은 것으로 나타났다. 이러한 결과는 여성이 선천적으로 가지고 있는 이타성과 돌봄의 욕구를 충족하기 때문이라고 하였다(윤은주, 2007; Craig & Sprang, 2010). 또한 레이먼과 가이던(Layman & Guyden, 1997)은 내성적인 성향이 강한 상담자가 소진과 높은 관련성을 보인다고 하였는데, 이는 내성적인 상담자가 업무량에 대한 부정적인 생각, 복잡한 조직 생활에 부적응, 소극적 자기표현, 대인관계 회피 등의 개인적인 성향으로 인해 소진을 더 많이 경험하기 때문이다(구효진, 2006, 재인용).

그리고 환경적 요인으로는 재정적 요인과 직무요인으로 나누어 볼 수 있다. 재정적 요인으로는 상담소 운영 등의 경영상 어려움이나 불규칙한 수입으로 인한 경제적 불안정이 있다. 직무요인으로는 직업에 대한 갈등, 시간 압박, 과도한 책임감, 과중한 직무, 불규칙한 상담건수, 직장 동료와의 갈등 등이다(김춘경 외, 2016). 마슬락 외(2001)는 상담자들이 근무하는 직무환경의 열악함으로 인해 소진을 경험하게 된다고 하였는데, 시간의 융통성이 적고 공간이 매우 협소하며 예기치 않은 내담자의 방문 등으로 인한 환경적 스트레스가 그 원인이라고 하였다. 또한 와렌(Warren) 등(2013)은 상담자에게 기대하는 직무 관련 성취도가 다른 직업에 비해 높은 것과 너무 많은 상담사례, 많은 보고서 작성 그리고 여가시간의 부족 등이 소진을 일으키는 요인이라고 하였다.

정리하면 이러한 상담자가 경험하는 심리적 소진의 원인은 나이, 성별, 상담경력, 성격특성과 같은 개인적 요인과 열악한 직무환경, 낮은 임금, 불규칙한 수입, 상담경과에 대한 지나친 부담감 등과 같은 환경적 요인을 들 수 있다. 이러한 상담자의 심리적 소진은 상담성과뿐만 아니라 상담자 개인에게도 부정적인 영향을 미칠 수 있으므로 소진에 대한 적절한 예방과 대처는 매우 중요하다.

4. 소진의 증상

소진은 점진적으로 나타나는 과정이기에 하나의 커다란 사건으로 인한 것이 아니라 상담자가 경험하는 스트레스와 환경과의 갈등이 오랜 기간 지속되면서 발생하게 되는 것이다(육성필, 강보경, 2019). 따라서 상담자 개인마다 지각하는 스트레스와 환경은 다르기 때문에 그 증상도 개인마다 차이가 나타난다.

일반적으로 소진된 상담자는 개인적 어려움과 전문가적인 어려움을 갖는다. 개인적인 어려움으로는 정서적 압도, 역전이, 정서적 혼란, 과도한 동일시로 인한 불안, 우울, 만성적인 스트레스, 신체적, 정신적 건강에 대한 염려, 물질남용에 대한 문제를 가질 수 있다(Barnett et al., 2007). 또한 상담자는 소진의 경험으로 인해 상담 안에서 건강한 자신의 역할을 수행하는 것에 어려움을 갖는다. 결국 상담자들은 그들의 공감능력을 상실하게 되고 내담자로부터 정서적인 거리감을 가지려는 경향성이 높아짐으로써 전문가적인 어려움을 경험하게 된다. 콜드웰(Caldwell, 2014)은 상담자들의 소진으로 인해 내담자에 대한 이해력 부족, 상담과 치료의 오류 등 내담자를 효과적으로 돌보는 능력에 손상을 가져올 수 있다고 보고하였다.

표 14-1 소진의 증상

영역	증상	비고
신체	피로, 심리적 고갈이나 탈진, 수면의 어려움, 두통, 소화불량, 감기, 독감 등의 통증, 고혈압, 심근경색, 노화	소진이 진행되면서 건강에 부정적인 영향을 줌
정서	정서적 고갈, 짜증, 불안, 죄책감, 우울, 무력감	
행동	규칙을 지나치게 고집함, 결근, 술과 약물 사용, 카페인 섭취, 과식, 과한 흡연, 이직, 낮은 성취, 지각, 만성적인 업무 장애	일과 관련된 행동으로 나타남
대인관계	서비스 대상자에게 집중하기 어렵고 그들로부터 철수하려 함(예: 핫라인 상담원이 전화를 받으려 하지 않거나 전화를 끊어버리는 등 방어적인 철수), 서비스 대상자에 대한 언어적·신체적 폭력, 서비스 대상자에 대한 불평, 사생활에 친구가 줄어들거나 사람들을 피하고 가족들과 접촉하지 않고 혼자 지내는 생활을 함	대인관계 증상은 서비스 대상자뿐만 아니라 친구, 가족들과 관련되어서도 나타남
태도	서비스 대상자와 자신, 삶 전반에 대한 부정적 태도가 증가함. 냉소주의, 비관주의, 방어적 태도, 냉담함, 서비스 대상자에 대한 무관심, 전문 용어를 사용하거나 대상자를 정형화시키는 등의 주지화를 통한 비인간화, 직장에서의 즐거움의 상실, 직장에 가기 싫어함, 낮은 자존감	전반적으로 직업 만족도가 감소하게 됨

출처: 육성필, 강보경(2019). 위기개입자 소진의 이해와 개입에서 발췌함.

5. 소진의 예방과 개입

상담자들은 위기상황에 놓인 내담자를 돕는 과정에서 흥분이나 깊은 만족감을 가지기도 하지만, 자포자기의 무기력한 모습을 보이기도 하며, 미래에 대한 희망도 갖기 어려울 정도로 힘들다. 그래서 위기개입 영역에서 능숙해지기 위해서는 전문적인 훈련을 통한 실습은 필수적이며, 동시에 자신을 돌보는 연습이 중요하다. 상담자도 내담자처럼 자신을 보호하고 새롭게 만드는 방법과 기회를 가져야 한다. 우선 상담자는 자신이 지쳐가고 고통에 잠겨있다는 것을 인식하여야 하며, 상담에서 오는 소진을 풀고 재충전을 할 수 있도록 상담자 나름대로 자기 치유작업을 해야 한다.

상담자의 자기 치유작업에는 개인적인 방법의 개발(상담 후의 털어 보내기, 상담과 관련 없는 장소에 가기, 다른 성향의 사람들과 경쾌하고 즐겁게 만나기, 흥미롭고 활기차게 놀기, 자연 속으로 나가기, 여행, 요가, 명상, 개인상담 등)과 상담소 조직 차원에서 전문성을 향상시킬 수 있도록 상담자 동료들과 상담사례연구, 상담지원자 동료의 지지집단 참여, 슈퍼바이저의 자문, 재교육프로그램 참여, 조직의 업무체계 조정 등을 통해 건강하고 균형 있는 삶을 유지할 수 있다.

1) 개인적 차원

소진의 정도가 증가하면 대인관계 및 직무에서 회피행동도 증가하게 된다. 진로변경을 시도하거나, 다른 사람의 눈에 띄지 않기 위해 동요하지 않고 최소한의 것만 유지하거나, 직장을 그만두게 된다. 따라서 소진을 예방하기 위하여 상담자 자신은 소진을 스스로 진단하거나 자기 돌봄을 실시하고 자신의 삶에서 역할을 분명히 하며, 합리적인 작업 수준을 정하고, 일의 우선순위를 정하여 경우에 따라 포기하는 것도 필요하다. 내담자에게도 상담이나 심리적 지원의 한계도 분명히 설명해 주어야 한다. 특히 소진을 피하기 위해서는 통제할 수 없다고 인식되는 상황에 대한 통제력을 다시 가져야 하며, 스트레스의 종류, 사용된 행동 및 인지적 전략, 이의 성공 여부를 기록하여 성공적 대처능력을 키워야 한다.

표 14-2 위기개입 시 스트레스 관리방법

- 휴식을 가져라. 2시간마다 10분~15분 정도의 휴식이 필요하다. 잠시 동안 긴장을 풀 수 있는 조용한 장소를 찾아라.
- 잘 먹고 마시며 움직여라. 짧은 산책과 함께 건강하고 균형 잡힌 식생활은 높은 수준의 스트레스에 대처하는 능력을 증가시켜 준다. 다만 카페인과 알코올의 과도한 섭취는 주의해야 한다. 신체와 정신은 서로 관련 있기에 신체적으로 좋은 느낌을 가지는 것은 심리적인 안정을 찾는 데 도움이 된다.
- 동료와 가족으로부터 지지를 얻어라. 직장동료들과 일에 대해 이야기를 나누고, 집에 가서 가족들과도 이야기를 해라. 자신을 이해하는 동료들과 전화를 하는 것도 도움이 된다. 자신이 하는 일에 열정을 갖는데 주변 사람의 인정과 긍정적 강화는 중요하다.
- 교대근무를 꼭 지켜라. 교대근무가 끝나면 떠나는 것이 다음 일을 위해 효과적이다.
- 휴식기를 가져라. 장기적인 위기 개입활동을 하고 있다면, 적절한 휴식기를 가지는 것이 필요하다.
- 깊게 숨을 쉬어라. 사람들은 긴장을 했을 때 숨을 참곤 한다. 깊게 숨을 쉬는 것은 신체를 이완시키는 데 도움이 된다.

출처: 육성필, 강보경(2019). 위기개입자 소진의 이해와 개입에서 발췌·수정함.

표 14-3 자기돌봄 체크리스트

영역	문항	척도
신체적 돌봄	규칙적으로 식사를 챙겨 먹는다	5점 likert 척도
	몸이 아플 때 휴식의 시간을 갖는다	
	내 몸 상태에 대해 긍정적인 사고를 갖는다	
	스트레칭이나 운동을 한다	
	잠을 충분히 잔다	
	내가 즐길 수 있는 즐거운 활동을 한다	
심리적 돌봄	하루나 혹은 며칠 시간을 내어 휴가를 즐긴다	
	나만의 심리적 치유활동을 한다	
	나의 사고, 감정, 태도 등에 주의를 기울이고 살펴본다	
	일상생활의 스트레스를 최소화하려는 데 노력과 주의를 기울인다	
	일상에 호기심을 갖는다	
	나의 범위를 넘어서는 책임감을 느끼게 하는 일에는 NO라고 말한다	
	나의 일을 마칠 때는 단호하고 분명하게 마감한다	
정서적 돌봄	내가 같이 있으면 즐거운 사람들과 함께 시간을 보낸다	
	시간을 내어 내 인생에서 중요한 사람들과 함께 보낸다	

영역	문항	척도
정서적 돌봄	내가 편안하게 느끼고 편안하게 있을 수 있는 장소를 알고 있다	
	나를 아끼고 사랑한다	
	나는 때로 울고 싶을 때 운다	
	나 자신을 스스로 칭찬하고 인정해준다	
	내가 웃을 수 있는 어떤 일, 상황을 만든다	
영적 돌봄	나를 바라보고 나에 대해 생각해 볼 수 있는 시간을 갖는다	
	영적인 유대감을 가질 수 있는 단체에 소속되어 있다	
	인생에서 물질적인 것 외에 영적인 것도 중요함을 알고 있다	
	나에게 무엇이 의미 있고 가치 있는 것인지를 알고 있다	
	나에게 다시 에너지를 주고 정신적인 자양분을 줄 수 있는 것을 찾아서 나를 채우려고 한다	
	자연을 느끼고 자연에서 시간을 보내려고 한다	
	명상을 한다	
관계적 돌봄	나의 대인관계를 돌아보고 체크한다	
	나는 내가 신뢰하는 사람과 함께 나의 두려움, 희망, 비밀 등을 나눈다	
	사람들과 개인적인 유대감과 협력관계를 유지하려 한다	
	친구들과 함께 시간을 보낸다	
	내가 필요할 때 사람들에게 도움을 요청한다	
	가족과 소통과 대화를 한다	
	나의 사회적 관계를 넓히려고 노력한다	
직무적 돌봄	신나고 흥미 있는 일과 프로젝트를 찾아낸다	
	일과 개인적인 휴식 사이에서 균형을 취하려고 애쓴다	
	일을 하는 데 있어 나의 욕구와 바람을 조정하려 한다	
	일을 하는 데 있어 잠시라도 조용한 나만의 시간을 갖는다	
	일을 하다가 적절한 휴식을 시간을 갖는다	
	나를 지지해주는 동료집단을 가지고 있다	

출처: Schomaker, J. A.(2015). Self-care practices and mindfulness strategies in relation to vicarious trauma among therapists working with children: A grant proposal에서 발췌

2) 조직적 차원

상담기관에서는 상담자의 소진예방을 위해 정서적인 지지를 제공하고, 지지그룹을 만들어 개인적인 스트레스를 정리할 수 있도록 돕거나 자문을 제공해야 한다. 또한 작업의 명료성을 제시하고, 내담자의 상담에 대한 현실적인 기대치를 유지하게 하고, 높은 스트레스와 관련된 위기 상담사례의 문제를 해결하기 위해 슈퍼비전을 받을 수 있게 해야 한다. 특히 조직적 차원에서 상담자의 소진을 예방하기 위해서는 다음의 활동을 살피고 파악해야 한다.

표 14-4 조직차원에서 소진관리방법

• 비인격화 척도(내담자에 대한 무정하고 비인간적인 반응) 평가 • 성취감(일에서의 능력 및 성취의 느낌) 확인 • 정서적 소모(탈진된 감정) • 작업환경 및 물리적 편리 • 동료나 관리자의 지지 • 작업에의 효과적이고 계획적인 접근 • 의료적 지원 연계 • 성취 압력 / 직업 헌신도 확인 • 역할 명료성 • 관리자의 업무 재분배 • 기관차원에서의 휴식이나 휴가

출처: Richard K. James & Burl E. Gilliland(2001). Crisis intervention strategies. 한인영 외 역(2001). 위기개입에서 발췌·수정함.

생각해 봅시다

1. 소진의 개념, 차원, 원인, 증상에 대해 정리해 봅시다.

2. 상담자로서 소진되었다고 느꼈을 당시의 원인에 대해 생각해 봅시다.

3. 상담자로서 소진되었을 때 가장 적합한 자기관리 방안에 대해 생각해 봅시다.

15
CHAPTER

군상담의 과제와 전망

군인의 적응을 돕고 사고를 예방하고자 2008년부터 전군에 실시되고 있는 상담서비스는 군의 인권개선 및 존중과 배려의 병영문화를 조성하는 데 이바지하며 자리를 잡아가고 있다. 또한 군 환경의 변화에 따라 보다 전문적이고 다양한 상담의 요구가 증가하고 있는 시점에 향후 군상담이 나가야 할 방향 및 과제들을 점검해 보고자 한다. 이에 군상담의 현황과 문제점들을 살펴보고 이를 개선하기 위한 방향에 대해 살펴보고자 한다.

1. 군상담 현황

군상담은 군에서 이루어지는 상담을 말하는데 크게 병영생활 전문상담관을 통한 전문상담과 군 간부를 통한 일반 상담으로 구분된다. 여기에서는 병영생활 전문상담관에 초점을 두고 간략하게 제시하고자 한다.

2020년 병영생활 전문상담관 현황을 살펴보면 2006년 8명으로 시작되었던 상담관이 2020년에는 620명으로 15년 동안 많은 병영생활 전문상담관이 부대에 배치되어 운영되고 있다. 2016년에는 346명, 2017년은 383명, 2018년에는 383명, 2019년에는 522명, 2020년에는 620명으로 매년 증가하고 있으며(뉴스케이프, 2020), 2022년까지 대대급마다 1명 수준의 병영생활 전문상담관을 배치한다는 계획을 가지고 있다. 2019년 육군은 366명, 해군과 해병대에 73명, 공군에 46명, 국방부 직할대에 37명이며, 남자 병영생활 전문상담관은 93명, 여자 병영생활 전문상담관 429명으로 나타나고 있다(국방부, 2020).

2020년에 병영생활전문상담관이 1인당 담당하는 인원은 810명이며, 병영생활 전문상담관이 1인당 연평균 상담건수가 630명으로 법정공휴일, 연가를 제외한 근무일이 250일이라고 가정한다고 하여도 매일 3명 정도의 상담이 진행되고 있으며, 실제 병영생활 전문상담관의 근속 연수는 3.9년으로 계약직임을 감안해도 그리 길지 않은 상황이다. 도시와 떨어진 부대에서 근무해야 하는 현실, 관사 제공에 한계가 있는 점 등이 짧은 근속연수로 인해서 병영생활 전문상담관의 전문화에 한계로 작용하고 있어 이에 대한 종합적인 대책이 요구된다. 특히 2020년 9월 30일 기준으로 병영생활 전문상담관의 평균임금은 3,304,535원이며, 임금산정기준은 기본급, 급식비, 명절휴가비, 특수지 수당으로 구성되어 있다. 병영생활 전문상담관을 민간인의 지원 자격조건으로 최소 석사학위 이상의 2년 이상의 실무경험과 한국상담학회 및 한국상담심리학회, 한국임상심리학회 등의 자격증을 획득한 사람이며, 군경력자인 경우에는 10년 이상의 군경력자로서 심리상담 또는 사회복지 분야 관련 자격증을 소지한 사람, 심리상담 또는 사회복지 분야와 관련된 학사 이상 학위를 소지한 사람은 지원할 수 있다로 제시하고 있다. 이러한 기준에 비추어보았을 때 병영생활 전문상담관의 평균임금은 턱없이 낮은 수준이라고 할 수 있다.

2020년 6월 기준 사업체 특성별 임금분포 현황에 따르면 500인 이상 대기업에서 경력 1년 미만 중 대졸 이상 근로자의 평균 연봉은 4,008만 3,000원으로 파악되었다. 대기업 연봉과 비교할 수는 없겠지만 병영생활 전문상담관의 업무 강도, 전문성을 갖기 위한 사전준비과정 등을 고려한다면 현재 지급되고 있는 병영생활 전문상담관의 급여는 낮은 수준이다.

국방부(2020)에서 제공되는 낮은 급여수준에서도 병영생활 전문상담관들이 가지고 있는 심리상담의 가치, 상담을 통해서 한 사람의 목숨을 건지는 소중한 임무를 수행하는 전문상담관의 노력으로, 2018년 군 내 자살사고는 56건이었으며 군 자살률 10만 명당 8.78명으로 일반인 자살률 26.6명과 비교해도 3배정도 매우 낮은 비율을 보이고 있다.

이렇게 군에서 상담사의 역할수행으로 인해서 자살률뿐만 아니라 군생활적응력에 긍정적인 영향을 미치고 있다. 실제적으로 인구학적인 원인으로 군에 입대하는 병력은 줄어들고 있지만 지속적으로 군 병영생활 전문상담관들의 배치는 지속적으로 증가하고 있으며, 최근에는 병영생활 전문상담관 스스로가 자신들이 하고 있는 일에 대한 정당한 대우를 받고, 전문노동자로서의 역할수행을 위해서 국방병영생활 전문상담관노동조합을 설립하여 인정받아, 매년 국방부와 단체교섭을 수행하고 있어 병영생활 전문상담관의 처우개선이 적절하게 이루어질 것으로 생각된다.

2. 군상담의 과제

군에서 병영생활 전문상담관 제도를 2006년에 도입하여 15년 동안 운영되면서 군상담의 토대를 만들어졌다고 할 수 있다. 군상담을 통해서 군 생활 속에서 발생하는 사고를 미연에 예방하고, 장병들의 심리적인 문제를 적극적으로 해결을 통한 적응력강화 및 전투력강화에 기여하고, 각 군의 리더십센터에서는 간부들에게 상담 관련 교육 강화를 통해 상담의 중요성을 인식하게 되었으며, 부대관리 및 전투력증진을 위해서는 용사들의 심리적 측면에 대한 관심을 가져야 함을 인지하게 되었다고 할 수 있다.

군에서 병영생활 전문상담관 제도를 운영하는 데 15년 동안 많은 발전이 있었음에도 불구하고 군상담의 전문화, 활성화라고 하기에는 부족한 부분이 있다. 병영생활 전문상담관들이 부대에서 용사들의 심리적 평가를 통한 병력관리에 대한 지휘조건, 부대에서 상담능력이 필요한 지휘관이나 또래상담병들에 대한 상담교육, 부대원 간 갈등완화를 위한 집단상담 등의 전문적인 활동을 하고 있으므로 군상담의 활성화를 위한 몇 가지 제언을 제시하면 다음과 같다.

첫째, 군에 필요한 전문 군상담관에 해당되는 병영생활 전문상담관들의 역할 수행에 대한 변화가 이루어져야 한다. 병영생활 전문상담관은 군내에서 상담활동을 통해 문제를 파악하고 예방하며, 해결하는 중대한 역할을 수행하고 있으며, 객관적인 입장에서 부대장에게 지휘 조언을 하는 역할을 수행하고 있다. 따라서 훈령에 제시된 직접운영부대장이 부여한 임무를 수행한다고 포괄적으로 제시되고 있어 상담사의 업무의 구체성이 강화되어야 한다고 생각된다. 즉 직업운영부대장이 부대운영에 필요한 상담 관련업무 및 부대원들의 심리와 관련한 업무를 부여하고 수행하도록 한다와 같이 명료성과 구체성을 보완하였으면 한다. 이는 병영생활 전문상담이 효율적으로 이루어지려면 병역생활 전문상담관은 상담의견에 대해 소신껏 지휘 조언할 수 있어야 하며, 군의 전투력 증대에 필요한 부대원 간의 심리역량에 대한 조언이 이루어질 수 있는 체제의 보완이 요구된다.

둘째, 병영생활 전문상담관들도 상담자이기 이전에 한 인간이므로 기본권을 보장받을 권리가 있다. 병영생활 전문상담관은 직무 특성상 악성사고를 막기 위해 퇴근후나 주말에도 항상 전화를 받을 수밖에 없는 5분 대기조이다. 이처럼 군상담자는 휴일이나 퇴근후에도 부대 안에서 일어나는 문제들에 즉각적으로 대응하는 대기조에 해당되는 역할 수행을 하고 있으므로, 야간근무 및 휴일근무에 대한 대체휴일이나 심리적인 안정과 휴식을 취할 수 있는 적절한 조치가 이루어져야 한다. 군상담자의 소진은 결국에 부대 안에 있는 내담자들에게 그대로 전이될 수 있을 뿐만 아니라 심리서비스를 제공할 수 없게 되므로 야근이나 휴일근무 시에 대체휴일 및 적절한 보상이 제공되어야 한다.

셋째, 군상담자의 임무와 역할의 구체적인 부여에 있어서 병영생활 전문상담관은 상담활동을 통한 복무부적응 장병 식별·관리 및 지휘를 보좌하고, 군에서 사고우려자 및 복무부적응장병 등에 대한 현장 위주 전문 심리상담 및 관리, 장병 기본권 제한사항 식별 및 시정을 위한 지휘조언, 심리검사 시행, 간부 및 상담병 대상 상담능력 향상 교육, 장병·군인가족에 대한 사회복지 관련 상담, 전화 및 사이버 상담지원(국방헬프콜), 군범죄, 성범죄와 관련된 상담 및 신고 접수(국방헬프콜), 기타 운영부대장 등이 부여한 업무로 제시하고 있다. 병영생활 전문상담관의 구체적인 심리상담 관련 업무를 부여하고 있으나 기타 운영부대장 등이 부여한 업무는 너무나 포괄적이므로 군의 전투력증진 및 부대 운영에 필요한 심리상담 및 기타 운영부대장 등이 부여한 임무로 구체화하는 것도 필요하다. 군이라는 특성을 고려한다고 하여도 업무의 한계성, 구체성이 명확하지 않으면 구성원 간 갈등의 소지가 있으므로 병영생활 전문상담관의 업무의 구체성이 필요하다고 사료된다.

넷째, 각급 부대에서는 상담관의 평가를 지휘관이 수행하는 네 있어서 상담의 질인 과정보다 실적을 강요하는 실적 위주의 평가를 벗어나야 한다. 군에서 이루어지는 상담은 주로 이루어지는 상담이 적응상담, 예방상담, 자신의 진로를 계획하고 행복해질 수 있는 성장상담, 문제를 해결하기 위한 치료상담 등이 이루어진다. 군에서의 지휘관이 병영생활 전문상담관을 평가할 때 단순하게 상담활동 건수만을 가지고 평가하기보다는 상담과정이나 특별하게 관리가 필요한 배려자에 대한 심층적인 상담과 군에 적응하지 못하고 있는 용사에 대한 적응상담, 상담자의 특별한 관리가 필요하고 심층적인 심리적인 개입이 필요한 용사에 대한 치료상담에 대한 개입여부 등을 평가할 수 있는 평가체계의 보완이 요구된다.

다섯째, 군상담을 책임지고 있는 병영생활 전문상담관의 무기직에 대한 신분의 변화가 이루어져야 한다. 현재 운영되고 있는 병영생활 전문상담관은 '병영생활 전문상담관 운영에 관한 훈령'에 따라 초기 2년간은 기간제로 채용되고, 이후에는 5년까지 1년마다 계약을 연장한다. 2년이 지나면 무기계약직으로 전환하도록 한 기간제 및 단시간근로자 보호 등에 관한 법률(기간제법)의 적용도 받지 못한다. 5년 뒤에는 무기계약직(공무직)으로 전환되지만 매년 4~7회 정도 시행하는 근무성적·교육평가에서 2년 이내 최하위 단계를 2회 이상 받으면 계약해지가 가능하다. 무기계약직에 되어도 해고가 가능한 시스템으로 이루어지고 있다는 것이다. 상담은 상담사의 심리적인 안정감을 기반으로 이루어지는 것이다. 전문상담관의 고용불안은 심리적인 불안을 야기시키게 되고 그대로 내담자에게 전달된다는 것이다. 그러므로 병영생활 전문상담관의 고용안정화가 이루어질 수 있도록 상담사들이 체감할 수 있는 실질적인 제도 개선이 요구된다.

다섯째, 병영생활 전문상담관 제도는 장병 입장에서 정신건강 전문가에 대한 접근성을 높여 정신건강 문제의 최악의 결과인 자살을 예방할 뿐 아니라, 가장 예민하고도 중요한 시기에 도움을 요청하고 해결해가는 과정을 군 내부 시스템에 도입했다는 데 첫 번째 의의가 있을 것이다. 상담관이 군 내에서 근무하고 고충을 듣게 되면서 병영문화를 개선하고 장병의 인권을 보장하는 데도 기여하였다. 간부의 입장에서도 힘들어하는 장병을 어떻게 대하고 문제를 해결할 수 있는지 상담관에게 협력과 조언을 구할 수 있어 상호이익이 된다. 복무 중 상담관을 통해 고민을 해결해본 경험은 이들이 사회에 진출해서도 각자의 분야에서 문제를 해결해가는 데 기여할 것이다. 병영생활 전문상담관 제도의 소중한 성과는 우리 사회 모든 분야에서도 이러한 시스템 도입의 필요성을 보여주는 긍정적인 사례이다. 미국과 영국에서는 파병부대의 경우 필수적으로 정신건강전문가를 배치하고 있으며, 대만도 우리와 유사한 제도를 운용하는 등 군 정신건강에 대한 투자는 세계적인 추세다.

3. 군상담의 전망

군상담을 전망하기 위해서는 먼저 병영생활 전문상담관 제도의 필요성과 군에서 수행하고 있는 계획에 근거하여 몇 가지 제시하면 다음과 같다.

첫째, 「국방개혁 2020」에서 상담과 관련한 내용으로는 병영문화 분야를 살펴보면, 국민 눈높이에 부합되는 인권과 복지 구현에 초점을 두고 있으며, 군인권침해 구제전담 조직, 군 인권보호관 제도 신설, 용사들의 개인경력 단절 최소화를 위한 취업지원강화 등을 실현하기 위해서는 취업 및 진로상담이나 인권상담의 수요가 증대될 것으로 사료된다.

둘째, 2020년 현재 병영생활 전문상담관이 1인당 담당하는 인원은 810명이며, 병영생활 전문상담관이 1인당 연평균 상담건수가 630명으로 법정 공휴일, 연가를 제외한 근무일이 250일이라고 가정한다고 하여도 매일 3명 정도의 상담이 진행되고 있으므로, 심리상담의 전문성을 발휘할 수 있는 치료적 개입, 적응상담의 질적 제고, 문제해결을 위한 심층상담을 위해서는 대대급에 1명씩의 상담사 배치를 넘어 다양한 상담사 배치에 대한 수요가 급증할 것으로 사료된다. 군의 병영문화를 개선하고 청년들의 심리적 안정감과 우리나라에서 모든 청년들은 현재 국방의 의무를 수행해야 하고, 세계 유일의 분단국가로서 군을 통해 새로운 성장모델을 창출하기 위한 새로운 접근이 이루어져야 하며, 군에 근무하는 용사들의 의식을 고려한 군 인권문제 개선을 위한 전문상담사의 배치가 지속적으로 요구되고 있다.

셋째, 국방부(2020)는 심리적 위기자, 고위험군인 초급간부 등을 대상으로 익명 상담 프로그램인 EAP(Employee Assistance Program)를 시행한다고 밝혔다. EAP는 우리 군이 현재 시행하고 있는 병영생활 전문상담관과 비슷한 상담 방식으로 진행된다. 하지만 완전한 익명성을 보장한다는 점에서 더 큰 효과를 기대할 수 있다. EAP는 직장 내 대인관계, 업무압박, 재정문제, 감정노동 스트레스 등 근로자의 업무성과에 영향을 미치는 다양한 심리적 문제를 해결하고, 효율적인 업무 수행을 할 수 있도록 전문상담사가 상담해 주는 프로그램이다. 미국과 영국 등 외국군의 경우 현역 군인은 물론 군인가족, 퇴역군인에 이르는 다양한 계층을 대상으로 EAP 등 심리상담 프로그램을 진행하고 있다. 군에서 용사들과 같이 생활을 하는 소·중·대위 등 초급장교나 하·중사 등 초급 간부들의 경우 직무스트레스, 전투력 강화를 위한 긴장감 등으로 인해서 심리적인 문제를 다양하게 가지고 있으나, 인사상 불이익을 우려해 상담을 기피하는 이들도 있는 게 현실이다. 이 때문에 간부들 가운데 일부 고위험군에 대해서는 '완전한 익명성'이 보장되는 심리지원이 필요하다는 목소리가 있어 왔다. 이에 국방부는 2020년부터 EAP를 적극 시행할 계획을 가지고 있으며, 소령 이하 장교와 상사 이하 부사관을 대상으로 마음검진을 실시, 위험군을 식별하고 EAP를 진행할 계획이다(국방일보). 이러한 계획에 따라 현재는 외부 민간기업체에 의뢰하고 있으나 장기적인 측면에서는 군장교와 간부를 위한 심리상담 서비스를 제공하는 전문상담사의 인력수요가 예상된다.

넷째, 우리나라는 군을 해외파병시키고 있다. 과거에는 이라크 평화·재건사단 자이툰부대, 필리핀 재해복구단 아라우부대, 아이티 재건지원단 단비부대, 아프간 재건지원단 오쉬노부대, 서사하라 국군의료지원단, 걸프전 국군의료지원단, 공군수송단, 제189중건설공병대대(소말리아)/제101야전공병대(앙골라), 제522평화유지단 상록수 부대(동티모르), 제924의료지원단 동의부대/제100건설공병대 다산부대를 파병하였으며, 현재에도 레바논 평화

유지단 동명부대, UAE 군사훈련협력단 아크부대, 남수단 재건지원단 한빛부대, 소말리아 해역 호송전대 청해부대 등을 파병하고 있다. 해외파병 시에 해외환경에 적응하는 문제, 파병 목적을 달성하기 위한 적과 대처하는 문제 등 다양한 문제로 인해서 용사와 간부들이 심리적 갈등과 적응에 어려움이 있는데도 불구하고, 파병된 용사와 간부들을 위한 심리지원이 적절하게 이루어지지 못하고 있다. 앞으로 파병 시에는 용사와 간부 등을 위한 전문 심리상담사를 배치하여, 군인들이 소기의 목적을 달성할 수 있도록 해외파병부대에도 심리상담사의 배치가 요구될 것이다.

다섯째, 2021년에 국방부 민관군 합동위원회 지원 TF에서는 현장중심의 개선안 마련으로 병영문화 혁신을 수행하는 부분에서 성폭력 예방 및 피해자 보호 개선 분과는 피해자의 원활한 일상회복을 지원하기 위한 제도 개선방안을 집중 논의하여, 성희롱·성폭력 사건 발생 시 보고기준 등 개선, 피해자 보호 등을 위한 인사제도 개선, 피해자에게 가해자 징계결과 통보의무 신설, 성희롱·성폭력 사건관리 정보체계 구축 등 4가지 안건을 의결하였다. 특히 성희롱·성폭력 사건 처리과정에서 사각지대가 발생하지 않도록 각 군 본부 '성희롱·성폭력 예방·대응 전담조직(이하 '전담조직)'을 통해 국방부 전담조직으로 모든 사건을 보고하도록 하여, 모니터링할 수 있도록 하고 있어(국방부, 2021) 앞으로 이 분야에 전문심리상담사의 역할이 요구된다.

참고문헌

강준기(2014). 군병사의 내현적 자기애와 군 생활 적응과의 관계: 대인관계능력의 매개효과. 상지대학교 평화안보. 상담심리대학원.

강진령(2009). **상담과 심리치료**. 서울: 양서원.

강진령(2011). **집단상담의 실제**. 서울: 학지사.

강진령(2019). **집단상담의 실제**(3판). 서울: 학지사.

강진령, 이종연, 유형근, 손현동(2009). **상담자 윤리**. 서울: 학지사.

강향옥(2002). 해결중심의 집단상담이 초등학생의 자아존중감 향상과 대인관계 개선에 미치는 효과. 고려대학교 대학원 석사학위논문.

경찰청(2020). 2019 경찰범죄통계. 서울: 경찰청.

고현종(2012). 군 집단상담 프로그램의 효과분석-병사들의 대인관계능력 향상을 중심으로-. 아주대학교 공공정책대학원 석사학위논문.

공군교육사령부 홈페이지. https://www.airforce.mil.kr/user/indexSub.action?codyMenuSeq=260049927&siteId=atc&menuUIType=sub 공군 특기소개 책자.

공윤정(2008). **상담자 윤리**. 서울: 학지사.

곽정근(2019). 초급장교 직무요구 특성이 직무소진과 프리젠티즘에 미치는 영향.

곽주현(2016). 한국 직장인의 일중독 유형에 따른 자존감과 심리적 소진의 차이. 숙명여자대학교 대학원 석사학위논문.

구효진(2006). 카지노 종사원 소진의 원인과 결과요인에 관한 연구, 경희대학교 대학원 박사학위논문.

국방부 훈령. 병영생활전문상담관 운영에 관한 훈령, 개정 국방부 훈령 제2424호(2020.5.11).

국방부(2018). 2018년 국방통계연보.

국방부(2020). 국방부통계연보. 국방부.

국방부(2021). 국방부 보도자료. 국방부.

국방부 훈령. 부대관리 훈령. 제2273호(2019.4.25).

국방일보 대한민국 정책브리핑(www.korea.kr)

권보현(1999). 대학생 신입생의 대인관계문제 유형과 그들이 지각한 부모-자녀간 의사소통 및 양육태도와의 관계. 연세대학교 대학원 석사학위논문.

권상조(2011). 군 초급간부의 자기효능감 및 직무소진에 관한 연구 : 육군 부사관을 중심으로. **국정관리연구, 6**(2). 199-232. 호서대학교 기술경영전문대학원 박사학위논문.

권석만(1997). (젊은이를 위한)**인간관계 심리학**. 서울: 학지사.

권석만(2012). **현대심리치료와 상담이론**. 서울: 학지사.

김봉환(2012). 조화와 통합지향 카운슬링을 위한 상담자 역량 탐색, **상담학연구, 13**(6).

김봉환(2016). 2016 기업상담전문가 연수. 기업상담학회 연수자료집.

김세현(2017). 군부대 신인성검사에 대한 피문학 적용연구: 피문(지문)과 심리학적 특성에 관현 연구자료를 대진대학교 통일대학원, 석사학위논문.

김영애, 문승태(2014). 병사들의 인구사회학적 변인, 아동기 트라우마, 성격이 복무 적응에 미치는 영향. **상담학연구, 15**(5), 2107-2126.

김완일(2007). 군상담 운영 발전방향. **2007년도 육군 군상담 발전 세미나 발표 논문집**, 85-147. 육군교육사령부.

김완일(2008). 군상담 모형 탐색 연구. **한국심리학회지 상담 및 심리치료, 20**(2).

김완일, 권소영(2016). **군상담의 이론과 실제**. 서울: 학지사.

김인수 외(1998). **무엇이 좋아졌습니까**. 서울: 동인.

김인수(1992). **가족치료: 해결중심접근법**. 서울: 중앙적성출판사.

김주희(2013). 비행청소년의 우울과 접촉경계혼란 특성 및 대인관계 특성: 여자 청소년을 중심으로. **한국게슈탈트치료연구, 2**(2), 63-79.

김진기(2020). 군 간부의 이사 스트레스. 육군3사관학교 상담심리학과 18기 '군사심리학' 리포트.

김춘경, 이수연, 이윤주, 정종진, 최웅용(2016). **상담학 사전**. 서울: 학지사.

김충기, 강봉규(2003). **현대상담이론과 실제**, 서울: 교육과학사.

김향란(2020). 군상담자들의 직업경험 이야기. 충남대학교 대학원 박사학위논문.

김헌찬(2006). 전문직업군인의 조직형태에 관한 실증적 연구 : 직무스트레스를 중심으로. 연세대학교 대학원 석사학위논문.

김현희 외(2004). **독서치료**. 서울: 학지사.

뉴스케이프(http://www.newscape.co.kr)

류진혜(2002). 대학생의 대인관계와 지도방안. **학생생활연구, 9**(2). 83-95.

매일노동뉴스(2021).
www.hani.co.kr/arti/opinion/because/946749.html#csidx375c84b6a3e15c2bbf079652b2b453e

매일노동뉴스(http://www.labortoday.co.kr)

문제원(2019. 3. 13). 상담내용 유출돼 수사받게 된 해군… 병영상담관 '비밀유지'의무논란. 아시아경제. http://www.asiae.co.kr/news/view.htm?idxno=2019031311345106261에서 검색.

문혜정(2004). 성인애착 및 자의식유형에 따른 대인 관계문제 수준의 차이 연구. 숙명여자대학교 석사학위논문.

민경애(2016). **독서치료를 활용한 청소년집단상담 프로그램이 자아탄력성과 대인관계에 미치는 영향**. 한세대학교 상담심리대학원 석사학위논문.

민성길(2003). 분노에 대한 생행동적 연구. **간호학탐구, 12**(2), 72-104.

박경애, 이재규, 권해수(1998). 청소년 동반자살. 청소년상담문제연구보고서.

박명희(2014). 근거이론을 적용한 집단독서치료 참여자들의 변화경험과 과정에 관한 연구. **한국**

도서관 · 정보학회, 45(3), 463-488.

박명희(2014). 집단독서치료의 치료요인 연구. **문화예술교육연구, 9**(4), 93-124.

박명희, 이명우(2014). 집단독서치료 참여자들의 변화유형 분석. **예술심리치료연구, 10**(3), 131-154.

박수진(2017). 공군 부사관의 심리적 주인의식과 직무만족의 관계에서 공동체 의식의 매개효과. 상지대학교 평화안보, 상담심리대학원 석사학위논문.

박영목(1996). **국어이해론**. 서울: 법인문화사.

박은경(1993). 애착유형이 자존감 및 대인관계에 미치는 영향. 이화여자대학교 석사학위논문.

박지연(2008). 자아 존중감이 청소년의 대인관계에 미치는 영향. 이화여자대학교 석사학위논문.

백현정, 최미례, 김용주(2011). **군 인성교육 프로그램 핸드북**. 서울: 황금알.

서현숙(2015). 대인관계조화의 관계에서 정서조절양식의 조절효과. 한국방송통신대학교 대학원 석사학위논문.

성준서(2020). 군대 문화와 상담. 육군3사관학교 상담심리학과. '상담이론과 실제' 리포트.

성혜숙, 김희정(2012). 학교상담 사례개념화 요소목록 개발. **교원교육, 28**(4), 101-122.

소은희, 신희천(2011). 감사가 주관적 안녕감에 미치는 영향; 대인관계 기본 심리적 욕구 만족의 매개 효과. **상담학연구, 12**(1), 159-175.

송경재(2011). 한국적 의사소통 교육 프로그램 개발과 효과: 군 장병을 대상으로. 고려대학교 대학원 박사학위논문.

송경재, 정신영, 김민종, 이종형(2016). **군 리더와 병영상담**. 서울: 학지사.

송림엽(2015). 대학생의 감사성향과 부모-자녀간 의사소통이 대인관계에 미치는 영향: 한·중 비교 연구. 부산대학교 대학원 석사학위논문.

송병록(2017). 병영생활전문상담관의 직무환경 분석과 분 상담관 제도의 개선방안 연구, 경희대학교 공공대학원, 석사학위논문.

심덕규(1997). 신세대 병사의 갈등관리 방안에 대한 연구. 동국대학교 행정대학원 석사학위논문.

심윤기(2016). **군상담학의 이해와 적용**. 서울: 창지사.

심윤기, 정구철, 정성진, 전영숙, 주희헌(2017). **군 집단상담의 기초**. 서울: 창지사.

안민희(2003). **독서요법이 중학생의 대인관계 및 내적통제성에 미치는 영향**. 석사학위논문, 경희대학교.

안상수(2007). 군가산점제 부활 논쟁과 남성의식. **페미니즘 연구, 7**(2), 321-349.

양명숙 외 공저(2013). **상담이론과 실제**. 서울: 학지사.

염규현(2015). 우리나라 해외파병장병의 직무스트레스와 신뢰가 조직몰입 및 직무만족에 미치는 영향에 관한 연구. 한성대학교 대학원 박사학위논문.

오명자, 박희현, 이주희, 권재환(2013). 병사의 군 생활 스트레스와 군 생활 적응의 관계에서 낙관성의 중재효과. **상담학연구, 14**(2), 1051-1065.

원호택, 박현순(1999). (삶을 위한 심리학)**인간관계와 적응**. 서울: 서울대학교 출판부.

유자경(2005). 정서지능, 대인관계가 청소년의 정신건강에 미치는 영향. 경남대학교 석사학위논문.

육군모집 사이트. www.goarmy.mil.kr:447//goarmy/2703/subview.do 육군 병과소개자료.

육군본부(2004). **야전교범 6-0-1 지휘통솔**.

육군본부(2013). **야전교범 10-0-1 병영상담**.

육군본부(2021). **교육참고 8-1-15 리더상담**.

육군본부(2021). **기준교범 8-0 육군 리더십**.

육군본부, 야전교범, 인사업무.

육성필, 강보경(2019). **위기개입자 소진의 이해와 개입**. 서울: 박영story.

윤수찬(2020). 군상담의 특징과 제한사항. 육군3사관학교 상담심리학과. '상담이론과 실제' 리포트.

윤은주(2007). 상담자의 소진(burn-out)에 대한 체험분석, 숙명여자대학교 대학원 박사학위논문.

윤지원(2020). 군 간부의 진급 스트레스. 육군3사관학교 상담심리학과 18기 '군사심리학' 리포트.

은숙희(2017). 대학생의 좌절된 대인관계욕구가 자살생각에 미치는 영향 : 감사성향의 조절효과. 건양대학교 일반대학원. 석사학위논문.

이규미(2017). **상담의 실제 과정과 기법**. 서울: 학지사.

이대희(2001). 육군항공 조종준사관 복무환경 개선에 관한 연구. 경남대학교 행정대학원 석사학위논문.

이동귀, 김광식, 이기학, 이희경, 박현주(2013). 병영생활 전문상담관 운영 및 활동 매뉴얼 개발 연구.

이명우, 박정민, 이문희, 임영선(2005). 사례개념화 교육을 위한 상담전문가의 경험적 지식 탐색 연구. **한국심리학회지: 상담 및 심리치료, 17**(2), 277-296.

이명희(2010). 아동의 욕구좌절 및 분노표현에 따른 나무그림 반응특성. 영남대학교 대학원 박사학위논문.

이상철(2014). 군 복무적합도 검사 예측 타당도 연구: 공군보호관심병사를 중심으로, 서울대학교 대학원, 석사학위논문.

이상현(2001). 군대문화와 전투력 관계의 분석 연구. 전남대학교 석사학위논문.

이연희(2016). 군 간부의 직무스트레스와 방어기제유형이 주관적 안녕감에 미치는 영향. 국민대학교 교육대학원 석사학위논문.

이은정, 이은지, 안수정, 서영석(2019). 기업상담자가 경험한 비밀보장 문제: 윤리적 갈등과 의사결정. **한국심리학회: 상담 및 심리치료, 31**(2), 601-643.

이장호(1982). **상담심리학 입문**. 박영사.

이장호(1995). **상담심리학**(제3판). 서울: 박영사.

이장호, 이동귀(2014). **상담심리학**(제5판). 서울: 박영story.

이정명(2015). 트라우마 생존자를 위한 움직임 교육 프로그램 개발과 참여자 체험 연구. 명지대학교 대학원 박사학위논문.

이현승(2019). 대인관계 인지왜곡과 외로움이 문제성 인터넷 사용에 미치는 영향 : 스트레스 대처전략의 조절된 매개효과. 계명대학교 석사학위논문.

이형득(1984). **상담의 이론적 접근**. 서울: 형설출판사.

이형득(1990). 내담자 중심적 초기상담. 한양대학교 학생생활연구소. **대학생활연구, 8**(-)

이형득(1992). **집단상담의 실제**. 서울: 중앙적성연구소.

임경희(2019). 대인관계 욕구의 좌절과 비자살적 자해와의 관계 : 이차적 분노와 고통감내력의 조절된 매개효과. 특수치료전문대학원 석사학위논문.

임소영(2000). 비행청소년을 위한 분노조절훈련 프로그램의 효과성 연구. 연세대학교 대학원 석사학위논문.

임용자(2004). **표현예술치료의 이론과 실제**. 문음사.

임용자, 김용량 역(2002). **치유예술로서의 춤**. 서울 : 물병자리.

임지영(2015). 대인관계 스트레스가 자살생각에 미치는 영향 : 용서신념을 통한 분노억제의 조절된 매개효과. 가톨릭대학교 상담심리대학원. 석사학위논문.

장서영, 조아름, 이종범, 이제경, 하정, 조명실(2014). **대학교수용 학생 진로지도 가이드**. 충북: 한국고용정보원.

장영신(2018). 액션러닝을 활용한 다문화상담자 교육 프로그램이 상담자의 다문화 역량과 효능감에 미치는 영향 및 수행경험에 관한 연구. 인하대학교 대학원 박사학위논문.

장영신(2018). 액션러닝을 활용한 다문화상담자 교육 프로그램이 상담자의 다문화 역량과 효능감에 미치는 영향 및 수행경험에 관한 연구. 인하 대학교 박사학위논문.

장한나(2013). 상담사의 직무 스트레스와 완벽주의가 심리적 소신에 미치는 영향. 가톨릭대학교 대학원 석사학위논문.

전경학(2020). 군무원의 긍정심리자본이 조직몰입에 미치는 영향: 의사소통능력의 매개효과. 상지대학교 평화안보상담심리대학원 석사학위논문.

전경학, 권소영(2021). 군무원의 의사소통능력과 조직몰입의 관계: 공동체의식의 매개효과. **한국상담심리교육복지학회지, 8**(1), 295-306.

전명순(2012). 청소년 대인관계역량 프로그램 개발과 효과성 연구. 명지대학교 대학원 박사학위논문.

정선영(2013). **대학생을 위한 진로탐색과 경력개발 프로그램 워크북**. 경기: 공동체.

정춘순(2009). **기독청년들의 대인관계향상을 위한 집단독서치료 경험 및 치료요인 연구**. 백석대학교 대학원 박사학위논문.

정환경, 김수경(2017). 전문상담교사의 역량척도 개발 및 타당화. **상담학 연구, 18**(1).

조숙(2013). **분노와 정서조절**. 서울: 창지사.

조재문(2010). 부모-자녀 애착과 자기통제력이 군 병사의 대인관계 성향에 미치는 영향. 건양대학교 대학원 석사학위논문.

주호균(2016). 병영생활전문상담관 운영 실태와 개선방안. 중부대학교 원격대학원 석사학위논문.

차주환, 이정하, 임성호(2010). 병사의 부모애착, 낙관주의적 성향, 사회적 기술이 군 생활 적응에 미치는 영향. **인간이해, 31**(2), 283-298.

천성문, 권선중, 김인규, 김장회, 김창대, 신성만, 이동훈, 허재홍 역(2017). **심리상담과 치료의 이론과 실제**. 서울: 학지사.

천성문, 박순득, 배정우, 박원모, 김정남, 이영순 공저(2006). **상담심리학의 이론과 실제**. 서울: 학지사.

최명선, 구남웅(2008). 부하가 지각하는 직속상관의 공감능력, 친밀도와 부하의 군생활 적응과의 관계. **한국심리학회지: 상담 및 심리치료, 20**(4), 1227-1241.

최상진(2000). **한국인 심리학**. 중앙대학교 출반부. 서울.

최영임(2007). 독서치료프로그램이 중학생의 대인관계에 미치는 효과. 경북대학교 대학원 석사학위논문.

최윤미, 양난미, 이지연(2002). 상담자 소진 내용의 질적 분석. **한국심리학회지 상담 및 심리치료, 14**(3), 134-142.

최임정, 심혜숙(2009). 대학생이 내면화된 수치심과 분노표현양식이 대인관계 문제에 미치는 영향. **한국심리학회지 상담 및 심리치료 22**(2). 479-492.

최훈일(2008). 군상담의 실태 및 상담에 대한 요구분석 : 육군 병사를 중심으로. 한남대학교 사회문화대학원 석사학위논문.

한광현(2003). 직무소진(job burnout)의 개념적 연구모델에 대한 탐색적 연구. **전주대학교 산업경영 종합연구소, 23**(1), 227-240.

한국국방연구원(2013). **복무적합도 검사 해석 요강**. 서울: 한국국방연구원.

한국국방연구원(2017). **병사 복무적합도 검사 2.0**. 한국국방연구원.

한국군상담학회(2009). **군 집단상담 이론과 실제**. 서울: 은혜출판사.

한국상담심리학회(2018). 상담심리사 윤리강령. https://krcpa.or.kr/

한국상담학회(2016). 상담윤리강령. http://www.counselors.or.kr/

한국청소년상담복지개발원(2017). **고위기 상담사례 윤리적·법적 대응 매뉴얼**. 부산: 한국청소년상담복지개발원.

한국청소년상담복지개발원(2018). **고위기 상담사례 윤리적·법적 대응 매뉴얼**. 부산: 한국청소년상담복지개발원.

한국청소년상담복지개발원(2019). 고위기 상담사례 윤리적·법적 대응 매뉴얼. 부산: 한국청소년상담복지개발원.

해군모집 사이트. navy.mil.kr/mbshome/mbs/navy/subview.do?id=navy_050101010000 해군모집 병과소개.

허재영(2010). 군 조직에 부적응한 병사들을 위한 복지프로그램 개발에 관한 연구. 조선대학교 대학원 석사학위논문.

Acker, G. M.(2008). An examination of the relationships between workers and agencies characteristics and three outcome variables: Burnout, role stress, and intent to quit. *American Journal of Psychiatric Rehabilitation, 11*(4), 295-309.

Alschuler, C. F., & Alschuler, A. S.(1984). Developing healthy responses to anger: The counselor's role. *Journal of Counseling & Development, 63*(1), 26-29.

Anderson, H., & Goolishian, H.(1992). The clint is the expert: A not-knowing approach to therapy. In S. McNamee & K. J. Gergen (Eds.), *Therapy as social construction,* London: Sage.

Barnett, J. E., Baker, E. K., Elman, N. S., & Schoener, G. R.(2007). In pursuit of wellness: The self-care imperative. *Professional Psychology: Research and Pactice, 38*(6), 603-612.

Bartholomew, K. & Horowitz, L. M.(1991). Attachment styles among young adults: A test offourcategory model. *Journal of Personality and Social Psychology, 61*(2), 226-244.

Beck, A. T.(2000). *Prisoner of hate: The cognitive basis of anger, hostility, and violence.* New York: Perennial.

Berg, I. K. & Dolan, Y(2001). *A collection of hope-inspiring stories.* NY: Norton.

Berg, I. K.(1994). *Family based services: A solution-Focused approach.* NY: Norton.

Berkowitz, L.(1990). On the formation and regulation of anger and aggression. *American Psychologist, 45*(4), 494-503.

Bowlby, J.(1988). *A securebase.* New York: BasicBook.

Caldwell, C. A.(2014). Practicing self-care through mindfulness: A model to decrease burnout among mental health professionals: A grant proposal. Unpublished master's dissertation California State University.

Carlson, J., Watts, R. E., & Maniacci, M.(2006). *Play Therapy.* In J. Carlson, R. E. Watts, & M. Maniacci, *Adlerian therapy: Theory and practice* (p. 227-248). American Psychological Association.

Colby, K. M(1951: 이근후 역, 1979). **정신치료 어떻게 하는 것인가?** 서울: 하나의학사.

Cooley, C. H.(1902). *Human nature and the social order.* New York: Charles Scribner's.

Corey, G.(2017). Theory and Practice of Counselling and Psychotherapy. **심리상담과 치료의 이론과 실제**(10판). 천성문, 권선중, 김인규, 김장회, 김창대, 신성만, 이동훈, 허재홍(번역). 서울: 학지사.

Corey, G., Corey, M. S.(2006). **집단상담 과정과 실제**. 김진숙, 김창대, 박애선, 유동수, 전종국, 천성문 역. 서울: 시그마프레스.

Craig, C. D. & Sprang, G.(2010). Compassion satisfaction, compassion fatigue, and burnout in a national sample of trauma treatment therapists. *Anxiety, Stress & Coping, 23*(3), 319-339.

Crockenberg S. B.(1981). Infant irritability, mother responsiveness, and social support influences on the security of infant-mother attachment. *Child Development. 52*(3), 857-865.

Davidson, C. L., Wingate, L. R., Rasmussen, K. A., & Slish, M. L.(2009). Hope as a predictor of interpersonal suicide risk. *Suicide & Life-Threatening Behavior, 39*(5), 499-507.

de Shazer, S.(1988). *Clues: Investigating solutions in brief therapy.* NY: Norton.

de Shazer, S.(1991). *Putting difference to work.* NY: Norton.

de Shazer, S.(1994). *Words were originally magic.* NY: Norton.

Deffenbacher, J. L.(1992). Trait anger: Theory, findings, and implications. In Spielberger, C. D., Butcher, J. N. (Eds.), Advances in personality assessment(Vol. 9, pp.177-201). NJ: Erlbaum.

Deffenbacher, J. L., & McKay, M.(2000). Overcoming situational and general anger: A protocol for the treatment of anger based on relaxation, cognitive restructuring, and coping skills training. New Harbinger Publications.

Egan, G.(2002). *The skilled helper: A problem-management and opportunity-development approach to helping* (7th ed). Pacfic Grove, CA: Thomson Brooks Cole.

Feeney, J, A., & Noller, P.(1990). Attachment Style predictor of adult romantic relationship. *Journal of Personality and Social Psychology, 58*, 281-291.

Feindler, E. L. & Ecton, R. B.(1986). *Adolescent Anger Control.* New York: Pergamon Press.

Fernandez, T. M.(1986). How to deal with overt aggression. *Issues in Mental Health Nursing, 8*(1), 79-83.

Frank, J. D., & Frank, J. B.(1991). *Persussion and healing: A comparative study of psychotherapy* (3rd ed). Baltimore, MD: Johns Hopkins University.

Freudenberger, H. J.(1974). The staff burn-out. *Journal of Social Issues, 30*(1), 19-165.

Glasser, W.(1965). *Reality therapy: A new approach to psychiatry.* New York: Harper &

Row.

Glasser, W.(1984). *Take effective control of your life.* New York: Harper & Row.

Glasser, W.(1998). *Choice Theory: A new phychology of personal freedom.* New York: Harper Collins.

Glasser, W.(2000). *Counseling with choice theory.* New York: Harper Collins.

Glasser, W.(2001). **당신도 유능한 상담자가 되고 싶은가?**(김인자 역). 서울: 한국심리상담연구소.(원전은 2000년에 출판)

Halprin, A.(1979). *Movement Ritual.* Kentifield, CA : Tamalpa Institute.

Halprin, A.(1987). *Circle the earth.* Kentifield, CA : Tamalpa Institute.

Halprin, A.(1995). *Moving toward life : Five decades of transformational dance. Hanover,* NH : Wesleyan University Press.

Halprin, A.(2000). *Dance as a healing art.* Mendocino CA : LifeRhythm.

Halprin, D(1999). Living artfully : movement as an integrative process. S. K. Levine & E. G. Levine(eds.) *Foundations of expressive arts therapy*(133~149). London and Philadelphia : Jessica Kingsley Publishers.

Halprin, D(2003). *The expressive body in life, art and therapy-working with movement, metaphore and meaning.* Philadephia : Jessica Kingsley Publishers.

Halprin, D(2006). **동작중심 표현예술치료: 움직임, 은유 그리고 의미의 세계** [The Expressive Body in Life, Art, and Therapy: Working with Moement, Metaphor and Meaning]. (이정명, 김용량, 오은영 역). 서울: 시그마 프레스(원전).

Halprin, D.(1989). *Coming alive the creative express method.* Kentifield, CA : Tamalpa Institute.

Havighurst, R. J.(1980). Life-Span developmental psychology and education. *Educational Researcher, 9*, 3-8.

Heider, F.(1964). *The Psychology of interpersonal relationships.* New York, NY: John Willy& Sons, Inc.

Hill, C. E.(2009). **상담의 기술: 탐색-통찰-실행의 과정**(주은선 역, 2012). 서울: 학지사.

http://www.navy.mil.kr/mbshome/mbs/navy/subview.do?id=navy_050101010000

https://www.airforce.mil.kr:448/mbshome/mbs/irms/index.do

https://www.army.mil.kr/webapp/user/indexMain.do?siteId=army

Hynes, A. M. & Hynes-Berry, M.(1994). *Biblio/Poetry therapy: The Interactive process;* A Handbook. Boulder: Westview Press.

Insoo Kim Berg, Therese Steiner. *Children's Solution Work.* 아동과 청소년을 위한 해결중심 상담(유재성, 장은진 공역) 서울: 학지사.(원전은 2003에 출판).

Izard, C. E.(1977). *Human emotion*. New York: Plenum Press.

Jackson, S. E., Schwab, R. L., & Schuler, R. S.(1986). Toward an understanding of the burnout phenomenon. *Journal of Applied Psychology, 71*(4), 630-640.

Jenaro, C., Flores, N., & Arias, B.(2007). Burnout and coping in human service practitioners. *Professional Psychology: Research and Practice, 38*(1), 80-87.

JTBC(2016. 7. 1). 보도. 군 부사관 자살률 '급증', 일반 병사의 4배, 이유는?

Kiesler, D. J.(1983). The 1982 interpersonal circle: A taxonomy for complementarity in human transactions. *Psychological Review, 90*, p.185-213.

Kirkpatrick, L.A., & Davis, K. E.(1994). Attachment style, gender, and relationship stability : A longitudinal analysis. *Journal of Personality and Social Psychology, 66*, 502-512

Kitchener, K. S.(1984). Intuition, critical evaluation and ethical principles: The foundation for ethical decisions in counseling psychology. *The Counseling Psychologist, 12*(3), 43-55.

Konner, M.(1962). *The Tangled Wing*, New York: Holt.

Leary, T. F.(1957). *Interpersonal diagnosis of personality*. NY: Ronald.

Leiter, M. P.(1993). Burnout as a developmental process: Consideration of models. In W. B. Schaufeli, C. Maslach, & T. Marek (Eds.), *Series in applied psychology: Social issues and questions. Professional burnout: Recent developments in theory and research*(pp. 237-250). Washington, DC: Taylor & Francis.

Levine, S, K, & Levine, E, G.(eds.) *Foundations of expressive arts therapy*. London and Philadelphia : Jessica Kingsley Publishers.

Levine, S, K.(1998). *Foundations of Expressive Arts Therapy: Theoretical and Clinical Perspectives*. London: Jessica Kingsley Publishers. 2008년 출판.

Linehan, M. M.(1993). *Cognitive-behavioral treatment of borderline personality disorder*. New York: The Guilford Press.

Maslach, C.(1976). Burned-out. *Human Behavior, 5*(9), 16-22.

Maslach, C., & Jackson, S. E.(1981). *The Maslach Burnout Inventory*. Palo Alto, CA: Consultiong Psychologists Press.

Maslach, C., Schaufeli, W. B., & Leiter, M. P.(2001). Job burnout. *Annual Review of Psychology, 52*, 397-422.

McKay, M., & Rogers, P. D.(2000). *The anger control workbook*. 박애선 역(2004). 자신의 분노를 이기는 방법. 서울: 시그마프레스.

Novaco, R. W.(1979). The cognitive regulation of anger and stress. In P. C. Kendall & S. D. Hollon(Eds.), *Cognitive-behavioral interventions: Theory, research and procedures*

(241-285). New York: Academic Press.

Parker, G, Barrett, B. & Hickie, I.(1992). From nature to network: Examining links between perception of parenting received in childhood and social bonds in adulthood. *American Journal of Psychiatry, 149*, 877-885.

Rest, J.(1984). Research on moral development: implications for training counseling psychologists. *The Counseling Psychologist, 12*(3), 19-29.

Richard K. James & Burl E. Gilliland(2001). *Crisis intervention strategies*. 한인영, 장수미, 최정숙, 박형원, 이소래, 이혜경 역(2001). **위기개입**. 서울: 나눔의 집.

Rogers, C. R.(1961). *On becoming aperson: Atherapist's view of psychotherapy*. London: Constable.

Schomaker, J. N.(2015). Self-care practices and mindfulness strategies in relation to vicarious trauma among therapists working with children(Order No. 3713630). Retrieved from: http://ezproxy.stthomas.edu/login?url=http://search.proquest.com/docview/1705799672?accountid=14756.

Seligman, L., Reichenberg, L. W.(2014). *Theories of Counseling and Psychotherapy*. 상담 및 심리치료이론(4판). 김영혜, 박기환, 서경현, 신희천, 정남운(번역). 서울: 시그마프레스.

Skovholt, T. M & Ronnestad, M. H.(1992). Themes in Therapist and Counselor Development. *Journal of Counseling and Development, 70*(5). 505-515.

Sparry, L., & Sparry, J.(2012). **상담실무자를 위한 사례개념화 이해와 실제**(이명우 역, 2014), 서울: 학지사.

Spielberger, C. D.(1980). *Preliminary professional manual for the Test Anxiety Inventory*. Palo Alto, CA: Consulting Psychologists Press.

Spielberger, C. D., Jacobs G., Russell, S., CraneR. S.(1983). Assessement of Anger: The state-trrait anger. In J. N. Butcher & Spielberger, C. D.(Eds.), *Advances in personality assessment*(161-190). Hillsdale, NJ: Erlbaum.

Spielberger, C. D., Krasner, E. C., & Solomon, E. P.(1988). The experience, expression and control of anger. In M.P. Janisse(Ed.), *Health and psychology: Individual difference, stress, and health psychology*(89-108). New York: Springer Verlag.

Sullivan, H. S.(1953). *The interpersonal theory of psychiatry*. NY: Norton.

Super, D. E.(1972). Vocational development theory: Persons, positions, and processes. In J. M. Whiteley & A. Resnikoff(Eds.), *Perspectives on vocational development*(17). Washington, DC: American Personnel and Guidance Association.

Super, D. E., & Thompson, A. S.(1979). A six scale, two-factor test of vocational maturity.

Vocational Guidance Quarterly, 27, 6-15.

Thompson, A. S., & Lindeman, A. S.(1981). *Career Development Inventory: Vol. 1, Users' Manual*. Palo Alto, CA: Consulting Psychologists Press.

Thorana S. Nelson, Frank N. Thomas(2017). **해결중심 단기치료**(김희정 역). 서울: 학지사.(원전은 2007년에 출판).

Warren, C., Schafer, K., Crowley, M., & Olivardia, R.(2013). Demographic and work-related correlates of job bumout in professional eating disorder treatment providers. *Psychotherapy, 26*(3), 1-12.

Welfel, E. R., & Patterson, L, E.(2005). *The counseling process: A multitheoretical integrative approach*(6th ed). Belmont, CA: Thomson Books/Cole.

Wubbolding, R, E.(2000). *Reality therapy for the 21st century*. Philadelphia, PA: Brunner-Routledge.

Wubbolding, R, E.(2011). *Reality therapy*. Washington, DC: American Psychogical Association.

Yalom, I. D.(1985). *The theory and practice of group psychotherapy(3rd ed.)*. New York: Basic Books.

저자소개

양종국

건국대학교 대학원 교육학 박사
현) 한국복지대학교 장애상담심리과 교수
성심동원사회복지법인대표
(사) 한국상담학회 군경소방상담학회 회장
전) 한국학습상담회장 역임

송경재

고려대학교 일반대학원 심리학 박사
현) 육군3사관학교 심리학과 교수(육군 중령)
(사) 한국상담학회 군경소방상담학회 부회장
고려대학교 행동과학연구소 교환교수
국방대학교 국제평화활동센터 외래 강사
전) 육군3사관학교 인문학처장, 학술정보원장, 리더십센터장, 상담심리학과장,
충성대연구소 다문화연구실장, 육군본부 미래혁신연구센터 객원연구원

권소영

상지대학교 대학원 교육학 박사(상담심리 전공)
현) 육군리더십센터 인성/상담교관
(사) 한국상담학회 군경소방상담학회 기획홍보위원장
전) 상지대 상담교육연구원 전임연구원
육군 그린캠프 · 힐링캠프 자문위원 및 상담(1군사령부, 1군지사, 36사 등)
육군 공보정훈장교 역임

박명희

평택대학교 대학원 상담학 박사(상담 전공)
현) (사) 한국상담학회 군경소방상담학회 자격관리위원장
평택대학교 상담대학원 외래교수
한국독서치료상담학회장
행복디자인심리상담센터장

안희정

홍익대학교 대학원 교육학 박사(상담심리 전공)
현) 안희정 심리상담 연구소 소장
(사) 한국상담학회 군경소방상담학회 부회장 겸 학술위원장
한국교통대학교, 성결대학교 대학원 외래교수
군경소방상담학회 차기 회장(2022년)
전) 한국청소년상담복지개발원 선임상담원

이인혁

한남대학교 대학원 교육학박사 수료
현) (사) 한국상담학회 군경소방상담학회 총무위원장
전) (사) 한국상담학회 군경소방상담학회 사무국장

차주환

건국대학교 대학원 교육학박사(교육심리 전공)
현) 한국청소년상담복지개발원 청소년안전망지원부장
(사) 한국상담학회 군경소방상담학회 교육연수위원장
서울사이버대학교 군경상담학과 겸임교수
전) 유원대학교 교양융합학부 교수
국방부 병영정책과 병영생활전문상담관

정민선

홍익대학교 대학원 교육학박사(상담심리 전공)
현) 아주대, 안양대 교육대학원 외래교수
동탄필심리상담센터장
(사) 한국상담학회 군경소방상담학회 저술편찬위원장
전) 광주여자대학교 상담심리학과 교수

군상담 이론과 실제

군상담 이렇게 하면 잘할 수 있다

초판 1쇄 인쇄 / 2021년 12월 15일
초판 1쇄 발행 / 2021년 12월 20일

•

공저자 / (사) 한국상담학회 군경소방상담학회
양종국 · 송경재 · 권소영 · 박명희
안희정 · 이인혁 · 차주환 · 정민선
발행인 / 이 중 수
발행처 / **동 문 사**

•

서울특별시 서대문구 홍제원 1길 12
(홍제동 137-8)
Tel : 02)736-3718(대), 736-3710, 3720
Fax : 02)736-3719
등록번호 : 1974.04.27. 제9-17호
가격 : 21,000원

•

ISBN : 979-11-6328-355-3(93330)
E-mail : dong736@naver.com
www.dongmunsa.com

저자와의 합의하에 인지는 생략합니다.